U0111553

大展好書　好書大展
品嘗好書　冠群可期

大展好書　好書大展
品嘗好書　冠群可期

武學釋典

36

蘇峰珍 著

形意烙紀

大展出版社有限公司

序言

　　余練形意、八卦、太極有將近四十年的時日，三家拳中獨愛形意，因為形意外形雄壯威武，氣勢豪邁，飄逸瀟灑，輕靈穩重；內意則氣沉靜定，神情自若，內勁聚斂，剛柔兼具，呈顯一個武者的霸氣，與婉約的柔情。

　　烙，是一種痕跡，是一種印紀，烙印在心，永遠不會消失遺忘，形意拳已在余內心留下不可磨滅的烙痕。

　　今，把修學形意的心歷路程以及練拳心得，做一個全盤的整理，做系統性的編撰，彙集成冊，就教方家。也期望形意拳能永續的流傳，發揚光大。

　　書中有些論述是一再重複的述說，此乃修煉形意之重點所在，所以在相關的論題上，會一再的細述，請讀者勿心生煩惱，耐心詳讀，當會有所獲益。

蘇峰珍2020年1月，序於臺灣鳳山

作者簡介

蘇峰珍老師

1948年生於臺灣高雄鳳山。

1980年與林師 昌立先生，學習形意、八卦、太極，人稱「二師兄」。

1982年至1992年參加高雄縣市、臺灣省及中華民國推手比賽，常名列冠、亞軍，為師門爭光。

1994年取得省市級太極拳教練證及中華民國國家級太極拳教練證。

2008年參加美國「新唐人電視台」舉辦第一屆「全世界華人武術大賽」，榮獲第三名。

2012年出版《太極拳行功心解詳解》

2013年出版《內家拳武術探微》

2014年出版《太極拳經論透視》

2016年出版《內家拳引玉》

2016年出版《太極拳行功心解詳解》簡體字版，在中國大陸面市行銷。

2017年出版《拳理說與識者聽》

2018年出版《二師兄論拳》

2018年出版《內家拳武術探微》簡體字版，在中國大陸面市行銷。

2018年5月接受中國廣播電台「中廣寶芝林」全國唯一武術健康節目訪問，介紹形意拳修煉方法與用法。

2019年出版《談拳論功夫》

2020年出版《形意烙紀》

蘇老師傳授武學多年，不僅身教言教口傳心授，也將心得集結成冊，讓更多更廣大的武術讀者群們，能藉由文字，體會老師的深層功夫與武學涵養。

更將其作品推向中國大陸，為台灣武術文化在中國佔得一席位，也為台灣在武術界、文藝界及出版界取到一份創作的榮譽。

蘇老師主持的「形意火鳳凰」FB社團，歡迎大家多多參訪、留言。

https://www.facebook.com/groups/465518490246538/

目　錄

第一章　形意總綱

第一節　形意源流

形意拳相傳是由岳飛傳下來的，我們形意拳也尊奉岳飛為祖師爺，根據史籍資料記載，岳飛擅長技擊，武功得之於周侗，但並未記載岳飛所學的是何拳，而可考據者，為明末的姬隆風先生，在終南山遇異人傳授岳飛拳經，起初名為心意六合拳，後由李洛能定名為形意拳。

姬隆風傳曹繼武，曹繼武傳戴龍邦，戴龍邦傳李洛能，李洛能傳郭雲深等，相繼不絕，以至於今，代代有名人。

我們這一支，由是由姬隆風傳曹繼武，曹繼武傳戴龍邦，戴龍邦傳李洛能，李洛能傳劉奇蘭，劉奇蘭傳張占魁（兆東），再傳到我的師爺王樹金先生，王樹金先生傳我的老師林昌立先生，直到我們這一代。

不管形意拳之創始人為何人，據史載係始之於岳飛拳經，後相繼流傳，且岳飛精忠報國，忠孝、文武雙全，所以後輩學習形意拳者，均尊奉岳飛為形意拳的祖師爺。

我們這一派屬於河北派，但是老師當初教我們這個形意拳，從來沒有提到有關派別的問題，若要問我們的派別，我只能說，我們是臺灣的鳳山派。

第二節 形意、八卦、太極之淵源

形意、八卦、太極,三種拳術,練法皆以意導氣,以氣運身,不主張拙力,強調鬆柔、輕靈、連綿貫串,上下相隨,內外相合,外示安逸,內斂神意,氣守丹田,藉氣之鼓盪溫養,強化內臟,達到健康長壽之目的;藉斂氣入骨,儲藏內勁,產生技擊效用,故統稱之為內家拳。

相傳,形意拳河北一支,第二代傳人郭雲深,精練形意十餘年,已入化境,有「半步崩拳打遍天下」之威名,生平遇敵,只以崩拳進半步而已,敵無不摧。

八卦掌名人董海川,經異人傳授,八卦已練至神化,擺扣游走,人不能測,在北京未遇敵手。

一日,二人相遇,相談甚歡,互相切磋武功,經三日,無法分出勝負,兩人英雄相惜,互相仰慕,結為至友,認為形意與八卦頗有相通之處,乃決定將二家拳合為一門。

以後的弟子,學形意者兼習八卦,習八卦者兼學形意,至今猶然,即使單學形意或八卦者,彼此亦認為同門。

孫祿堂係河北一支第四代,為綜合派之代表,其形意乃師李奎元、李存義,再師郭雲深,八卦則師程廷華(董海川之弟子)太極則師郝為真(李亦畬之弟子)。

郝為真到北京訪友,經人介紹與孫祿堂相識,二人甚為投契,未幾郝為真患嚴重痢疾,因初到北京,朋友甚少,孫祿堂逐為請醫治療,朝夕服侍,月餘而癒,郝為真

無以為報，乃將生平所學太極拳傳授與孫祿堂。孫祿堂將三家拳術精華互合，融為一體，造詣極深，著有「形意拳學」、「八卦拳學」、「太極拳學」、「拳意述真」、「八卦劍學」。

我們這一支，由王樹金師爺傳下來，秉承形意、八卦、太極是一家的理念，故派下的人都是三家拳都要並練的。

第三節　形意拳名之由來

形意拳以形為體，以意為用。形體是自然界的物質，形體活動能導出意識，以意識支配形體。意識是對境而生，所以以意為用；意識是無質量的，不佔空間，意識活潑，能運用、驅動形體，令百骸及末梢神經活潑靈敏，所以到李洛能時，把原來的心意六合拳，正名為形意拳。

形意拳後來又衍生意拳及大成拳，這都是由形意演化而來，都含有形意的影子及內涵。

第四節　形意拳架介紹

形意拳母拳有五式：劈拳、鑽拳、崩拳、炮拳、橫拳，為築基功夫。五行拳易學難精，非三、五年之用功體悟，難得其精髓與奧妙。

子拳十二形為：龍形、虎形、猴形、馬形、鼉形、雞形、鷂形、燕形、蛇形、鮐形、鷹形、熊形，均以動物之特徵為形。十二形諸物皆受天地之氣而成形，可概括萬形之理，故十二形為形意拳之目，為萬形之綱。

形意拳套路有：五形連環拳、四把、八式、十二橫拳、雜式捶。

散手對打有：五形生剋對練、五花炮、安身炮對練等。

器械有：形意拐杖、形意連環棍、形意純陽劍等。

第五節　形意拳的練法

形意拳理，與太極、八卦是相通一致的，講求虛領頂勁、涵胸拔背、沉肩垂肘、落胯曲膝、尾閭中正、氣沉丹田、神意內斂、以心行氣、以氣運身、上下相隨、內外相合、綿綿不斷。

形意練習的步驟，先練明勁，後練暗勁，而至化勁。形意所謂之明勁，並非使用蠻力，緊握拳頭，青筋暴露，震步大力有聲，此皆不明形意拳理者之誤解。

形意所謂的明勁，是在求氣勢豪邁雄偉，意氣風發壯闊，先練筋骨強壯，蹬步有力，亦即練精化氣之基本，是**初步功夫**。

明勁成就後，進入暗勁，亦即柔勁。此時內勁已生，行拳步入柔和之境。練架子要神意內斂，外形飄逸，瀟灑自然，動作優雅，蹬步如貓行，輕敏無聲，彷彿行雲流水，悠悠而行，潺潺而流，一切存任自然，全身不著絲毫拙力，只存一氣流行，此是**第二步功夫**，進入練氣化神之境。

當拳練到至柔至順時，全身上下皆不著力，但並非頑空不用力，周身內外全用真意運行，但又不可著意，所謂

「拳無拳,意無意,無意之中是真意」是也。

呼吸似有而若無,實而若虛;身體雖有似無,以假練真,練至身無其身,心無其心,神形俱杳,與道合真,所謂「形意皆假,無心稱奇」,此乃第三步的化勁功夫,到這地步,始可謂功夫已成,能與太虛同體,亦即練神還虛之境,終而神意寂然不動,感而遂通,進入「道」的境界。

通常練形意拳,要至暗勁,非下五、六年工夫勤練體悟,無法到得,要練至化勁最上乘功夫,則不只光靠苦練、硬練,尚須靠內在的修持,清心寡慾,與世無爭,棄絕貪、嗔、癡、慢、疑,凡事看淡,沒有牽掛,常習靜定,如此才能達到靈氣相通,形神俱妙之神通感應境界。

據聞內家拳有此境界者。形意拳為李洛能,八卦掌為董海川,太極拳為楊露禪。而相傳孫祿堂的功夫已練至能與佛相應,而「預知時至」,告訴家人,何時要往生,我想他的境界,應比前三者為高。

第六節　形意拳練習綜說

我個人兼練形意、八卦、太極,三家之拳均有其優點,形意沉雄壯闊,太極綿密柔美,八卦輕巧靈敏。

個人較偏愛形意,也許與個性有關,因為形意各式均為單練,內勁易於揣摩練出,而且形意剛直豪邁,氣宇軒昂,剛毅中帶有柔和,沉穩中兼具輕靈,虛實分明,奇正相生,剛中有柔,柔中生剛,內外並修。

有一位太極拳名人曾說:「以前的人都是初學形意,

後看見八卦好，又學八卦，最後知道太極拳好又傾心於太極拳，從未聽說太極拳已入了門而學形意或八卦的。」此種理論是屬主觀偏見，他可能只練太極，未習形意、八卦，先入為主的觀念導致偏見，因為內家拳之理論是相通的，沒有好壞差別，當然兒子是自己的好，自己的美，但不能批評別人的孩子都不好，都沒有優點，練拳的人應該放棄主觀偏見，容納他人，互為切磋，吸取別人的優點，這樣功夫才能增上。

愚見以為，千拳歸一路，如果符合拳理，符合正道，就是好拳。隨意批評他家，那只是自己孤陋寡聞，沒有深入探討罷了。

佛說八萬四千法，都是正法，但隨眾生根基施教，選擇適合自己的法門，一門深入去修，定然能有成就。

第二章 形意的地基—椿法

第一節 椿法的重要

站椿就像一棟房屋或建築物的地基。基礎穩固，功夫才能有成就，否則就彷如空中樓閣、鏡花水月、海市蜃樓，虛浮飄渺，一點也不實際。

現代人急功近利，喜歡速成，又怕吃苦，所以功夫難有所成。古人練功夫，一站椿就是好幾年，形意拳入門要先站三年椿。基礎打好了，架式、招式練起來就如順水推舟，簡單得多。

沒有站椿做為基礎，架式打的再漂亮，也是花拳繡腿，繡花枕頭，空架子一個。功夫是靠時間的累積與用心的鍛鍊，急不得的。

齊公博拜孫祿堂為師，他這個人比較魯直，孫祿堂教他站椿，一站就是三年，三年只練一個三體式椿法，從來都沒有教他五行拳或套路什麼的，但是這三年一站，他的功夫就成就了。

孫祿堂擔任江蘇省國術館長時，只把齊公博帶去赴任，在館內教授形意拳，齊公博也成為形意拳大師。

第二節 椿法的種類

椿法的種類概分為渾元椿（平馬椿）、三才椿（形意

三體式）、琵琶樁（太極樁法）、虎坐樁、達摩樁（八卦樁法）、還有筆者自創的關公樁等等，不勝枚舉。

樁法的練習可依自己的體型、興趣、性向，選擇喜歡的樁法來練習。

形意拳名家王薌齋先生，在武功大成後，只以樁法養拳，創造了許多站樁法，著有「王薌齋意拳站樁功」問世，學者可以參考。

王薌齋先生有一句名言：「大動不如小動，小動不如不動。」是專指站樁而言，學者不妨參悟其中涵意，或許會有所得。

然而卻勿以為站樁就是功夫的全部，人家是由無（功夫）練到有（成就），由有而捨為無（不執著），歸於平常，所謂平常心就是道，千萬不要會錯意，練錯法。

形意的三體式是一種技擊樁，它除了達到養生健康的效用，也在技擊格鬥藝術中，能發揮的特殊作用。

站樁除了培養丹田氣，促進氣血循環，達到健身的目的之外，在武術的立場而言，它可以造就手的掤勁，與下盤的穩固，這些都是在發勁時必備的要件。

練形意的技擊樁，是有微苦的，須要自己樂意去承擔。

三體式為天、地、人三者合為一體，也是上、中、下三盤，完整一氣之意。

三體式，百會朝天，虛靈頂勁，有吞天之氣、之意；前手沉肩墜肘輕輕向前伸出，有推山之氣勢；後手曲圓內扣，置於丹田處，手臂外撐內裹，有包涵之意；腳根前三

後七，前撐後蹬，形成二爭力。

　　這個三體式成就了，腳有了根，發勁才能打椿；手有了掤勁，發人才能乾脆俐落，富有彈力，不會拖泥帶水。

　　形意三才椿是個充滿矛盾的椿，是一種技擊性的椿法，它除了功體內勁的培養之外，在格鬥發勁時，靠著打椿所引生的摺疊反彈勁，而爆發驚悚疾速的威力。

　　為何說三才椿是個充滿矛盾的椿？譬如，前手向前伸出，有推山之勢，也有承接來力之意，形成一種對立的矛盾。下面的手是呈外撐內抱，有外撐之勁，也有向內裹抱束臂之意，也是一個矛盾。腳底的後蹬前撐所形成的二爭力以及腰胯的擰扭、左右的互相拉扯，在在都是對抗的矛盾。

　　手臂的向外撐勁與內抱的裹束之勁，所產生的矛盾二爭力，會形成二者之間的一個基礎底座，這個沉墜的基座，就是手部的椿，它在矛盾互爭的沉墜之點面，會形成一個基座，形成手部的一個矛盾椿。手臂如是，腰胯亦復如是，其餘各處，也是如此，各有各部的基座，各有各部的矛盾椿，環環相扣，連結貫串，串成一股立體連結的基椿。

　　這個對抗的矛盾，可使得筋骨受到較強力的摧拉，增強內氣的輸灌，成為內勁養成的要件，也使得內勁富有強烈的撐持性、擰裹性及彈簧性。

　　練形意椿是有微苦的，這個微苦，需要自己願意、樂意的去承受，想要成就功夫，這些苦是須樂受的，而且要自我惕勵，才能成就上好功夫。

第三節　站樁的目的

站樁的目的是穩固下盤，保持重心平衡；下盤穩固，身形才得輕靈，才能活潑，在應敵時，無論前進後退，左騰右閃，上躍下衝，游身走步，才能中定完美。

樁功基礎打好了，在發勁時，才能打樁入地，增強爆發力及整勁。

第四節　站樁的要領

站樁的時候，要保持心情寧靜放鬆，頭要擺正，虛領頂頸，這樣精神才能提得起；要涵胸拔背、沉肩墜肘，使肩胛延伸至手掌的筋都要撐拔起來，這樣才能練出手的掤勁；要鬆腰落胯使內氣沉落於丹田，而積蓄丹田氣的飽滿圓實；要坐掌舒腕，使腕關節的筋舒張拉長，這樣手腕才會有根；氣要沉於丹田並且導入腳底湧泉，落地生根，而預植將來打樁發勁之基礎。

站樁的基本要求，在於身心的安舒靜定，但是不能頑鬆。兩腳站的時候，要有暗勁二爭力的互相撐蹬，譬如前後互相撐蹬，或左右互相撐蹬等；互相撐蹬的目的，是在增加內氣暗勁的催動。

氣要有往腳底穿鑽之意，後腳有向前蹬勁之意，前腳有往後撐勁之意，恰似兩根柱子，互相支撐，互有依靠，如此才能穩似泰山，固若金湯，彷如金字塔一般。

初習站樁，從三分鐘起練，漸增至三十分鐘，須循序漸進，避免造成傷害。

第五節　站椿與拳架

　　形意拳的功體包含站椿與拳架，想練出內功、內勁，必須朝這兩個方向認真、有恆的去練。

　　形意拳的練習，一開始就是要練站椿，至相當時日，下盤穩固有了基礎後，才開始練拳架，這是傳統的練法，按部就班。

　　練站椿有人覺得枯燥無味又勞苦，所以被大家所排拒；拳架招式花樣變化多，又含娛樂成份，為多數人所喜愛。現代人，講求速成，喜歡一蹴而成，要他從站椿去下苦功，可能沒那個耐性，所以就得有變通的方法。

　　像我的教法，上課時先練站椿，使身心與丹田氣先靜定沉澱下來，然後練基本功的內勁單練法，一共十式，之後就教一個劈拳的拆練中的一式，我把劈拳分為三式拆開來做單練，這個練法在本書往後的章節，會專章來論述。

　　練形意，站椿與拳架兩者同等重要，如果獨練拳架，不練站椿，這樣下盤不穩無根，將來打起拳架就會顯得腳根虛浮，身體搖擺不定，無法立身中正安舒。

　　所以不管你對站椿多麼排斥，還得每天抽出十分鐘，二十分鐘來練站椿。

　　俗云：「練拳不練功，到老一場空。」體用歌云：「湧泉無根腰無主，力學垂死終無補。」湧泉無根就是指腳下的椿法而言，可見站椿功法的重要了。

　　學者如果真正不喜歡單練站椿，可於練習拳架時，將速度放的極慢，將兩腳在虛實變化移位時，放的極慢極

慢，這也等於是在練活椿，或者在變換招式時稍微停住片刻做為站椿。也就是說在練拳架時，同時分段練習站椿，如此就不會有只練站椿那種單調與無聊的感覺，這樣就可以將拳架與站椿並練。

第六節　站椿並不枯燥

站椿是中國武術的基礎，要練成精湛的功夫，得從站椿下手。

西洋武術，不談站椿，他們也不懂得站椿。中國人、臺灣人，有些是崇洋的，不知自家的寶貝好，認為外國的月亮比較圓，外來的和尚會唸經，說到自家的寶貝武術，他們有的會嗤之以鼻，不屑一顧。總認為跆拳、空手道、拳擊才是上品。

那麼，談到站椿，他們總是不大認同的，自認為只要練好肌肉、肌耐力、打打沙包，加上一些速度，就了得了。有人甚至反對站椿，認為無聊，無濟於事；如果再談到「氣」、「內勁」等等，則認為是天方夜譚，歪臉否認。

中國人是智慧的民族，雖然科學、科技不如外國人，但智慧是勝於他們的。外國人雖然科技進步，能發明原子彈、核子武器，但不代表有智慧，他們不知道人體內有穴道、有經脈，不知道體內有「炁」。

其實原子彈、核子武器也是氣的結合，那些原子、分子等等，分裂到最原始最後面，就是氣。試想，氣爆的威力何等驚人，可以使人粉身碎骨。然而，外國人只知科技，不知氣是可藉由人體的修煉，而產生某種成度的作

用。

　　以武術的立場而言，「氣」是可以透過修煉而累積，而儲存的。拳經云：「以心行氣，務令沉著，乃能收斂入骨。」這是內家拳武術的至理名言，是古人武術的智慧結晶，是武術修煉者之成果呈現，是後代武術修學的最佳路徑，若能按著這些經論而修煉，如果慧力夠，要成就武功是絕對可以成辦的。如果沒有智慧，沒有因緣能夠接觸這些武術，一味的崇洋，乃是放捨自家寶貝，寧願在外到處流浪的癡漢。

　　那麼，站椿的作用是什麼？是練練腿力而已嗎？或是站著好玩，讓人家認為你是練功夫的人？若是存著武術的虛榮心態，於事無補，於功夫無益。

　　站椿是透過心靈的寧靜，以意念引氣下沉，透過鼓盪導引，令氣騰然，而墜於腳底湧泉，經久而生根入地。就像高樓的地基，須要深沉穩固，若磐石般的堅實而屹立不搖。

　　椿法有固定椿及活動椿。固定椿如三才椿、渾元椿等；活動椿就是拳架的形，打形架要有椿，步步有椿，穩如泰山。無椿則漂浮不定，虛妄不實，空有其表；有椿則中定、平衡，虛實變化得當，才能得機得勢，無有敗闕。

　　站椿時，眼觀手，回觀入心，要把神意收斂在心，不可心猿意馬，妄念紛擾。把氣固守於丹田，讓他溫熱，而致騰然起來，終而收斂入骨，久集而匯聚成內勁，這是拳經所言，也是武術的至理名言，不必置疑，而且必須確信，才能成就無上的功夫。

吸氣時，氣貼於背，以意觀想，久之自有感覺；吐氣時，氣沉於丹田，以微意及暗勁徐徐往下運至腳底，不能用拙力鼓氣硬使，經久則氣入地而生根。

運氣是生機勃勃的，是生意盎然的，是靈動活潑的，是綿綿不絕的，你必須與自己寶貝的氣，建立互動關係，保持體貼關懷，時時呵護著它，照顧著它，當它是自己的知己，自己的愛人。這樣，你說，站樁會枯燥嗎？會單調嗎？

當你有一天練到功力有明顯的增進，內心的歡喜湧躍，信心建立起來，你一天不練站樁，都會覺得可惜，因為少集存了一分功力。

第七節　樁的入地

樁的內涵，就是裏面含有氣的能量，如果沒有「氣」這個能量，腳站在那邊，只有物質的重量，在武術的運用範圍中，不能產生極致的戰鬥作用，只有局部的「拙力」獨撐格鬥的局面。

因為「爆發力」是涵蓋著「力」與「氣」的，如果只有單獨的「力」，而缺乏「氣」的能量，它所發揮的戰鬥效果，還是有缺陷的，還不是完備的「爆發力」，不是拳經所說的「完整一氣」的「整勁」。

所以，練習「樁功」，不是練冤枉的「腳酸」，不是蹲得很低，去練肌力或肌耐力，這些都是捨本逐末的，都只是練到枝末，沒有進入到內家拳的核心。

但是，也不是說練站樁，就不必落胯曲膝，站的高高

的，一點也沒有椿法的味道與氣氛。

外國武術較少會練椿功，除非少數有受到中國武術的薰陶，但是練的都是表面功夫，沒有領悟到椿法的內涵。

硬拳武術系統，部分是不練椿法的，有的雖然有站椿的練習，大多偏向練腳力與承受耐力，所以要站得很低，讓雙腳去受苦。

內家拳部分，太極是有站椿練習，以渾元椿為主，或將太極拳招式拆開來個別站椿，如提手上式等。

形意拳，入門先練三年椿，這是古時候的練法，形意以三才椿為主，步法是前四後六或前三後七，兩腳要前後撐蹬，營造二爭力。

八卦椿法最多，以單腳椿為主，淌泥步是活動椿。

坊間有些鬥牛式的推手，捨椿功而專練腳力，老師要施壓，令學生去承受重力，或左右按肩膀，按雙胯，或下壓，讓學生左右搖晃，或後仰下坐蹲低，謂之走化，練到抗力出來了，可以站著讓人推不動，謂之功夫。

這應了王宗岳老前輩的一句話：「本是捨己從人，多誤捨近求遠，所謂差之毫釐，謬之千里，學者不可不詳辨焉。」這是王宗岳老前輩在古早之前，為後輩晚生所預下的警語，老前輩真是苦口婆心，在那個時代，練武者頗眾，但是以硬拳為多，崇尚練力，就連練太極者，仍免除不了尚力這個毛病，因為不知道太極拳是捨己從人的功夫，往往會誤成拙力方向，所以就越練離太極拳本質越遠。

即使到了現在，盲目者仍多，盲師以盲引盲，把太極

拳搞得烏煙瘴氣，為人所詬譏。老前輩很早就語重心長的告誡我們「學者不可不詳辨焉」，但是後輩學人還是無法詳辨，還是被盲師所乎籠，把「斯技旁門」誤為是寶，以「被人推不動」而擺傲，自露我慢而不知，貽笑方家而不覺。

武術的格鬥搏擊，不是侷限於讓人推不動，不是侷限於斯技旁門的鬥牛推手，在詭譎的戰鬥中，是分秒必爭的，是剎那剎那的無窮變化，不是站在那邊讓人推不動。如果只是讓人推不動，那麼，人家一掌按過來，一拳擊過來，是否還能完封應化，是值得深思的。

以前高雄有人推手比賽都是冠軍的，以為自己功夫了得了，就去參加搏擊比賽，結果是不堪一擊的。

2007 年大陸一則體育新聞，報導在河南舉行的武術比賽，當時被公認實力最強的選手，是多次獲得推手重量級冠軍的張某某，從一上擂台就被對手追打，滿場抱頭鼠竄，無還手之力，場面慘不忍睹，裁判不忍看下去，中途終止了比賽。

從這兩個例子，可以了知推手不是功夫的全部，雖然真正的推手在實戰中，確實可以起到沾連黏隨等聽勁效果，但在陣仗中，對手的快速出拳，若是推手沒有在一定的水準以上，恐怕是難以應付硬拳的強大攻勢。

這邊所說的推手在一定的水準以上，是指按部就班的從基礎起練太極拳的人，他們得從站樁、拳架、基本功、推手，進而練習散打，一步一步的打好基礎，這樣才能應付硬拳的。

　　若是不信邪，急功近利的的中途闖入推手的陣伕中，捨近求遠，捨本逐末的去練頂抗之力，在僥倖推手比賽中得到冠軍，就以為了不起了，不知天高地厚的去參加搏擊比賽，是難以有好的成績的，如果沒有被打得抱頭鼠竄，就算不錯了。

　　椿法，是內家拳武術的基礎，萬丈高樓都得從這個基礎打起，沒有椿功基礎的內家拳，是較難以與硬拳相抗衡的，因為內家拳是走鬆柔路線，以練氣為主，以求勁為要，若是氣勁沒有練出來，要比力，是無法跟硬拳相比的，因為硬拳就是以練力為多，人家練力，你沒有練力也沒有把氣勁練出來，單憑鬥牛式的推手之技，在實戰中是無法發揮全方位的戰鬥力，所以難免被打的無還手之境。

　　所以，內家拳練椿功是絕對必要的，只有練就最基礎的椿功，功夫才能有所成就，只有練就全方位的內家武功，才能超勝硬拳的。

　　但是，椿功不是練腿力，不是練腳酸，椿功是在練氣，這個氣，要沉斂到椿上去，要深層的進入到椿上去。

　　一般的椿法，通常是指下盤的腳根；然而身體上，是每個地方都是有椿基的，大抵而言，還有中盤的腰胯及上盤的手臂。

　　下盤的腳根要靠丹田之氣的挹注，把氣傳輸到腳，氣要入椿到腳部，然後這個椿還要入到地底深層，所謂入地三分是也，椿要如何入地三分？在鬆淨當中，要靠意念的引導，初練之時，這意念要特別強烈，練習日久，在有意無意之中，就可以把氣引入地底。

　　有一個比較容易體會的方法，形意的三才樁，腳的暗樁要前撐後蹬，用一個暗勁，讓前後腳產生二爭力的暗勁，這是一個巧力，不是僵拙力，不可錯悟，二爭力暗勁產生了，這個樁就會慢慢深入地底。

　　這裡所說的「慢慢」，是指要練到一些時間，最快三年，所以，古早，形意入門是要先練三年樁的，有了這個基礎，往後才會有大成就的。

　　中盤的腰胯，在鬆腰鬆胯中，氣能沉於丹田及兩胯，使中盤的落胯與下盤的腳根連接成一線，貫串起來，這個動作如果做好了，就沒有膝痛的問題，因為全身的重量，會順著胯而落到腳底，不會讓膝蓋吃到力，無形中起到保護膝蓋的效用。

　　很多人練鬆柔的太極拳，卻練到膝蓋受傷，豈不冤枉，因為老師沒有把這氣的落沉，樁的入地，這些方法、要領教出來，或許老師也沒有練到這個水準，這只能說自己遇人不淑，沒緣遇到好老師。

　　上盤的手，是要成就掤勁的，所以要沉肩墜肘，令氣沉斂於肩肘腕三節；牽引主力，以根節的肩為主軸，去牽動催促氣勁到肘、手。

　　肩也要與中盤的腰胯及下盤的腳根連接成一線，綿接起來，完整一氣。

　　三盤的氣都要入樁，上盤的樁是肩，中盤的樁是胯，下盤的樁是腳底，氣不僅要入於三盤的樁，三盤的樁還要落入地底。或許你要質疑，下盤的腳可以落地，中盤的胯與上盤的肩如何落地？豈不是要躺到地下去嗎？非也，因

為下盤的腳既已落地，而三盤相接相連，氣已貫串成一氣時，它就成為一個整體，沒有分割，既然是連體的，下盤落地，就是三盤落地，所以，三盤落地是指三盤之氣有落沉，而且貫串成一體。

內家拳的戰鬥，是發勁，不是使力，唯有成就渾厚結實的氣勁，才能瞬間有爆發力的產生，才能打出短近之寸勁或貼身之黏勁，不須時間加距離而得機得勢，這樣才能取勝於硬拳系統。

發勁有三個要件：

第一，丹田氣的飽滿；

第二，腳要會打椿；

第三，手要有掤勁。

這三者是不能分離的，而且是要連接而貫串的。

腳，練就了入地的椿，在丹田氣的挹注運輸下，把氣同時下傳到腳椿，暗椿一打，摺疊、彈簧勁同時回傳到手，三盤相接，瞬間爆破到敵人身上，這才是內家拳的發勁，才是內家拳制敵的武器。

如果沒有成就這樣的功夫，要與硬拳系統比賽，還得三思。

第八節　在椿功中打拳

打拳架，必須有椿功與氣功涵蓋其中，這樣的拳，才是有靈魂、有生命的；缺乏椿功與氣功的拳，只是運動體操的把式，不能稱之為「拳」。

很多人打拳，是站著打，胯不落，膝不曲，完全是

沒有樁法的，下盤就像搖搖欲墜的「積木玩具」，這樣的拳，是成就不了功夫的，頂多只是身體有微許的運動；有些人因為下盤沒有著落，沒有支撐力點，在前腳蹋膝，後腳吃力的狀況下，反而傷害了膝蓋，造成膝蓋疼痛，留下後遺症，令人婉惜。

打拳處處都要有樁，要「鬆腰」、要「束身」，胯要「落插」，膝要微曲而富有彈性，不要把膝「坐死」了，「僵固」了，膝要活絡有彈力，才不會造成膝傷；腳踝也很重要，腳掌腳根是全身受力的基座，腳踝的落沉可以分擔腳掌重量，舒緩腳根的負擔。

從腰胯到腳根，是下盤支撐全身重量的基礎，下盤如果沒有基礎，打拳就不穩固，不能得到中定平衡；下盤沒有基礎，發勁就使不上力，沒有辦法打樁，無法借地之力，沒有了這個借地反彈的摺疊勁，打出的就是死力，是一種拙力，是一種使蠻而成的拙力，這個力道，與打樁借地反彈的摺疊勁，是天壤之別的，是無法比擬的。

「鬆腰」就是腰要鬆沉，包涵著胯的「落插」，這樣，氣才能沉；「束身」就是把身體束結起來，就像把一捆散落的竹筷束集起來，使得全身力量團聚在一起，也把內氣凝結在一起，氣與力相結合。

胯要「落插」，氣才能沉於丹田，凝聚於丹田，氣沉於丹田，凝聚於丹田，打拳時才能鼓運丹田之氣，透過氣的鼓盪摺疊與牽動往來，才能運勁如抽絲，才能「行氣如九曲珠，無往不利」，才能「運勁如百煉鋼，何堅不摧」。

膝是微曲的，但要富有彈力，不要把死力固集於膝，不要蹩膝，不管是前蹩或後蹩，一旦蹩了膝，它的受力程度反而加劇，造成膝蓋的損傷。

腰是要鬆的，鬆了才能集氣於丹田，但這個鬆不是鬆懈、鬆散的，腰的鬆，要鬆得有活力，有彈力，還要有裹勁與擰勁。

裹，是含裹，是包含，就像古人的包裹，古代人沒有皮箱裝衣物，只能用一條大布巾，將衣物包裹起來，把布巾兩個角打結，把衣物裹藏在裡面。

裹勁，就是把氣裹結、集藏在丹田，使這個氣囊壯擴起來，厚實起來。

擰勁，是二爭力的相擰，好像擰毛巾一般，靠著二爭力把水擰出來，二爭力是一種巧力的互爭、相擰，不是蠻力的抗鬥。

下盤的穩固，不是練蹲法；蹲低，只是練腳力、肌力，對於往後的發勁是產生不了作用的。樁功的作用，是在於能「支撐八面」，使我們在動靜當中，都能維持著中定平衡，那麼，這個「支撐八面」的樁功架構是甚麼？

除了身體九大關節的力學原理得適支撐之外，還有氣的挹注沉澱，才能成就「不倒翁」下盤的真正穩固，而且這個穩固，是機動的穩固，它是隨時隨地，在在處處，任何時節都是維持著平衡中定的，不是只有在站著不動時才能達到平衡中定的效果。

站著不動，讓人家推不動，不是真功夫，反而是一種死功夫，不值得羨慕、嚮往與推崇，因為武術的搏擊格

鬥，是機動而富於變化的，不必去練那種死功夫。

坊間，有人教推手，崇尚於土法煉鋼，是捨本逐末的練法，他們的練法是，師傅用力壓按學生的肩膀或腰胯，讓學生去承載那個彎力，然後蹲下去，轉腰、搖晃身體，說這就叫走化，經過一段時間的練習，腳力可以承載壓力，也可以蹲的很低讓人推不動，說這就是推手功夫。

推手，其實不是這樣，推手不是練力、練死頂功夫，如果把勁練死了，雖然你頂抗功夫有了，但在往後的真正搏擊戰鬥中，這種死頂功夫是用不上的，真正遇到場面時，只有挨打的份。

推手，只是功夫的一部分，是搏擊格鬥中的一個階層練法，推手的目的是練就靈敏的反應機制，在與對手接觸的剎那，能感應對方的動機，在沾黏連隨當中，洞燭機先，得知對方的動向，感覺他的來龍去脈，得機得勢，發制於人。

推手要練的，還有發勁與接勁。發勁三要件，涵蓋椿法、掤勁及丹田摺疊勁的運用，不是只練讓人推不倒，不是只練用彎力將人推出去，或扭抱摟摔。

椿功的練習，除了固定式的站椿，還有動步的椿法，就是在拳架中練椿法，本來拳架中就涵蓋椿法的，只是一般人都忽略了。

在拳架的行運當中，在在處處，秒秒分分，剎那剎那，都要有椿法的存在，在前進後退，左右騰挪，在虛實變化當中，都不能丟掉這個椿法，若能時時刻刻的保持椿法的存在，那麼，你在打拳之中，已然在兼練椿法了，不

可小覷這個樁法，因為它是成就發勁的必要條件之一。

樁法，要有內氣的沉澱、挹注，要透過「以心行氣、以氣運身」及大鬆大柔的鍛鍊過程，令氣沉入腳底湧泉，入地而生根；氣能生根入地，在發勁中，打樁才能發生作用，如果湧泉無根，腰（丹田）無主，那麼，練拳終生亦無補，這是太極體用全歌裡所說的真言。

湧泉有根，就是指樁功的成就，腰有主，是指丹田氣的成就，如果湧泉這個根盤，沒有根，沒能入地生根，就打不成一個樁，沒有打樁的發勁，是空洞的，是不結實的；這個樁打下去，如果沒有丹田氣的沉澱、挹注，也是個空樁，也是個空包彈，產生不了擊破效果，縱然，有人力大如牛，能打出多少磅的力道，但這種力道，與真正的發勁，是不可同日而語的，是天差地別的。

樁法，還涵蓋物理、力學的支撐架構，九大關節必須含蓄著氣與力，互相支撐，互相扶持，運用巧力去取得支撐角度，這個「角度」是很重要的，如果取角不適當、不適度，那麼，你得花費較多的力氣去支撐身體的重量，形成一種體力的耗費，也會形成各關節的耗損，需要特別留意。

譬如，練三才樁，兩腳肩寬，前後分開，前腳四分、後腳六分，或前三後七，在膝與胯間，要構築一個適當的角度，也就是有支撐力點的角度，胯的力度須經膝而直透湧泉腳根，若是胯與膝的角度取擇不當，就會造成膝蓋的癱蹋，力道不能直達腳根，甚至還會損傷膝蓋的。

除此之外，其他各關節，從腰胯而上，到脊、肩、

胛、頸、肘、腕、手，都是互有連結的，不能脫鉤，若有一個環節脫鉤了，就不能「完整一氣」，不能發出「整勁」。

第九節　運　椿

運氣及運勁這兩個名詞，是通常練內家拳的人都知曉的，運椿則較少人提及。

運氣，諸如「以心行氣」，或「以氣運身」，或「行氣如九曲珠」等等，都屬於運氣的範疇。

運勁，在行功心解裡頭常常提到，譬如：「運勁如抽絲」、「運勁如百煉鋼」，還有「蓄勁如開弓，發勁如放箭」、「曲中求直，蓄而後發」、「勁以曲蓄而有餘」等等都是在闡述運勁的情況。

修煉內家拳，首部曲就是「氣以直養」，要先養氣，令氣飽滿圓實，存聚於丹田。養氣成就爾後，就要練習運氣，使「氣遍身軀不少滯」，使氣沉著而收斂入骨，匯集而成就內勁。內勁成就以後就要作運勁的練習，使勁能達於脆而又Q的境地，為發勁而做準備。

所以，在丹田氣還沒有圓實飽滿之前，在氣還沒有收斂入骨成就內勁之前，還談不上運氣與運勁的，都還在體操的運動範圍裡，還沒有進入到實際功夫的內門層面。

椿功成就了，不是只有求到下盤的穩固，不是站著讓人推不動而已，透過運椿，讓椿功發揮更多、更大的作用。

運椿，是運用椿法去練習站椿、基本功、拳架，以及

運用椿法去練習發勁的動作。

　　運椿是藉由「其根在腳」的腳根，行使二爭力，利用兩腳的撐蹬暗勁，譬如，前撐後蹬或左撐右蹬，或立體圓弧的互相撐蹬，以腳的暗椿去借地之力，形成一股反彈摺疊勁，以這樣的運椿方式去行使運氣與運勁，才能達到運氣與運勁的效果。

　　運椿有定步的運椿及動步的運椿。定步的運椿，如站椿或基本功的練習。

　　練站椿是要運到椿的，不是死死的站在那邊；站椿時，後腳向前蹬勁，前腳向後撐勁，前後腳要自己去營造一股互爭的暗勁。

　　所以，練習站椿，是暗潮洶湧的，丹田氣要挹注到腳根及全身各處的，是要伸筋拔骨的，不是傻傻的站在那邊當個沒事兒，也不是在那邊練腳酸、練腳力的，而是要以氣去運椿，以運椿方式去運勁的，若不如是，都是屬於天馬行空的體操把式，與功夫的修煉完全是沾不上邊的，完全是風馬牛不相及的。

　　基本功的練習，是身動的運椿，是要坐腰落胯的，還有腰的摔轉及丹田氣的鼓運挹注等等。每個動作皆要運到兩腳椿的撐蹬二爭力，配合丹田氣的鼓盪，及腰胯的摔轉，使腰胯形成一個立體圓弧的旋動，增強了阻力的催促，強化了運勁的效果。

　　活步運椿，如形意暗勁階段的盤架走步練習，是要運到椿的；發勁更要透過運椿去打椿，這樣發勁才會有真正的效果。

在運椿當中，上盤的肩肘要自然形成摺疊狀態，加強氣的推動，使手的掤勁逐漸加強。譬如本門基本功中的穿掌練習，在右手掤起往後往下採勁（此時左掌下蓋）時，兩腳根要同時運椿，使腰胯形成一個立體圓弧的右旋轉，往後往下坐落，前腳根運椿往後撐勁，後腳根運椿往前蹬勁，形成一股二爭之力，這樣，手臂在運轉時才有阻力產生，也能使從腳跟至腰胯至手臂的筋拉拔伸展開來，增進筋的彈性及蓄納更多的氣，而成就手的掤勁；當全身重心落到右後腳，兩腳根要運椿循相反方向擰迴，後腳向前蹬勁，前腳向後撐勁，使腰胯形成一個立體圓弧的左旋轉，在這樣的反轉折當中，腰胯肩肘等都會自然形成摺疊狀態，更加強氣的推動。

練習基本功或拳架，如果沒有運用兩腳的二爭力去營造身手的阻力，這樣，體內的氣就無法被壓擠推動，如果沒有運用兩腳的暗椿的撐蹬去營造全身各個根節的摺疊，體內的氣無法活躍貫串，這樣想要成就內勁就比較困難。從這個角度觀點而言，兩腳的運椿作為，就顯得非常重要而不能被忽視的。

太極拳經云「其根在腳」，所有的拳架及基本功的練習，它的源頭就在腳根，如果腳沒有根，腳不能入地生根，就會像樹木一般，無法屹立不搖。

內家拳的發勁是「其根在腳」的，是由腳而腿而腰，形於手的，那麼，其根在腳是在說什麼？腳根是用來打椿的，發勁如果沒有配合打椿去借地之力，無法產生反彈摺疊之勁，不能達到省力原則，不是真正的發勁，如果發勁

不會打椿，將會被行家歸類於王宗岳老前輩所謂的「斯技」範疇。

打椿是椿功成就後的成品，椿功是由站椿而成就，也可以說由站椿而成就椿功，由椿功的成就而學會運椿，運椿嫻熟了，自然可以體會打椿的要領，終而能悟出發勁的訣竅，也能深知發勁與打椿是一體連結而不能分離的。

第十節 打 椿

椿法、椿功，一向被內家拳修煉者所重視，更有「入門先練三年椿」的說法。孫祿堂先生的徒弟齊公博就是典型的例子。

一天，齊公博練站椿，也不知自己站了多久，孫祿堂走過來說：「兩個時辰了，歇歇吧。」孫祿堂看著滿身汗水的齊公博，感觸地說：「公博，你可知世間練拳者多如牛毛，為何成就者卻少如麟角？這都是因為不知形意拳中的內勁是什麼，這三體式椿法是形意拳的基礎，一切拳法都起於三體式。」

齊公博一天站兩個時辰，三年才內勁有成，若每天練二十分鐘的功力都能累積起來，也得花十八年的時間才能成就內勁。而事實上一天練二十分鐘，是於事無補的，就像煮水，沒到沸騰，終究還是生水。

椿功成就了，自然會打椿，自然會發勁，自然會用丹田氣去打椿。

發勁的原理，是藉由丹田氣的鼓盪、驅策、挹注於腳底，瞬間去撞擊地面，而產生的摺疊反彈爆破力。

　　所以真正會發勁的人，只是意念一動，丹田氣一鼓而已，不會像一般阿師，兩手前伸，奮力推去，糗態百出。

　　打椿有地面打椿，地面打椿有節拍打椿，節拍打椿有：一拍打一個椿，是為通常的打法。一拍打兩個椿，是為變化打法，是為比較高級的打法，譬如，形意劈拳拆練，把拔、鑽二動打成兩個椿，也就是拔一個椿，鑽一個椿，這兩個椿是連續而不斷的。

　　還有，就是一個椿打下去，卻有二股或三股丹田氣的加壓運送，也就是說一個節拍又分成二個或三個小節，聽起來好像很玄吧，只有會打椿的人才知道我在說什麼。

　　還有一種叫做預為打椿，也就是說，前頭一隻腳打了一個預備椿，但是這個椿並不是真正的在發勁，而是為了次後的後腳真正的打椿連帶發勁而加勢，也就是說前腳只是一個借勢、助勢的打椿，有了這個借勢、助勢的輔助椿而增加後腳的正式椿的整盤完整勢力，前椿是處於輔助地位，有了它的輔助而增進後來導入的正椿。

　　還有更玄的，就是空中打椿，在蹬步前進身體騰在空中時，用丹田氣打椿，或許你會問，椿不是要打在地面，才能產生反作力嗎？

　　空中的空氣，是有質體的，它有阻力，會打椿即可打到這個空氣中的阻力，產生打椿的效果。成就了椿功，嫻熟打椿神技，即知其義。

　　打椿是椿功成就後的成果表現，由椿功的成就而學會運椿；運椿嫻熟了，才進入打椿的階段，因此，發勁與打椿是互相連結的。

正確的打椿，是椿功、內勁及丹田氣圓實飽滿，在作意的剎那，完整一氣的打椿入地。

打椿是意與氣之神妙運用，打椿，看不到身形、曲膝，只是氣一沉、一凝、一聚而已。某些名師發勁，屈身彎腰曲膝，蹲低身體，奮力一推，是為不會打椿、不會發勁之人。

第十一節　打椿與丹田氣

我常對學員說，發勁要靠丹田氣去配合腳的打椿，並且做了示範，以為學員們都聽懂了。

某天我教他們「採法」的發勁打椿，我用手去摸學員們的丹田，才恍然知道他們都還沒有理解丹田氣如何運作。

我親自做一個打椿動作，教學員們用手按著我的丹田，我丹田氣一鼓盪，這個丹田氣囊，迅速在瞬間抖動凝聚收縮，剎那間已同時、同步的放勁出去，學員們終於稍有些領會。

我教學員們自己練習，我用手按著他們的丹田，才知道他們還不會鼓盪丹田氣，也就是說他們還不會運用丹田氣去打椿。

他們的腳根雖然有向下打地椿，但丹田氣卻沒有挹注下去，丹田是不動的，是沒有運到氣的，也就是還不懂得運用丹田的鼓盪，把氣運送到腳根去。

我用手去觸動他們的丹田，在打椿時就去觸動他們的丹田，數次之後，在我的輕輕壓按之後，他們終於慢慢體

會了丹田的鼓盪運作。此時的椿打起來，意境就不同了。

發勁是要打椿的，高手打椿是打暗椿，看不到身形的下坐，只是丹田氣一鼓而已，非常的玄妙的。

發勁若還要使盡吃奶之力，或雙手奮力一推，都還不是真正的發勁。

發勁要打椿這個論述，很少看到有人講，這是我個人練拳的創見與心得，提供給大家做參考。

第十二節　煞　椿

練拳先練椿，練椿是拿來用的，不是練著好玩；很多人把練椿當作苦事，盡量的逃避，到頭來功夫一無所成。

椿的作用有「運椿」、「打椿」、還有今天要論述的「煞椿」。

椿的運用，是多樣化的，是靈活機動的，不是一成不變，也不是練成了椿，站在那邊讓人推不動而自引為傲的，如果只是這樣，那麼椿的功能、效用就被侷限了，就被矮化了，就被貶低了。

打拳是要運椿的，不是只有身體在那邊舞來動去；發勁是須要打椿的，不是只靠著雙手的奮力一推。

練拳，在椿功成就以後，不僅要會運椿、打椿，也要學會「煞椿」，煞椿也是椿功中的一個重要的版塊，是不容忽視的。

然而，什麼是椿？什麼是運椿？什麼是打椿？什麼是煞椿？在過去與現在的拳界中，似乎是被忽略的，似乎是不被重視的，因為甚少看到有人作這些論述。

在論述煞椿之前，先將椿、運椿與打椿作一個略述。

所謂「椿」就是一個基座，一個可以承受整體重量的基座，在下盤就是腳根，在中盤就是雙胯，在上盤就是肩胛，大略如此。

所謂「運椿」，是運用椿法來練習椿功、基本功、拳架，以及運用椿法來練習發勁的動作。運椿是藉由腳根的二爭力之行使，利用兩腳的撐蹬暗勁去運氣與運勁。

練站椿是要運椿的，不是死站在那邊，站椿時兩腳要去營造一股互爭的暗勁，所以，練習站椿，腳椿的互爭運勁是暗潮洶湧的，如果沒有運用兩腳的二爭力去營造身手的阻力，這樣，體內的氣就無法被壓擠推動，如果沒有運用兩腳的暗椿的撐蹬去營造全身各個根節的摺疊，體內的氣就無法活躍貫串，這樣想要成就內勁就比較困難。由此而言，兩腳的運椿，就顯得非常重要而不能被忽視的。

所謂「打椿」，是發勁時的「借地之力」，藉由腳的入椿打地，所形成的摺疊反彈力而形於手，達到發勁的極致效果。

拳經所謂的「其根在腳」是在說什麼？是在說打椿，腳根是用來打椿的，發勁如果沒有配合腳的打椿去借地之力，無法產生反彈摺疊之勁，不能達到省力原則，也不能達到發勁的瞬間爆破效果，不是真正的發勁，一般坊間所看到的發勁，大都是借著雙手的局部力，奮力向前推，這是拙力範疇，不是發勁。

打明椿不足為奇，打暗椿才更神妙，會打暗椿才能達到「發勁人不知」的高深神明境界。所謂「暗椿」就是外

表看不到抬腳打椿的動作，只是一個作意，丹田氣已然同時深入腳椿，深入地底，完成打暗椿動作。

拳經所謂的「其根在腳」，是指發勁而言的，這個發勁，是以丹田氣的鼓運爆破，引氣入腳椿，由打椿所產生的反彈摺疊勁，這樣才能達於「完整一氣」的境地，才是真正的「其根在腳」。

什麼是「煞椿」，顧名思義就是把椿煞住，就像煞車一樣。為什麼要煞椿，目的是為了強化運椿與打椿發勁功能。

「煞椿」如同打撞球的定桿，母球定住，子球瞬間崩出；又如開車，突然踩煞車，被撞到的物體會剎那間飛奔彈出，這是一種物理現象的慣性反作用力的原理。

我們站立搭乘汽車或火車，車子若突然向前衝出，我們的身體會反向迅速後仰。打拳不論運椿或發勁打椿，要善用這個類似煞車原理的「煞椿」作用，達到運椿或發勁打椿的更極致效果。

「煞椿」有很多的變化應用，有前進蹬步的煞椿，有向後撐步的煞椿，有前腳的煞椿，有後腳的煞椿，有擺步的煞椿，有扣步的煞椿，還有圓弧步的煞椿，這些或許是大家所未曾聽聞的吧？

前進蹬步的煞椿，譬如打形意崩拳，前腳上一步，後腳同時蹬步跟上，後腳落地的瞬間踩煞椿，崩拳自然會順勢崩出，力道加倍。

打半步崩拳，只前腳上半步，用腳尖虛步撐地踩煞椿，拳就會有一股反作力崩出。

打退步崩拳，前腳往後撐勁，後腳後退落地馬上踩煞樁，拳就會往前崩出。

練形意的雞形四把刺，也就是「金雞啄米」之式，這個式是走擺步，腳虛提起來往外側擺步轉圓，運勁打樁入地，瞬間踩煞樁，手就會迅速疾出穿刺，因轉身時腳底突然煞樁，腰胯就會被甩圈的順勢扭轉，而帶動手往前刺出，這樣雞形才有穿刺的力道。

上例所舉，都是屬於明勁快速的發勁打樁範圍，那麼，練暗勁在慢速的移動中，要如何煞樁呢？

譬如，打形意劈拳的暗勁練習，前腳暗勁入樁，深入地底，往後撐勁，身體往後推移，雙手往下往後採拔，因前腳的後撐，所以後腳要踩慢版的煞樁入地，與前腳形成一股互相撐蹬的二爭力，這樣，手運行的阻力就會自然醞釀出來，使得筋膜被伸展拔開，注入內氣，聚斂內勁能量。

雙手採拔到盡底時，丹田氣注入後腳根部，煞住穩住根勁，讓它醞釀出一股摺疊的反作力上來，再慢慢的將後腳的根勁往前暗蹬，打出鑽拳與劈掌。

我們開車，前輪煞住不動，由後輪轉動，慢慢加油加壓，由於後輪前進的力道被前輪煞住阻礙，車子會有轉圓甩尾的狀況出現。

拔河，全體人員的雙腳，踩的是暗樁，運的是慢版的煞樁入地。

比腕力，墊底的肘，運的也是手肘的暗樁，手肘也是有樁的，可說全身處處皆有樁的，每一個支力點都是一個

椿，這個手肘的底椿，是要用暗勁煞住固定的，如果沒有煞住固定，有了些微的晃動，就失去了主根，手臂的力量將會失去依靠，而失去力源，成為落敗之勢。

前面說過，身體各個部位都是有椿的，都是有基座的，所以手也有手的煞椿，這個手的煞椿，就是像打撞球的定桿，拳頭或雙掌發勁打到敵身時，在剛碰觸敵身的那一剎那，就要踩煞車，定住，這樣勁道才會在敵身內部，產生擠壓爆破，將對方擊震跌出。

這種出勁方式，與一般拳擊的出拳方式是不同的，一般拳擊的出拳，沒有定桿，沒有踩煞車，也可說沒有手部的煞椿，它的力道是隨著拳頭的前進方向順進的，所以被擊中時，不會有奔跌飛出的效果，這是屬於拙力範圍，與內勁的擊破噴射而出的效果，有著一定的差異。

所以，硬拳系統比拳賽是要分體重等級的，也是要透過若干的重力訓練，才會有出拳打擊的威嚇效果；內家拳如果真能練出內勁，則沒有體重之別，是可以「以弱勝強」的，是可以「以小搏大」的。

內家拳乃智慧之拳，不靠蠻力取勝，不練蠻力。以練內勁為上，是為智慧，以練椿功穩固下盤，是為智慧，以運勁方式而求內勁，是為智慧，以打椿而助發勁效果，是為智慧，以「煞椿」而增進打擊爆破力道，是為智慧。

第十三節　金剛搗碓與打椿

金剛搗碓的「碓」字，音唸ㄉㄨㄟˋ，大部分的人都唸成「錐」，或「椎」，這是需要加以說明的。

　　「碓」字是古時用來舂米的石臼，太極的「搗碓」就是以右拳為杵，左掌為臼，兩手相擊，好像搗碓的樣子。

　　金剛是佛家語，象徵堅固大力，我們看佛教的金剛大力士之法相，都是威武雄壯，氣勢凜然的。太極的「金剛搗碓」，以此而喻打擊之威力。

　　在太極拳中，打這式「金剛搗碓」是要加上「震腳」的，而這個「震腳」有人打的非常用力，感覺很震撼；有的跺腳是輕輕的放下，沒有震出聲音。

　　這個「震腳」在許多傳統武術中，是時常會看到的，在太極稱為震腳，在八極稱為跺腳；在少林拳稱恨地腳，是要把地踩碎之意。

　　震腳有單震腳與凌空雙震腳，有離地很高的震腳，也有不離地的震腳；會震腳的，離不離地都可以震腳，震出威力；不會震腳的，即使腳提的再高，震下去還是空空如也。

　　現在坊間的震腳，大多是使用拙力去震，這個會震出毛病，震出腳傷，震出腦震盪，不可不慎。所以現在有人打這個「金剛搗碓」，是不跺腳的，而是輕輕地放下，這可能是因為看到人家震腳，震到腳傷，震到頭暈，而引以為鑒的關係吧？

　　形意也有震腳，不過我不把它稱為「震腳」，而是立名為「打樁」。震腳與打樁是有別的。震腳是先抬起腳再震地，它的施力範圍侷限於腳掌及大腿肌，在陳氏太極、趙堡太極、八極拳，及某些硬拳系統裡都有震腳的打法，這些打法，都有些微的助力效果。

　　一般的震腳與本門的打樁還是有別的，本門的打樁，是樁功有了成就之後，以意引動丹田氣，令丹田氣挹注於腳根。

　　所以這個打樁是以丹田氣為主導，是利用丹田氣的鼓盪爆破作用，而下達於腳根的，如果欠缺丹田氣的引助，那個震腳跺下去，純屬拙力的範圍，不是我們所謂的打樁。

　　是故，只有培養了圓實飽滿的丹田氣，及成就了樁功，再加上實踐練習，才會真正的打樁，否則都只是在使拙力而已。

　　會打樁的話，腳是不必舉起抬高的，只是一個作意，丹田氣一鼓，已完成打樁發勁的動作，所以打樁，純是「意氣用事」的一項功夫，是迅雷不及掩耳的，它的疾快，是一種氣爆的快，不是拙力使快所可比擬的。

第三章　形意基本功

第一節　三才椿

　　三才椿又名三體式，是形意的重要基本功之一，主要的是練下盤的穩固，及以後練發勁時，腳根的入地彈蹬勁。

　　三才，謂天、地、人，合為一體之意。在人的形體上，天，泛指百會及手臂；地，指腳根；人，指丹田。

　　三體式，三才椿是形意拳站椿的功法，形意前輩說：「萬法出於三體式」因為三體式是形意拳的最根本，是修煉功體的最基礎，如果沒有這個基礎，則萬丈高樓將無從立基。

　　練三才椿，頭頸要虛靈頂勁，百會朝天，有吞天之氣、之意；上手臂沉肩墜肘輕輕向前伸出，食指指天，氣貫指尖與勞宮，掌心外推，有推山之雄；下手微曲內扣，拇指指人（丹田），臂緣微向外撐，兩手、臂雖有推撐之意，唯不可存有絲毫拙力，需使暗勁，在鬆柔之中要有沉墜之勢，要在「鬆」中感覺「沉」。這樣，手的掤勁就能慢慢累積成就。這是三體式的「天」。

　　「地」，指腳根，腳要前腳往後撐，後腳往前蹬，心中默想，好像地上鋪一張紙，要用腳掌的前後撐蹬暗勁把紙撕裂，所以使的是暗勁，不能用拙力。

　　站時要鬆腰落胯，胯要垂直的落插，使丹田氣沉入腳底。日子久了，氣入地生根，腳如磐石，也為往後的運椿、蹬步及打椿發勁預立基礎。

　　「人」，指丹田。丹田又稱氣海，如大海能納百川，而不溢滿；丹田氣積多了，形成一個厚韌的氣囊，好像充滿氣的皮球，可以抗打，而且有彈力，可以回彈反擊。

　　丹田之氣，要會運使，利用逆呼吸法，以暗勁壓縮橫膈膜，令氣在臟腑內鼓盪，增進臟腑的氣機，使之生機勃勃，充滿活力。

　　先令氣積沉於丹田，然後運到四肢百脈，使氣充滿四肢百骸，日久，內勁自生，非三兩天可成，非三兩月可就，要有恆心，要堅持不退，才能成就這個功體。

　　這功體成就了，打起拳架就不可同日而語，腳有根，有蹬勁；手鬆沉，有掤勁；氣聚丹田，渾厚雄偉，氣勢非凡，有丹田勁。經過老師的餵勁，很快就會發勁，透過推手聽勁的練習，進而懂勁，懂勁後愈練愈精，大成指日可待也。

　　還有，這個三體式，成就了，腳有了根，腰就能靈活彈抖，練起「蒼龍抖甲」，很快便能契入。

　　「閃電手」，也是透過這個機制，而能成就。若是「蒼龍抖甲」抖不起來，「閃電手」，使不出來，很明顯的能確定「三體式」的功體還未練就，只有再下工夫，再接再厲，堅持下去，終會有成。

　　透過推手或者是散手的實際操練，才能體會三體式的重要。因為腳根如果沒有椿體入地，根本是無法發勁的，

若只是靠著手的局部拙力，都還是三腳貓，即使靠者硬力推動了人家，也是勉勉強強，不會乾脆俐落，總覺得是拖泥帶水的。

手如果沒有掤勁，不能曲蓄而有餘，發勁也是硬硬繃繃的，按人有頑劣的感覺，無法像棉裡藏針那樣，外面綿綿細細的，內裡卻充滿了驚濤駭浪，暗潮洶湧的澎湃氣勢，讓人產生驚悚惶慄，有如跌入萬丈深淵，無所依靠的感覺。

丹田氣如果不堅實渾厚，發勁不會有令人彈飛崩跌的感覺，打人也只在表皮肌肉之層面，不能伸進入裏，深及內臟。練就了渾厚堅剛的炁，勁道可以隨心所欲，控制得恰到好處。

所以說，形意的萬法，都是由三體式而產生，三體式是內家拳武術萬法的母體，若缺了這個母體，都還是膚淺的武術，都還是表面層次的功夫。

三體式樁法所成就的下盤功夫，他的作用不僅僅是侷限於步法的穩固而已，在發勁時都是需要藉打暗樁的作用，而發揮勁道的一個完整性，有了它，發勁才能貫串連接，而且這個樁練成之後，全身都會有這個樁，不限於腳底，你站著也好，坐著有臀部，臥著有背部，他們都是一個樁，都是槓桿原理中的一個施力點，正是拳經所謂的「處處皆手，手非手」，打人是全身各處的樁在打人，這才是功夫。

形意三才樁是個充滿矛盾的樁，是一種技擊性的樁法，它除了功體內勁的培養之外，在格鬥發勁時，靠著打

椿所引生的摺疊反彈勁，而爆發驚悚疾速的威力。

為何說三才椿是個充滿矛盾的椿？譬如，前手向前伸出，有推山之勢，也有承接來力之意，形成一種對立的矛盾。下面的手是呈外撐內抱，有外撐之勁，也有向內裹抱束臂之意，也是一個矛盾。

腳底的後蹬前撐所形成的二爭力以及腰胯的擰扭、左右的互相拉扯，在在都是對抗的矛盾。

手臂的向外撐勁與內抱的裹束之勁，所產生的矛盾二爭力，會形成二者之間的一個基礎底座，這個沉墜的基座，就是手部的椿，它在矛盾互爭的沉墜之點面，會形成一個基座，形成手部的一個矛盾椿。手臂如是，腰胯亦復如是，其餘各處，也是如此，各有各部的基座，個有各部的矛盾椿，環環相扣，連結貫串，串成一股立體圓弧的基椿。

這個對抗的矛盾，可使得筋骨受到較強力的摧拉，增強內氣的輸灌，成為內勁養成的要件，也使得內勁富有強烈的撐持性、擰裹性及彈簧性。

第二節 蹬 步

蹬步練習，是為以後發勁及實戰對打時之用，形意最大的特色，是進攻時的勇猛，在向前攻擊時，要加上蹬步的借勢助力。

形意拳經言「消息全憑後腳蹬」、「追風趕月不放鬆」、「硬打硬進無遮攔」，這些名言都是在讚歎形意拳蹬勁的神妙。可見蹬步在形意拳的練習當中，佔有極重要

的地位。

「消息全憑後腳蹬」，消息就是音訊，訊息、訊號、或聽勁與預感，以及行動時必須去相應、搭配的；不論在拳架或實戰中，在技擊進攻或進步單練中，都必須以蹬步來進行完成。

蹬步能練出勁道，能於實踐中瞬間爆發蹬勁，意到、氣到、勁到，這樣才能追風趕月，才能打進無遮攔，才能在實戰當中令對方兵敗如山倒，如決堤般的崩潰。在實戰中，出拳攻擊，如果沒有上步，勁道受限，但倘若有上步而蹬勁不足，亦難發揮完善的制敵效果。

初練形意，從蹬步起練，也兼練站樁，鞏固下盤之根。身體直立，微蹲，氣沉丹田，兩腳距離與肩同寬。左腳輕輕往前邁出一步，成四六步，重心前腳四分，後腳六分，兩手掤起如按人狀，這是預備式。

起練時，左腳輕輕抬起離地一寸，同時將重心全部移至後右腳，右腳全掌貼地，與地密合，向前蹬出，當前腳踩地時，後腳必須迅速向前跟進，保持與預備式前後相同的腳距，寬度也一樣與肩同寬，並保持前四後六的重心。

練習五十步就換腳，換成右前左後，同樣練五十步。接下來左右交替練，右腳蹬完換左腳蹬，一右一左一直練下去。

蹬步練習，常見的毛病：

1、蹬步完成時不能保持重心在後。

2、身體歪斜前俯後仰。

3、後腳跟步時腳掌拖地。

4、完成蹬步到位時，兩腳沒有前撐後蹬之暗勁，形成踢膝狀態。

5、把蹬步誤會成跳步；用跳的身體會虛浮，根勁無法練出。

形意蹬步不是用跳的，初練形意拳的蹬步，不少學員會犯下使用跳步的錯誤方法練習，不管老師怎麼講解或多次的親身示範，學員還是不能體會蹬步的要領。

在這種情形下，只能用另一種方式，讓學員用身體去感覺。

令學員在蹬步時，兩手高舉到胸前，呈按掌，當學員往前蹬步時，老師就按住他的雙掌，增加他前進的阻力，在這種情況下，學員誓必將丹田氣沉入腳底，使用腳底的暗勁，才能使身體前進，而且不會往上浮起，形成跳步。

跳步會使得身體虛浮，重心不穩，發勁空洞無力，練成拙力方向，起初的練習若是沒有調整修正過來，以後要導正就比較困難。而調整修正有時用口頭講解，學員是無法領略的，即使是老師親身做示範，對初學者而言，往往還是不能理解的，所以最好就是使用各種方法，讓他的身體去做感覺，去感受。

身體感覺、感受到了，遠比說破嘴還有用，如何善用各種方法讓學生去感覺，是老師教學的責任，也是一個好老師必須認真思維的教學方法。

蹬步的要領：

後腳蹬地時，氣要沉，意念要到位，腳掌似欲將大地踩沉之意，將大地向後推移，使身體借推移之暗勁往前躍

進。腳掌好似划船的槳，大地如若江中的水，槳划動水有一股阻力，腳掌推移大地也有阻力，身體向前進行時也有阻力。這種阻力的自我虛擬與感覺，非常非常的重要，這跟以後所有暗勁的練習，息息相關，若能觸類旁通，則進步神速。

推手的蹬步練習：

向前發勁雙按，腳掌打樁蹬進，身更沉，不可浮起。浮起皆是使用蠻力之故，若能氣沉湧泉腳根，藉地之深沉而形乎手，勁道才能紮實，不會虛浮飄渺。

散打的蹬步練習：

利用形意五行拳來練習蹬步，後腳蹬地前進，前腳向前跨出半步，腳尖向後撐，前後形成二爭力，如欲將大地撕裂。十二形中較簡單招式如虎形、馬形等也可以用來練蹬步。

實戰蹬步歌：

蹬步切進敵喪膽，氣勢凌人勝在握，
硬打硬進非蠻力，道理只有識者知。

第三節　內勁單練法

本門內勁單練法有雲手、採手、纏手、推磨、按掌、翻掌、蓋掌、穿掌、托掌、抖掌等等。

主要是練筋骨的伸拔，以及手的掤勁，腰馬合一的擰勁及雙腳的二爭力。基本功練習每天早晚各練半小時，站樁半小時，後接著練五形拳一小時。如此持續練習，肯定功夫上身。

　　內勁單練法的練習，其實不僅十式，幾乎所有的招式都可以拆開來單練。單練法的重點有三，第一是行使二爭力，第二是營造阻力，第三是伸筋拔骨。

　　以雲手來作例，兩腳平馬站立，距離與肩同寬，先做左雲手，兩手臂輕輕地提起，左手在上，右手在下，向左雲，右腳掌往左使暗樁往左碾勁，左腳掌要撐住，稍為使暗樁阻礙右腳的力量，這叫做右蹬左撐，在腳的右蹬左撐當中，兩手臂往左雲時，就會產生一股阻力，使兩手在左雲之時，好像有一股無形的阻力，阻礙著你，使你在左雲時產生一股阻礙力。這就是由二爭力所營造出來的阻力。

　　阻力營造出來時，兩隻手臂在雲手時，因阻力的關係就能使手臂及串聯至腳底的整條筋脈被拉拔開來，也令所有的關節被伸展而鬆開，這樣就能使全身各個關節及附著於關節的所有筋脈、韌帶因伸展開拔而能注入內氣，而成就內勁能量，成就形意拳的功體。

　　雲手有外雲手與內雲手，練習的內涵方法都是一樣的，只是手法的招式不同而已。其餘的各式單練，道理都是相同的，學者可以舉一反三，不再贅述。

第四節　呼吸調息吐納

　　呼吸一法，在形意拳練習當中，佔有極為重要的地位，是每一位老師與學生均不可忽視的課題。

　　有些老師主張「呼吸自然就好」。問題是，如果自然呼吸就好，那麼就不用練習吐納，不用練氣，也不用「以心行氣」來練內功了，如此內勁焉得生長？內功之「體」

如何成就？

　　如果自然呼吸就好，那麼就不用勤苦練習內家拳了，怎麼說？因為每一個人都會自然呼吸，嬰兒一出生就會自然呼吸，甚至在母親體內已經會自然呼吸，不用人教，不會呼吸則不能生存矣。

　　行功心解云：「極柔軟，然後極堅剛。能呼吸，然後能靈活。氣以直養而無害，勁以曲蓄而有餘。」這也是練習形意拳的方法，意思是說：練拳一定要非常的鬆柔，不能存有絲毫拙力，如此才能練就極堅剛的內勁。懂得呼吸吐納，才能運氣發勁靈活無滯。所以說氣以直養而無害，氣，就是呼吸吐吶，運而養之，一直長養它，只有利而無害，久則能蓄積內勁；勁是藉由呼吸吐納運氣導引而斂入骨髓、筋脈，它是活動活潑的，而且是可以蓄積儲存的，故謂曲蓄而有餘，隨時可以蓄而備用，永無窮盡。如果練拳不必學會呼吸，行功心解就不會在此特別強調「能呼吸，然後能靈活」。

　　行功心解又云：「以心行氣，務令沉著，乃能收斂入骨；以氣運身，務令順遂，乃能便利從心。」意思是說：用我們的心意來行氣，導引運功。所謂行氣就是要學會如何呼吸吐納，不是自然呼吸就可以行氣。行氣呼吸的時候，必定要沉著，沉著須透過鬆柔的練習，才能使氣沉斂而入於骨髓，產生極堅剛的內勁。

　　以氣來運達於內身，呼吸運行之時，一定要順暢舒遂，在運氣發勁時，才能夠知己知彼，得機得勢，隨心所欲。在此，行功心解特別強調「以心行氣、以氣運身」要

以心行氣、以氣運身，不是呼吸又是如何？但它不只是自然呼吸而已，裏面有運有為，有意念與心行。

所以練形意拳，首先就是要學會呼吸。那麼要如何呼吸呢？

呼吸就是吐納，吐舊納新。將外面新鮮的空氣，經由鼻腔吸入體內，再將體內之廢氣毒素排出體外。但是，如果只用平常之自然呼吸，是不能得到效用的，必定要透過學習內家拳的呼吸，始能得益。

一般的運動，純是肢體之活動，不能運動到體內的五臟六腑；而形意拳的呼吸、吐納運氣，是著重在五臟六腑的運動，藉由吐納導引，驅使橫膈膜上下鼓盪，使內臟得到活動與溫養，達到健康長壽的目的。

一般的呼吸都在肺部胸腔，形意拳的呼吸在下腹丹田處。胎兒在母體藉由臍帶呼吸，出生至三歲左右，呼吸也都在下腹丹田處，及長，呼吸慢慢轉上，這都是由於眾生對五欲六塵的貪著，對財色名食睡及色聲香味觸法的執取，導致體內真氣混濁，氣濁則升，氣清則沉。當濁氣升到喉間，一口氣不來，生命就結束了。

諸位可以去觀察一些年邁氣息微弱的老者，他們講話總是支支吾吾，聲音結滯在喉中，氣短而喘，這是油燈將盡，生命氣息奄奄。所以想健康長壽，就要作返工的工程，將氣再練回原來的丹田處，此即謂「返璞歸真」。

丹田，又稱氣海，是凝聚真氣的地方，因為可以無窮盡聚存真氣，像大海能容納百川，永不會溢滿，所以才會說「氣以直養而無害」，永不溢損故。

　　呼吸要，深、長、細、慢、勻。吸氣之時，要深及下腹丹田處，氣要拉長，要很微細，而且要很慢而均勻舒遂，不可急促氣喘或憋氣。吐氣時，宜將廢氣緩緩吐盡，如果吐之不盡，將會殘留在體內，形成毒素。以吐納而言，吐氣比吸氣重要。

　　形意拳之呼吸，是逆呼吸。吸氣時，把下腹微微內縮，將丹田之氣，引至背脊及兩腎之間，謂之「氣貼背」。此時橫膈膜往上升，鼓盪了內臟。吐氣時，將廢氣慢慢吐出，此時雖是吐氣，而體內之真氣會往下沉，要練習至氣沉入丹田，在這同時，因氣之下沉而令橫膈膜往下壓縮，也鼓盪了內臟，這就叫「內臟運動」，內臟透過這樣的鼓盪作用，氣血即能暢通而活絡，生機蓬勃，使人神清氣爽，健康而有活力。

　　氣是可以凝聚儲存的，每日持續不斷的練習吐納導引，以心行氣，以氣運身，意守丹田，氣就越來越飽滿。氣飽滿了，心能清淨了，欲念能淡薄了，當你的心真正的能夠安靜下來時，透過站樁、練拳，氣就會開始騰然起來。當然時間要夠，不可低於一小時，練拳如果隨便弄個幾下就停歇，那是沒有作用的，就像燒開水，還沒燒開就熄火一樣，不能當茶飲。

　　把氣練騰然了，才能將氣滲透斂入骨髓，形成極堅剛之內勁，這樣內家拳的「體」才算成就。

　　形意拳為何要行逆呼吸？

　　逆呼吸法，能夠吸進大量的新鮮空氣。胸式呼吸，在吸氣時無法完全膨脹肺葉，吐氣時也無法將廢氣完全排

出。所以腹部逆呼吸是比較好的呼吸。也是人在嬰兒時採用的呼吸。

道家氣功必須以逆轉的方式運氣，稱為逆轉河車，逆行小周天，這不在練拳的範圍，故不予詳敘。

形意拳在發勁時，必須將氣凝聚下沉至丹田，此時一定得吐氣，始能將氣引入下沉丹田，所以形意拳之呼吸務必以逆呼吸運行。

練拳行呼吸，原則為：開為吸，合為呼；提起為吸，放下為呼；蓄勁為吸，發勁為呼；如果某個動作過長，中間可以加一個小呼吸，以資潤飾接續，順利完成呼吸。

運功呼吸行氣，宜在空氣新鮮處，清涼處，安靜處，光明處；不宜在空氣混濁處，酷熱悶納處，喧鬧處，穢暗處。不宜在醫院、工場、墓地、屠宰場等地練習。

早晨練拳，太陽未昇起，宜在室內。太陽未昇，雨露、風涼、陰濕之時處，不宜練拳。人體需要陽氣溫養，陰濕風寒之時、之處，儘量避免。

練拳運功，必須心地純正，沒有心機，不胡思打妄想，始得成就。

呼吸是生命的泉源，呼吸是練拳的資糧。每個活人都會呼吸，但不一定懂得呼吸；懂得呼吸，生命才得以長壽，功夫才得以成就。

第五節　練氣與呼吸

修煉內家拳與「氣」的關係是息息相關的，如果脫離了「氣」，就不是內家拳；相反而言，如果練外家拳的，

能夠轉入練氣的內涵，雖然他打的型、打的招式是屬於外家，還是可認為他是內家類型。

　　拳經、拳論、行功心解，在在都是在談氣的，如果學內家而不涉獵經論，懶得去練氣、練呼吸調息等等，都還是內家拳的門外漢。

　　普通的自然呼吸與內家拳所練的「氣」，是截然不同的東西，一般的呼吸，雖然也是氣，但這個氣，並不能成就內家拳的功夫，所以一般的呼吸不在練氣的範圍。

　　拳經云「氣宜鼓盪」。氣是如何鼓盪的？盪，就是盪漾，我們常聽到「餘波盪漾」這句話，在水中，在湖面，你丟下一粒小石塊，噗通一聲以後，水紋會一波一波呈圓弧盪開，這就是「餘波盪漾」，水面之所以會盪漾，是因為落石沉入水中，落石周圍的水受到空氣水壓的推擠，而產生這個「餘波盪漾」，所以，這個「盪漾」是氣的作用，是氣去壓迫水所產生的流動性、擴展性。

　　那麼，把這水的「盪漾」，放到身體來講，來形容，就比較容易理解。我們的丹田之氣，在凝聚飽滿時，只要「作意」的「以心行氣」，這個丹田之氣，就像一個充滿氣的氣囊，藉著逆順呼吸，去壓縮鼓動橫膈膜，這個運作，不只讓五臟六腑起到運動與健康效果，也因氣的鼓動壓縮，使體內之氣向四面八方擴展，讓氣延伸至末梢及各支節，使得氣的通行無礙，這個丹田之氣的鼓動，等同落石擠入水中，使氣向四面八方擴展，是同樣的道理。

　　那麼，這個氣的「鼓盪」作用與內勁的產生，有何關聯呢？體內的氣受到運行而產生的鼓盪，這個「氣流」會

與外面的空氣互相「磨盪」，它會產生「阻力」、「磨擦力」，甚至在體內產生我們肉眼所看不到的類似電流、電能。在我們身心至鬆至柔絲毫不著力的情況下，這個能量就會更顯著。

練拳是要運氣的，丹田這個氣囊的鼓盪、驅策、運轉等等，都是要透過修煉才能做到的，不是普通的呼吸所可致之的。

拳論云：「虛靈頂勁，氣沉丹田。」這邊先談氣沉丹田，氣為什麼要沉於丹田？丹田又稱為氣海，是貯存累積內氣的田地，是養氣的場所。當我們的氣儲備滿足，透過「以心行氣，以氣運身」，透過至柔至鬆的方法，去鼓盪氣，這個氣就會在體內產生熱能，亦即太極十三勢歌中所謂的「氣騰然」。

氣騰然之後，就會斂入筋脈骨髓裡面去，日久，累積滙聚成為「內勁」，這就是太極拳及內家拳所追求的武功內涵，這個「內勁」沉積越多越滿越厚，功力就越精深，內勁渾厚的內家拳武者，兩手輕輕提放在你身上，就能令人感覺一股沉實滲透的無形勁道直透內裡，若是加上樁功及掤勁成就，只要一作意，輕輕打下一個暗樁，就能將人震跌而出。

「氣沉丹田」之前一句是「虛靈頂勁」，也就是「頂頭懸」的意思，就像關公看千秋一樣，頭是正直的，頂天立地，凜然正氣，浩氣參天。

練拳若是垂頭喪氣，或者眼神不定，心機凝重，則神不能內斂，氣不能沉於丹田，心術不正的人，無法修煉內

家拳，慢心重，傲氣盛的人，無法練就內家拳，因為他內裡的氣總是散漫、浮動、殘黯的，這樣的心浮氣躁，內氣是無法沉積的。能心平而氣和，才能長養丹田之氣，直養而無害，終而氣能累積成就內勁。

行功心解云：「牽動往來，氣貼背，斂入脊骨。」打拳架，在牽動往來中，使氣產生熱流；在摺疊牽動中，使氣流產生磨擦、擦撞，以及不可思議、不為人信的氣場、熱能、磁波，這就是「氣騰然」，氣騰然以後，貼於背脊，貼於筋脈，然後收斂入骨，匯聚成極堅剛的「內勁」。

經論所敘的氣，與一般呼吸是不同的，一般的呼吸是不能成就功夫的。

第四章　形意之勁

第一節　形意勁總說

形意名言：「起如箭，落如風，追風趕月不放鬆。」「起如風，落如箭，打倒還嫌慢。」「起無形，落無蹤，起意好似捲地風。」「打人如走路，硬打硬進無遮攔。」「看人如嵩草，起落如箭鑽。」

這些名言，都是形容形意拳在發勁時的目中無人，形容形意拳在發勁時的排山倒海，形容形意拳在發勁時的石破天驚，形容形意拳在發勁時的迅雷不及掩耳。

風之疾速，人無可比擬；月亮在頭前，你怎麼趕，也無法追上超前，要超越風，趕過月，必須有超人的能力。這是譬喻形意拳發勁的快速，就像追風趕月一般，所以對手是無法遮攔的，既使有遮攔，照樣要被打出的。

要具備這樣的勁道，除了手的內勁之外，還得有腳的撐蹬勁。形意拳的練法，都是直來直往的，一直往前進。前進，當然得靠腳的，形意拳經云：「腳打踩意不落空，消息全憑後腳蹬。」腳打踩意，指前足落地時，足根先著地，然後全足掌著地，如同往前往下按物一般，整個腳掌落地時，如吸盤吸入地裏。

全憑後腳蹬，不是用跳的，不是跳過水溝，跨過水溝而已，而是如欲將大地踩沉往後推移，借往後推移踩沉之

勁向前蹬出。不是用死力、蠻力、拙力，而是用彈力、巧力、勁力而為之。

　　在練明勁時，蹬出可以有聲，練暗勁時，蹬出則無聲息。蹬出，不是只有勁力，還包涵無形的「氣沉」在內。而且，腳的蹬勁，還得靠站樁才行，要站到根能入地，與地能夠相應、相密、相契、相合，否則都只是練到虛浮的腳力而已，徒走空拳，無濟於事。

　　拳家云：「練拳不練功，到老一場空。」如果懶得練站樁及基本功，將是事倍功半，或是徒勞無功，都只是練好看的而已，練心酸的而已。

　　那麼，腳根之與地表相密應，相契合，這也是一種巧勁，也是自己與大地的一種默契，這得靠明師口傳心授，加上自己慧力的領悟，否則練錯方法，將成蠻力硬勁而已。

　　再說，前腳離地往前踩時，後腳必須同時向前補位，而且要輕靈不笨滯，不頑呆，這樣，移步補位，才能疾速，才能追風趕月，才能如風如箭，才能好似捲地風，才能打人無遮攔。

　　身手方面，腰胯、脊背、兩肩、兩肘、兩腕、兩掌，要有擰、轉、漩、鑽、裹、爭之暗勁，有互相拉扯、對抗，營造一股自我的阻力，與自己相抗爭，與自己做一個拉鋸戰，一來一往，一前一後，一左一右，一上一下，一內一外，皆是如此，這就叫做二爭力，叫做陸地游泳、陸地行舟，叫做捕風捉影，把空氣當成一個實物，把空氣當成一個阻力，如在水中游泳、划舟一般，水是有實性的物

體，划動它，是有一股阻力存在的，空氣雖無形無色，只是我們肉眼看不見而已，其實它也是有實性的物質，你就用自己的身手肢體去感覺它，去感應它，練久了就會感覺它的存在，然後去感覺它的阻力，以很慢的動作去感應，有了感應，就會有氣感產生，要把這股氣感好好把握住，好好抓着，這樣，內氣就能與外氣相磨盪，久了內勁自然累生，功夫漸漸積成。

擰，就像擰毛巾，須用內暗勁去擰，水才擰得乾；擰腰，要像擰毛巾一樣，腰的彈力才能練出來，如果再加上腳掌入地之根力，就能成就著龍抖甲的彈抖勁功夫。

轉，好像鎖轉螺絲，將要鎖緊時，得控制力道，才不會鬆弛或過緊。

漩，像漩渦，有迴旋、渦引之態。

鑽，如鑽子，往內一直鑽進去，有螺旋，越鑽越旋，越旋越深越緊越密。

裹，就是打包裹，有含蓄、含藏、不放逸之意，有蓄勢待發之態，有束身之意。以前的人沒有皮箱，打包裹都是用一條正方形的絲巾打包，將對角相互交叉拉緊就形成一個包裹，如裹物之不露，亦即力不外露之意，在打包裹的時候，也只能用暗勁，才能打包妥善。用繩索綁結裹物，也都是用暗勁的。

爭，有爭扎、爭脫、爭取之意，譬如，二爭力，左右互爭，上下互爭等等。腳也有二爭力，即前撐後蹬，或左蹬右撐等等。

打形意拳時，全身上下皆充滿上述的擰、轉、漩、

鑽、裏、爭之暗勁，及二爭力、拉鋸力、阻力，是暗潮洶湧的，一波接一波，而且必須一體成形，不能有斷續、凹凸、缺陷，要綿綿貫串；外面的動作如此，裡面的內氣也須相合而完整一氣，形成一個整勁。

　　所以，形意拳招式雖簡，卻有極豐富的內涵，是易學而難精的，是越學而越覺得它是極深奧的，是學之不盡，永不見底的，可見其功夫之深沉。

　　有學生說：「我學形意拳似乎沒有進境，感覺好像退步了。」其實這是在悄悄進步當中，只是他自己的直覺上，沒有感覺到有進步，感覺沒有進步就好像退步了，因為進步是慢慢累積的，日進一紙，當然無所覺，等待一、兩年後，已經是厚厚的一疊了。

　　形意拳，蘊藏著無窮的寶藏，取之不盡，學之無涯，窮畢生之力，也無法學透，因為功夫無止境。而拳中之玄妙，也是難以用筆墨形容的，只有親歷其境，深入體驗才能知之。

　　有些人學形意，五形母拳，十天就學完了，十二形三週學畢，然後套路、拐杖、長棍、劍，不需一年，通通學完，就以為功課完畢，學業完成，殊不知離目標還相差十萬八千里，以為這樣搞一搞，就是學武術，練功夫了。

　　武學淵源豈是如此膚淺？豈是如此容易成就？就如我今對形意拳的勁，以我之親身體驗所得，如是而論述，讀之者，也不一定能全然明白，除非你有慧根，或者你已然曾經下苦功練過，經此一點，而豁然開朗；否則，看過之後，也只是一個知見、知識而已，沒有親身去實踐體驗，

是不能獲益的，也是於事無補的。

我現在的教學方法，就是循著這種不練多的方式，先打好基礎，每天練的就是站樁，基本功及五行拳，有的學生怕吃苦或不耐煩，我也去者不留。

能與我的觀念相契的，就能夠留下來，繼續練下去，當然我也預記他們一定會有所成就的，如有一、二位傳承者，心願了矣，不必求多。

第二節　形意的明勁

形意拳有明勁、暗勁、化勁三層功夫的說法。

一般都是先練明勁，後練暗勁；明、暗勁都成就了，就進到更高層次的化勁功夫，而謂之功夫之大成，這個大成的時間不會少於十年。

形意初學是練明勁沒錯，但這個初練階段的明勁，事實上還不能稱之為明勁，因為內勁的功體尚未成就的緣故，根本是無勁可說的，所以這個初練階段的形意，依我個人的的認知，是不能定名為明勁的。只能說它是一種明勁的一個初胚而已。

為何如是說呢？因為在初練時段，內勁是一片空白的，什麼功體都沒有的，沒有樁功的基礎，沒有蹬步的基礎，也沒有掤勁的基礎，這種練習，純是一般的力量與速度的練習，而且，不論你怎麼用力，總覺得是一種頑拙的力量，速度也是「離離落落」的，不會很集結、貫串與緊湊的。

常聽人說：「形意半年打死人。」這不是真話，沒有

練入的話，你練三年也打不死人的，因為內勁還沒有練入的關係。這話只有我敢這樣說，不會鄉愿，不會自誇這個系統過度之言詞。

明勁階段的練法，蹬步要大，出拳要開展大方，速度要快，出手要整，上下相隨，手要與腳同步，不局部使拙力；神形要意氣風發，要雄壯豪邁，要如追風趕月一般，閃電疾快的。但明勁它不是使用拙力、硬力在出拳。

這是屬於相似「外練筋骨皮」階段，須先勞其筋骨，苦其心志。忍過這段的微苦，才算完成一個初胚，但不表示「明勁」已然成就。

形意拳易學難精，母形五拳，如果你記憶好，不需一個小時就能學會，十二形子拳，兩個小時可以學畢。五種套路，半天可以學會。但這樣的學習，並不代表你已經畢業了，學拳的路程還遠得很呢。

我教母拳五形，起碼要花半年的時間，不耐煩的學生，就讓他走人，因為基礎沒打好，揠苗助長的話，實際上是在戕害他。

在學五形母拳當中，每天要練站樁，以及內勁單練法十形，還要練蹬步打樁，與手的搠勁。這些基礎慢慢成就後，打起明勁，才稍稍有一些模樣，這一階段的功體起碼要花三年的時間始能有成。我所說的有成，是指你有老實練拳，每天都會自己安排兩小時的時間去操練；若是一天打漁三天曬網，有一搭沒一搭的，練練停停，到了驢年，還是一個泛泛之輩，沒有出息的，這樣的學生就不要怪老師沒有教你功夫了。

當丹田氣已充實圓滿、當樁功已深植地底、當蹬步、打樁已然嫻熟、當手的掤勁已經有成、當腰胯的撐裹彈抖皆有所成就，這些基本功體慢慢的就位了，這時候打起明勁，才是真正的明勁，打起拳來，才能意氣風發，才能雄壯豪邁，才能追風趕月，才能硬打硬進，才能閃電疾快，才能真正的「打死人」。

我看很多人練形意明勁，都是使力的蠻幹，兩手臂硬綁綁的，腳蹬步雖然震地有聲，但多屬蠻力範圍，不是真正的打樁，這是蠻拳，是硬拳系統的打法，無法成就形意的明勁。

而且，多數人練暗勁，都落入了太極式的頑鬆，也是無法成就形意的暗勁。

明、暗之中，考驗著練拳者的悟力；鬆、懈之間，試煉著練武者的智慧。

有悟性、有智慧才能知道明、暗與鬆、懈之分際。

第三節　形意的暗勁

暗勁階段的練習，是練意、練氣，練靜定、鬆柔、慢勻等等，是修煉「斂氣入骨」，匯聚內勁能量的階段。

暗勁階段的練習，是比太極更太極的，比太極的慢更慢的，是比太極更鬆柔與勻整的。

形意暗勁的練法，似乎比較少看到有人在練的，公園裡或網路上的影音所播放的都是「明勁」練法，但往往把明勁練成外家打法，使盡吃奶之力，或只出手的局部力，看在方家眼裡，不禁為形意叫屈，形意已然被扭曲變形。

有人打形意，不明不暗，不快不慢，不剛不柔、不死不活，成為四不像，這是形意的悲哀。

為什麼叫「暗勁」？在內的，不明顯的，看不見的，就是「暗」。

「暗勁」練習，看不見劍拔弩張，看不見青筋暴露，看不見氣喘吁吁，看不見你在使力。但是卻在暗中伸筋拔骨，在暗中施行二爭力，在暗中運行暗樁，在暗中抽絲運勁，在那邊運勁如開弓，在那邊運勁如百煉鋼的。

暗勁從外形只會看到安舒飄逸，神態自若，內觀返視，默識揣摩，如有所思，此時的「暗勁」，與「剛勁」是脫離，完全是棄剛就柔的。

暗勁階段的練習，動作要慢，氣要深沉，蹬步運樁的時候有一點好像是拖泥帶水的樣子，其實它是用暗勁、用我們的暗樁，用撐地的力量來運樁，所以會有那個阻力傳到我們的手上，形成一個暗勁的力道。

暗勁的要領是「牽拖」，如何牽拖？比如，你要做一個按掌，不能單靠手臂的局部力量出掌，而需靠肩牽拖肘，肘牽拖手，一節牽拖一節。手則靠腰胯牽拖，腰胯靠腿足牽拖。

以外表肢體而言，全身動力在腳根，由腳根節節貫串，一節催促一節　而形之於手，形成一股完整的勁道，也稱為完整一氣或整勁。

牽拖，是拖曳的意思，被拖著走，不是自己自動走，手被腰拖著走，腰被腳拖著走。牽拖的時候，要慢，越慢

越好，越慢，氣感越大，越麻，越脹，越沉。好像打針，要慢慢的運使暗勁。

往前牽拖的時候，氣，循著相反的方向擠壓，形成一股自然的阻抗力，全身每個關節都有相對的二爭力，不可絲毫間斷。

牽拖，最重要的是內氣的牽拖，外表肢體去配合，如果不以氣為動力，那只能算體操，練不出沉勁，練不出極剛強的內勁。

沒有用牽拖方式來打暗勁，勁是不會 Q 彈的；勁不 Q 彈，以後就不能打出寸勁、冷勁、脆勁。

腳根以意念沉入地裏，向下向後踩去，使身體向前牽拖，身體被牽拖而出，是整面整體的，根不能虛浮而起，要更沉，深入地心。

好像在水中泛舟，槳往後划動，要沉進水中，划動需用暗沉之勁，將舟牽拖向前，順著水的勢力牽動舟身。

水有阻力，打拳猶似陸地行舟，把空氣當成水，自己要去製造一股阻力出來，要用身體去感覺，你感覺到了，東西就上手了，其餘的就靠你要持續不斷，去累積你的功夫。

太極前輩常謂：「不用手」，意謂打太極是不用手的，手只是輕輕的，沉沉的掤在那邊，靠著腰腿來使運，靠著內氣來驅動。若是手主動，自動，沒有被腰腿牽拖，沒有靠內氣暗勁牽拖，那叫體操，不是打拳，那叫「舞」，不叫「武」。

牽拖時，內氣是鼓盪的，筋脈是奮張的，是活潑有生

機的,是有彈力的。

牽拖時,一處有一處的掤勁,全身處處不離掤勁,全身之掤勁需互聯、互合、互隨,互相照顧,不使有斷續處及凹凸處。

牽拖至勁 Q 彈時,你腰一抖、一甩、一牽、一拖,空氣的氣流,會與你相感、相應,氣會被你拖著走,內外氣相合時,你一作意,內勁即可隨身而應,輕輕一頓、一帶、一採、一按,就能將對方全身撼動,到那個階段,到那個時節,到那個火候,你才能體會甚麼叫暗勁,甚麼叫神妙,甚麼叫不可思議。

有人主張練形意要「剛柔並濟」或主觀的認定「剛柔合一才叫暗勁」,這些皆是不識形意者。剛柔並濟只有在打套路時才會出現的。個別的練法,則剛是剛,柔是柔;明是明,暗是暗的,是明暗分別的,是要分開來練習的。

形意三階段,明勁、暗勁、化勁,要逐級而練,循序漸進,方有可成。

第四節 形意的化勁

一般講的化勁,都是指拳法走化的高深技巧。

拳經云:「我順人背謂之黏,人剛我柔謂之走。」打手歌謂:「任他巨力來打我,牽動四兩撥千斤。」這都是在講化勁。

太極拳講求以柔克剛,以無力勝有力。順水推舟不費吹灰之力,逆水行舟則必耗盡吃奶之力;以硬碰硬,必定

斷折。四兩撥千斤，絕非力勝，耄耋能禦敵，全靠化勁。

化勁，說來簡單，做起來並不容易。如何才能人背我順，如何才能隨勢走化，裏面有很深的道理與學問。

拳經云：「由著熟而漸悟懂勁，由懂勁而階及神明，然非用力之久，不能豁然貫通也。」所謂「著熟」並不單指架子之熟稔就能懂勁。

在架子純熟後，還需經由長期的推手訓練，練就了沾連黏隨的功夫；先能聽勁，後能懂勁，而至人不知我，我獨知人之境界；能懂勁才能知人，才能百戰百勝；聽勁不靈，不能知人，則無法走化。

應敵以走化為主；走化以鬆柔為之。如以力抗，難擋強敵。盤架子能真正鬆柔，已是不易，推手要做到鬆柔，更是困難。

人天生就賦有力量，在推手陣中，往往會因虛榮、爭勝，而使出蠻力；用上蠻力就無法鬆柔，沒有鬆柔則不能聽勁，不能聽勁則無法走化；無法走化，如何借四兩力而撥千斤呢？大力士由於天生賦有蠻力，不知鬆柔為何物，往往不能成為內家拳的高手。

走化就是隨著對方的力量游走，將來勢洶湧的猛力，化於無形之中，也就是沾連黏隨的聽勁功夫。

走化可以左騰右移，可以退後閃避，或往下沉化，或同時左右上下前後立體圓化，端視對方來力之大小及方向，自然反應而為之，所謂「左重則左杳，右重則右虛」是也。

高手在化勁時，從外表看不到走化的動作，只感覺

在鬆柔中，氣一沉，已化去來力，並以迅雷不及掩耳的速度將對手擊出，此種功力，絕非那些用左搖右晃，前俯後仰的人所可比擬。打手歌云：「引進落空合即出，沾連黏隨不丟頂。」能聽勁，能懂勁，能懂得化勁，始能臻此境界。

十三式歌云：「想推用意終何在，益壽延年不老春。」練拳的最終目的在於益壽延年，修身養性，不是爭強好勝，惹事生非。走化在技擊應敵中含有高度的技巧；運用在待人處事之中，含有深奧的人生哲學。

人是賦有情緒化的動物，而且每人的思想見解不同，所以人與人之間的相處，難免會發生磨擦而起爭執，有的人無理爭勝，有的人得理不饒人，所以社會上之亂象，時有所聞。忍不了一時之氣，就會惹禍上身，則悔之晚矣！

如能領悟內家拳走化的道理，人剛我柔，以笑臉化去怒目，時時保持鬆柔、沉靜、圓融，四兩撥千斤，定能化干戈為玉帛，化戾氣為祥和，處處周延，左右逢源，無往而不利。

化勁，其實它有一個更深層的道理，就是煉氣化神，煉神還虛，以及像形意前輩所說的「與道合真」，練到入道，這是一種修行的轉化境界，若是能達到「天人合一」的境界，我們就說他的功夫已達於「化勁」或稱為「化境」。

第五節　形意的撞勁

形意的撞勁比較少人提到，也很少人寫出相關的論

述。撞勁與形意的蹬步是相關的，它們是孿生兄弟，相輔相成，不可或缺。

撞勁，就好像汽車撞著物體，剎那煞車，在瞬間物體被撞飛出、跌落，然後粉碎。如果是撞到人，則是全身骨折，腦震盪，內臟碎裂。

初練撞勁，從形意的虎形雙手推按開始，透過老師的餵勁，每天要餵好幾百下至千下，讓學生漸漸體會按勁的感覺。雙按，兩手須有掤勁；掤勁，從站椿、基本功單練、盤架子等練習，要練至雙手兩臂伸縮有彈力，練至外柔內剛，棉裡藏鋼，而不是軟綿綿的內裡無物。這裡是簡單的談手的練法。

再來，談到蹬步。蹬步又稱蹚步，最難體會，練錯則變成跳步，或拖步，或身體虛浮起來，無法沉下去。所以，初練形意，從蹬步起練，須練至步穩身沉，蹬出時能如將大地踩沉，向後推移，使身體被推動向前衝撞而出。

有了掤勁按勁，蹬步也已成就，再來則是氣的沉墜，氣沉包含氣沉丹田、沉入腳根湧泉，手臂的肩肘更須沉墜。

全部的動作過程最重要的是完整一氣，氣勁必須完整，亦稱之為整勁，意到、氣到、勁到，同步同時完成，剎那引爆，心裡一起意，心中一作意，氣勁已同步同時爆發。這之間的程序配合，如以語言文字來敘述是蠻複雜的，譬如心中起意要發動攻擊，氣引動腳根蹬地，丹田之氣瞬間沉著彈爆，由腳根之動能牽引腰胯的彈抖，手的掤勁剎那氣貫拳心，飛奔而出。

　　你的腳根就是你的拳頭，它們是一貫的，是一氣的，是連體嬰，不能切割，有手就有腳，有腳亦有手，手腳同體，也與腰同體，與氣勁同體。

　　在老師的長期餵勁之下，雙按之勁若能練就，再來就是以拳打擊，掌能拳亦能，要在真打實戰中去體會撞勁的功能，拳頭雖硬，但是若能隨心所欲，對方被你撞出時，感覺是被彈抖而出，不是被硬棒打擊而出，在雙方的實戰演練中，被擊中只是彈抖而出，雖有些痛，但是不會很痛，因為老師的功力，可以掌控自如，隨心所欲，點到即止，絕對不會受傷。

　　撞勁最佳招法除了虎形，還有就是崩拳、砲拳與馬形。無人對練時，只能自己單練，運用虎形、崩拳、砲拳、馬形反覆練習，並且要練步法移動互換，腳左右互動，腳步前後左右互換，身形、步法，配合腰腿及手法，連棉不斷，相續不絕，氣宜調整舒暢，有規律，有節奏，快而不亂，慢而不滯，漸至從心所欲。

　　撞勁成就了，在師兄弟的相互對練當中，要能擊而必中，中而必出，是直接撞出，是以柔暗內勁撞出，非以蠻力硬推而出，這樣撞勁才算是真正的成就。

　　形意明師尚雲祥要拜李存義為師，學習形意拳。尚雲祥原先就有練功力拳多年，但自覺功夫還不是很好，因此想來拜師學形意。李存義請尚雲祥打了一趟功力拳，看後說：「你練的是挨打的拳。」為什麼如是說呢？因為尚雲祥所打出來的拳，下盤無根，所以是沒有什麼威力的。兩人比試了一下，尚雲祥一拳揮過來，李存義只一個跨步就

把尚雲祥跨倒，這個「跨步」就是形意的「蹬步」，就是形意的「撞勁」。

所以，要成就形意的撞勁，要從樁功起練，地基打好，再練蹬步，以及手的掤勁，而不是憑著蠻力胡衝亂撞的。

第六節　形意的蹭勁

蹭勁，是一種因磨擦而產生的阻力，因阻力而增添勁道的強化。

蹭，是透過沾黏後的磨擦，而產生強烈的暗阻之勁。蹭，是磨蹭之意，所以這個蹭是一種緩慢拖延的行進，慢慢的推延移動。

形意拳有很多招式都有磨蹭的勁路，譬如劈拳，在拔鑽後，要做劈的動作，右拳置於左肘內側，劈出去的時候，右拳須磨蹭左小臂內側而過，再劈下，擰扭而出。崩拳也是如此的磨蹭，而且要旋轉，螺線而出。

在太極拳中，如封似閉招式有磨蹭的動作；在八卦掌中，青龍出水招式有磨蹭的動作，不勝枚舉。

這個磨蹭有什麼作用？

磨擦作用：磨擦生熱，增進氣血的流行、暢通。

阻力作用：因磨蹭產生阻力，因阻力而加強內勁的運行。

聽勁作用：因磨蹭而產生聽勁，使觸覺神經產生敏感作用。

蹭勁，動作要慢，而且要極慢，要磨蹭再磨蹭，阻力

越強越好，所以，蹭勁比較適於形意暗勁階段的練習。

磨蹭，是一個形容詞，一般解釋磨蹭，是說行動遲緩，做事拖拉糾纏，也就是說消耗浪費時間之意，但是，這個磨蹭卻適合用來練拳，練暗勁。

磨蹭的磨字，雖有磨擦之意，是個狹義的說法。廣義的說，是在於蹭；磨，雖能產生阻力，但不如蹭。蹭，就是慢慢地消磨時間，在慢中，才能去思維，思維身形的變動、身形的虛實，思維氣的流向動態、氣的鼓盪迴旋摺疊、氣的轉折變化等等，這些都是要在慢延的磨蹭中，才能仔細的去長考思維的。

磨字，含有磨練之意，也是淬煉之意，淬煉是說將鋼鐵加熱放入水中，不斷的冶煉過程，終而百煉成鋼，所以引申為磨練之意。蹭，是推延拖拉，緩慢而行。

磨蹭，在世俗中，被喻為做事拖拉不乾脆，但是在拳中，在練暗勁之中，卻是需要用磨蹭之勁去提煉的，在練暗勁之中，越磨蹭，越好。行功心解說：「運勁如抽絲。」這個磨蹭就是運勁，所以要緩而慢，慢而勻，如抽絲一般。磨呀磨呀，蹭呀蹭呀，內勁就出來了，螺旋勁就出來了。

磨蹭，是九煉之意；九是長久，九煉成鋼；久練功夫底成。

第七節　形意的碾勁

碾字，含有磨轉、壓抑、吸附之意。

在拳術的步法中有「碾步」，利用腳掌的貼地而左右

碾壓、磨擦轉動，達到換步及轉換身形的作用，所以，碾步有時也稱之為磨步，又因為腳掌在地面磨蹭的關係，亦稱之為蹭步。

步法中的「扣步」，是腳跟著地，前腳掌虛提，向內扣轉，而移動身形。步法中的「擺步」，也是腳跟著地，前腳掌虛提向外擺移而變換身形。在八卦掌中的走步，是走圓圈，所以有連續不斷的「擺步」與「扣步」，因為是走步的關係，所以腳掌是懸空略過，也就是所謂的「淌泥步」。

碾步有人稱之為「偷步」，因為它是在暗中移轉步法，偷偷的移動，讓你沒有感覺，是一種變轉虛實的運用，所以，碾步是屬於暗勁的一種。在拳架中，在推手或實戰中，虛實的轉換是非常重要的，步法虛實變化是否靈活，攸關勝敗。

碾步在步法中，擔當了部分虛實轉換的功能，也因為在碾步中而轉變了身形與勢力，使平衡中定得到保障，堅固格鬥時的戰力。

碾步在健康養生中，透過足掌在地面的磨擦、研碾，得到按摩、擠壓作用，使腳底的穴道得到激化，增進氣血的流通暢達。

足掌的穴道很多，與身體五臟六腑息息相關，透過碾步功夫，可以達到健身的效果。

在拳架的運使中，在身形、步法虛實移動的變化中，腳掌碾壓、研磨的活動持續進行，腳掌的前後、邊緣四周均能得到按摩、碾壓作用，起到養生的昇化功勞。

　　碾步的運使，必須配合丹田氣的傳導挹注，產生吸合抓地作用，使得腳的暗樁更能深入地底，而竄地生根，成就樁功，所以這個碾功也是一種活樁，在轉移、碾壓、磨蹭中，建構活動樁。

　　碾功的吸附抓地作用，可以強化樁功的穩固，在拳架運行中，保持中定平衡，而靈活意氣的轉換，達到圓活的境地；在發勁時，因為樁步穩固平衡的關係，更能發揮打樁的效果，使得發勁更加沉著鬆淨，而能專主一方。

　　碾功若把它侷限於腳掌，則屬於狹義的說法。在拳架的運使中，因腳樁的撐蹬、研磨、蹭壓等等作為所產生的前後二爭力、左右二爭力二、以及圓弧立體的互爭之力，使得全身各處，與外層空氣的接觸摩擦而引生的阻力之互爭，也會產生互相磨合、碾擠、壓蹭等作用，致令體內的氣也能因丹田氣的鼓盪、內轉、摺疊等運作，而內外相合，使得內氣與外氣互相激盪、擊撞，內勁因此得到強化，這是較為廣義的說法。

　　碾步可以間接而輔助成就樁功，以及打樁發勁效果。下盤腳樁的碾功成就了，延伸至身手各處，手臂身體也能與空氣的阻力互為相碾，互為磨蹭，下的工夫深了，碾勁就出來了，磨蹭勁也出來了。

第八節　形意的矛盾勁

　　矛與盾，是互相對立的事物。在內家拳來說，矛盾勁是一種互相交叉、往復來回，及立體圓弧對抗所產生的一股極為特殊的勁道。

矛盾勁的面向，涵蓋上下、左右、前後、內外以及立體圓弧所因應而生的對立與對抗，在推進、轉折、驅策、壓縮等等內勁運籌機制之中，產生一波一波、重重疊疊的阻礙之互爭力道。

內家拳，不論運氣、運勁、運椿等等，都需要透過這個矛盾所產生的互爭、互抗、互扭、互擰所營生出來的阻力，才能加大力、氣、勁的輸運，而成就內勁的修煉。

太極拳一向講究圓弧，所有的動作都要求圓順，但是如果只做到圓弧的順當，而缺乏矛盾的阻力參與其中，那麼這個順當的圓弧動作，只不過是體操式的運動罷了，不能得到功夫中的內勁，也就是說，這樣的鍛鍊，是無法成就內勁功夫的。

所謂矛盾勁，就是在運勁時，我要向前，好像有人阻著我，不讓我向前；我要向後，好像有人拉著我的手，不讓我向後；前後是如此，左右、上下、內外，也是如此。那麼，到底是誰在阻著我？誰在拉著我呢？事實上並沒有人阻著我、拉著我，是我自己在拉扯我自己，是我自己在營造這股互爭、互抗、互扭、互擰所引生出來的阻力。

這個阻力要如何去自我營造呢？

太極拳經說：「其根在腳，……由腳而腿而腰，……形於手。」這個阻力是經由腳的互相撐蹬所產生的矛盾二爭力而致之的。

腳有二爭力，連帶而上的腿、胯、腰、手，也會有二爭力產生，也有阻力會產生，因為它是一個「完整一氣」的整勁之運行。

　　打拳架，完全是「其根在腳」的，由腳根去拖曳身體，拖曳雙手。腳是在先的，最後才是手，腳是火車頭，身手是車箱。

　　空氣是有阻力的，把空氣當作水，模擬為「陸地行舟」，當身手與空氣互相磨合、磨擦時，就如行舟時的槳，划入水中所產生的阻力，若沒有這股阻力，這個舟就無由前進了。

　　互爭、互抗、互扭、互擰、互扯、互牽，而產生的重重疊疊的阻力，是成就內勁彙聚積蓄所不可或缺的要素之一，練習拳架或基礎功，都不能離開這個根本要素，否則再鬆再柔的練功，都將被圍限於體操運動模式，無法成就內勁功體。

　　所以，這些林林總總互爭的矛盾勁，所產生的阻力，都必須在慢中去運為的；快了就感覺不到它在運行中所產生的二爭力、阻力及矛盾勁。

　　腳的二爭力必須有樁功的基礎，才能運使暗勁，使腳樁能深入地底，這樣所營造出來的暗勁二爭力，才有真實的阻力效果；若是沒有樁功的基底，沒有丹田氣的注入，那麼這個二爭力還是隸屬於拙力範疇，對於內勁功體的成就是無補的。

　　手臂的撐裹所產生的矛盾二爭力，在撐裹之中會形成一個樁的基座，這就是手的樁，在沉的點，如肩或肘會形成一個樁的基座，形成一個二爭力的矛盾樁。延伸於腰胯或其餘各處，亦復如是，舉一反三矣。

　　形意暗勁階段的練習，都是在練腳樁的撐蹬暗勁二爭

力，連帶而上的牽動腿、胯、腰、手等，使之成為一個環狀的螺旋結構體，成為一條根的結構體，成為完整一氣的結構體。

八卦的滾、鑽、裹、爭，都是抱圓的螺旋，都涵蘊著外撐與內裹，都有外放與內縮的矛盾二爭力，在預備式的青龍探爪招勢，兩手臂往左時，腰胯是往右擰的，所有的動作都是互爭、互抗、互扭、互擰、互扯、互牽的，都是得去營造完整一氣的二爭力暗勁的，由暗勁二爭力所產生的阻力而彙聚成就內勁能量。

太極的慢勻，陸地行舟，也是在運使暗勁二爭力，也是藉由二爭力去營造互相牽扯的阻力，而成就完整一氣的內勁功體。

所以說，形意、八卦、太極，雖然招式不一，然而內質是相同的，是殊途同歸的，走的路雖異，但是到達羅馬的目標是一致的。

第九節　形意的抖勁

也許你常常在公園或學校、文化中心及某些場合，看到某一門派的人，打起太極拳，手指刻意一直不停的故意抖動，或者他是自然的抖動，就認為他是有功夫、有內勁的，其實不見得。

真正的抖勁不是如此。抖勁是腰胯的彈抖，是丹田之氣的引動，它彈抖時是全身整勁的彈抖，是完整一氣的，它是同時同步的，其根是在腳的，由腳而腿而腰，一股氣剎那同時上傳而形於手指的。

　　它的彈抖，是腰的彈抖，腰像蒼龍抖甲般，像彈簧般的快速彈抖，像狗狗洗完澡將水快速抖乾的全身彈抖；不是手指局部在那邊抖個不停，若是手指局部在那邊抖個不停，那叫刻意，叫偽裝，叫虛假，叫小兒麻痺，叫帕金森氏症。

　　有個拳友是練某系統的太極拳，從起勢後到收勢，幾乎招招都要抖掌指的，看起來好像很有勁，去參加拳架比賽也拿過金牌。但是實際發勁時卻是空無的，手無掤勁，腳無根，氣虛浮，打到身上不痛不癢的，一點勁道也沒有，這是不務實的練法，到頭來只換個武術的虛榮，矇騙自己而已。

　　筆者有一位師伯，以前在台南市政府上班，日據時代，窗戶是木頭裝玻璃的，地板也是木頭的，師伯無事時就凝神屏氣靜坐，當靜極生動時，全身剎那震動起來，抖得玻璃窗劈哩趴啦的價響，這才是真正的抖勁，只有氣動才是真正的抖勁。

　　真正的抖勁不會一直抖個不停。只有在靜極生動時，只有在意念的驅使下，如迅雷般的發出震盪。

　　練內家拳的發勁，是有時有辰的，不宜一直在那邊發勁、抖動。發勁是會損耗內氣的，會衰竭我們的能量，對健康養生而言，是不宜的，是有害而無益的。

　　發勁試力的練習，需擇期而練，練的時間也需控制，過與不及都是不好的。

　　如果內勁還未成就，只宜探究而練，否則功體尚未成就，練發勁只是內氣的耗損及空轉，對功夫是無所助益

的，對身體也是有害的。

某個系統打拳架，幾乎從頭到尾都在發勁，曾看到一個頗有名的老師，表演拳架，他打到三分之一時，已經氣喘如牛，臉色發青，損傷了元氣而不自知，長此以往，對延年益壽是走倒退路。

形意的發勁試力，可在拳架之外，擇式練習，如形意拳的五行拳，單招挑出獨練，適可而止，如此才能與拳架相輔相成。

抖勁在發勁時，身手會快速如彈簧般的彈回，腰是極速的彈抖數下。

抖勁的要件，需借丹田之氣及腳的根盤打樁撐蹬，藉腳掌的借地打樁反彈而上，令氣在丹田處自然鼓盪，順勢剎那引爆。當引爆的剎那，彈抖勁已經擊打到對手身上快速彈抽而回，不會在那邊抖個不停。

武術追求實際，能練出真正的功體──內勁，能用，能發勁，才是真功夫。若整天只求單方面的拳架之美，或雜菜麵樣樣來，或標新立異，或畫蛇添足，只想搏得他人一時的虛幻讚許，或娛人自愚，將自己寶貴的時間、生命，浪置在武術的虛榮中，空費一生，非是智者。

第十節　蒼龍抖甲之彈抖勁

有人問蒼龍抖甲是什麼功夫？事實上蒼龍抖甲是八卦掌游身掌中的第八式功法，如果沒有練過本門的八卦掌游身掌，就比較不明白這個功夫。

根據王師爺樹金先生在民國六十九年所著作的八卦游

身掌（教育部體育司中華民國國術會編印）第八掌——蒼龍抖甲第 95 頁中，有如是明示：「接連起伏抖動，如蜻蜓點水。全身抖動，如公雞抖毛狀。又如狗自水中出來之抖水狀，故取蒼龍抖甲為名。」所以蒼龍抖甲這個震身抖勁是由此而來。

蒼龍抖甲，是一種全身彈抖的抖勁，是由腳根而發。如果腳根的樁基沒有成就，如果不懂得發勁的要領，任你怎麼抖也抖不起來，就算腰有在動轉，但是就是不像，很彆扭的，很造作而不自然，全身晃動搖擺，好像骨頭沒接好。

我們這一門，學練八卦游身掌第八掌——蒼龍抖甲，很多人都練不好，練不起來，頂多只有腿腰晃來晃去，搖來搖去，就是抖不起來。

練蒼龍抖甲，必須樁功成就，兩腳入地生根，要以暗勁來使，如果以腳的蠻拙力去使，抖起來，根會虛浮，不能以暗沉勁抓住地力，所以使起來就會全身搖晃顛簸，因為骨頭沒有「落插」，根不入地，樁沒有打入地。

還有，樁法成就後，還得要懂得發勁的竅門，如果不會發勁，也是彈抖不來。若是會發勁，但只會明勁，不會暗勁，也是彈抖不起來。明勁直來直往，就是一下，再一下，不能迂迴曲折，隨曲就伸。

蒼龍抖甲，就像小孩玩鼓玲瓏，兩指輕握玲骨下端，往復來回動轉，使玲骨造成一個自轉，兩邊的鈴鐺變成一個公轉，自轉越小，玲擺越快。玲骨下端，譬喻我們的腳根。兩指使的是巧勁，輕靈而不用力，若是用太多的蠻

力，鈴鐺就會斷斷續續，忽快忽慢，鼓聲就會忽大忽小。

蒼龍抖甲，不是練著好玩的。在實戰對打時，一拳一掌擊出，要即彈抖而回歸位，準備第二波的攻擊，或變化攻勢。譬如，右掌側劈頭部，彈抖而回以崩拳崩打腹部；或崩拳打擊腹部，迅即折回以鑽拳攻擊頭部；也可接二連三的快速連打，謂之硬打硬進無遮攔。

硬打硬進，並非盲目瞎打，而是因為攻擊的內勁渾厚，而且身手如蒼龍抖甲般的疾速，對方只有節節敗退，毫無招架之餘地。

蒼龍抖甲與閃電手是相關的，腰能快速彈抖，手才能如閃電般的疾速；手如果沒有腰的帶領，就變成局部力，變成拙力，不能完整一氣，不能成為一個整勁。

腰身的蒼龍抖甲，與手的閃電霹靂，都須藉腳根的入地打樁反彈，所以站樁就變的很重要，站樁是武術的基礎。有人以為站樁很單調，枯燥無味，那是因為不懂站樁，練成死力，當然越練越苦。如果練到生出東西來，你一天不站樁，都會覺得很可惜，因為功體一天一天在累積，不練豈不可惜。

實際上，站樁並不枯燥。站樁是外靜而內動，意動，氣動。你要會使氣，會吞吐，會運轉，會鼓盪。

氣，是生動而活潑的，它是有靈魂的，你可以與它對話，跟它建立感情，與它情同手足，相連相契，永不分離，謂之守氣，如照顧你的愛人一般，呵護著，看顧著，不可須臾分離，永遠斯守著。如果能像熱戀愛人那樣，你說站樁還會乏味嗎？不練才可惜呢！

　　也許，站樁，你不會感覺有功力增加，因為站樁是零存整付，你一天存一塊銅板，不覺其多，一年後就有很重的份量。

　　功夫在累進的時候，有時候你並無感覺，等到水位爆滿時，功夫自然會潰決而出，讓你覺得不可思議。

　　樁功成就了，經過老師的餵勁，很快就會發勁，會打樁，會借力，會自然彈抖，腰也能夠蒼龍抖甲，閃電手也能快速成就，水到渠自成。

　　有人練彈抖勁，身體上下起伏抖動，說這樣可以增進腰腿的彈力，終而成就彈抖勁。此乃王宗岳老前輩所謂之「斯技旁門」，非正宗練法，此皆先天自然之能，非關學力而有為也。

　　上下抖動，牽涉到腿部的肌力，練的太久，反而使腿部肌肉形成疲乏的僵拙狀態，失去機動、輕靈與活潑，以此土法煉鋼，欲成就彈抖勁，未之有也。

　　想成就彈抖勁，有三個要件，培育飽滿圓實的丹田氣、成就樁功基礎，及手的掤勁，三者缺一不可。丹田氣是內家拳的根本，是成就內勁的元素，沒有飽滿圓實的丹田氣，就沒有內勁可成。

　　丹田氣有了本，透過行功運氣法訣，令氣貫輸挹注於腳根，而成就腳的暗樁，以及手的掤提之勁。必須先具備這樣的功體，才能有所本，才有發揮彈抖勁的本錢。若不如此，你在那邊傻練上下抖動，除了腿部肌肉變粗及換得應變能力的遲滯之外，對內家拳的修煉，是無所獲的，也是無所益的。

　　三個要件具備了，這是「體」的成就，體成就了，還要「用」成就，體、用雙成，才能真正的致用，才能成就全方位的彈抖勁。

　　內家拳的打人攻略，是採用彈抖勁，不是用直拳發動攻擊，直拳的力道及速度，是無法與彈抖勁相提並論的，彈抖勁的疾速，是真正的唯快，是一般出力的快所不能比擬的，是真正的唯快不破的，因為它的出拳，全是意念剎那的驅動，引發丹田氣的爆破，同時同步的輸送到腳根去打下暗樁並連結手臂的掤提與筋的撐裹，所引生的快速摺疊彈抖，這才是內家拳的彈抖勁。

　　發彈抖勁不是直線直出，它是透過一個摺疊的機制，這個摺疊包括各個關節的連鎖快速推擠與氣的折衝壓縮，所產生的往復來回的擺盪撞擊，它是依藉因摺疊所產生的反作力去出拳，這個因摺疊所產生的反作力而引生的爆破力及速度的疾快，是如迅雷一般的紮實與不及掩耳的。

　　彈抖勁的行使，牽涉到腳根的運樁與打樁及二爭力的。譬如練習形意拳的劈拳，在做下拔與上鑽時，下拔要打樁入地，使它起到反彈摺疊作用，同時順勢往上鑽，這邊就牽涉到上下的彈抖、打樁以及二爭力；在做下一動作的劈掌時，是前後的二爭力，後腳打樁前腳撐勁，使腰胯產生擰轉而生出彈抖擰轉作用。

　　所以，發勁它涵蓋且牽涉到左右腳的碾勁暗樁、前後上下的二爭力之互撐，及打樁運樁功力的展現。豈是肢體上下跳動之斯技所可比擬？

　　本門基本功中的採手，有上穿與下採兩個動作，這兩

個動作是同時完成的，譬如右手上穿時，左手同時下採，左手上穿時，右手同時下採，這樣一上一下，往復來回，穿採的同時是要打樁的，打樁入地，借地的反彈摺疊才上穿下採的，手臂完全是被動的。你手臂如果能鬆淨不用力，丹田氣能輸運到手臂，就會有沉著的感覺，若沒有氣沉的感覺，就是方法不對頭，可能使上拙力，只運動到腿部的肌力，沒有運氣、運樁到腳底，也就是說還不能領會打暗樁的要領。

　　如果具備了這三個要件，你要採人家，不必用手去抓緊他的手臂，只要前三指或前二指輕輕地含扣著對方的手臂，打個暗樁就可以令對方全身震動，這個暗樁打下去，你也看不到施者身體有任何動作或身形變化，只是一個作意而令丹田去打下暗樁而已。

　　當你的丹田氣養足飽滿，而且樁功成就，也會打樁、運樁，那你示演「蒼龍抖甲」的震身功就會有個樣兒，不會看起來鈍鈍的，笨笨呆呆滯滯的，拖泥帶水的，你腳下有無功夫，明眼人會一眼瞧透。有了這些知見，你再上網去看人家表演的的蒼龍抖甲或震身功，即可辨識真偽。

　　也許你常常看到某些人，打起拳來，手指刻意一直不停的抖動，以為這就是彈抖勁。其實真正的彈抖勁，是丹田之氣的引動，是腰胯的擰裹，腰像蒼龍抖甲般、像彈簧般的快速彈抖，是全身整勁的彈抖，像狗狗洗完澡快速抖乾全身之水的彈抖，不是像帕金森氏症般的手指局部在那邊抖個不停。

　　有個拳友，他跟我是參加第一屆全世界華人武術大賽

的初賽入圍者，我們一起到美國去參加決賽，在空閒暇餘間，就會互相切磋一番，他練的就是手指一直不停的抖動的系統，我發現他的發勁是空無而不入裏的，沒有練出內勁功夫，但是他打的拳架卻是每招都不離彈抖的動作，煞有介事。

所以要辨識一個人有無練就彈抖勁，要看他有無從丹田發勁，腳樁有無入地，以及會不會打樁。只有氣動的打樁所引生的瞬間爆破，才是真正的彈抖勁。

彈抖勁在發勁時，身手打出去時會快速如彈簧般的彈回歸位，不會餘波盪漾，在那邊抖個不停，成為帕金森氏症的一員。

發勁是會損耗內氣的，會衰竭能量的，練拳不宜在那邊一直抖動發勁。發勁試力的練習，需要待功體有成就時擇期、擇時而練；功體尚未成就，練發勁、練抖勁，只是內氣的空轉耗損，對功夫是無所助益的。

第十一節　形意明暗勁之難易

形意拳的先輩們常說：「形意拳，易學難精。」形意拳確實是很容易學習的，因為它的招法真的很簡單，不論母拳五形，或子拳十二形，動作都是簡潔明快，一學就會，步法更是簡單，一實一虛，一奇一正而已，都是直來直往的比較多，只有其中子拳十二形的燕形、龍形、猴形等稍微複雜些。

形意拳雖是簡易，但真正能學好形意者並不多見，為何如此？其癥結在於形意之明勁與暗勁，令人難以掌握正

確的要領。

　　形意拳相傳下來的教學方法，都是先學明勁，後練暗勁。但是明勁，很多人練錯了，練成了拙力、硬力、蠻力，如果成形定性了，就很難救轉回來，以後要進入暗勁階段是非常困難的。

　　明勁，正確的練法，是不用拙力、硬力、蠻力的，只是它的外形比較明快、豪邁、奔放、雄壯、威武，蹬步較大、較遠，動作速度稍微快捷一些，而它的內裏，仍是以心行氣，以氣運身的，仍是以腰為主宰，節節貫串的，仍是上下相隨，內外互合的，仍是有整體協調性與節奏性的，也是主張完整一氣，非局部以手揮動的，非以手主動使力的。

　　暗勁，不是鬆懈、散慢，而是鬆柔、舒緩，是外柔內剛的，外表平靜柔和，內裏卻是暗潮滾浪、澎湃洶湧，全身處處充滿二爭力的互爭、互盪、互擰、互拉、互扭、互裏，形成一股股、一波波的沸騰之氣的靈動，終而沉聚累積成極堅剛的內勁。

　　明勁與暗勁，如果體會錯誤，則失之毫釐，謬以千里。

　　拳法無定法，教拳需觀察個人的根基。身材魁梧有力者，如果教他先練明勁，他天生的蠻力就會自然一直使出，進入死胡同，無法轉救。所以遇到孔武有力型的，要先教他放棄先天之力，改以柔性的練法。

　　如果是身體瘦弱型的，可以先練明勁，尤其是形意的蹬腳撞勁要先練出來，然後再轉入練暗勁，始易有成。

　　明勁與暗勁，也可以互易互練，並不會相衝突。練一陣子明勁，蹬勁出來了，就可以練暗勁。或先練鬆柔的暗勁，有成了，再補以蹬腳明勁。

　　若是固執古法，一成不變，頑守定規，不能因材施教，隨類而導，難以教出優秀的學生，則形意拳的承傳就會逐漸沒落。

第十二節　形意的整勁

　　一般人總以為勁就是力量，以為手腳腰胯身勢搭檔配合的順暢完整，就可稱之為整勁了，豈知與實際上所謂的整勁，還相去十萬八千里。

　　其實勁與力是完全不同的東西，力是天生即賦有的，只是有大小之區別；勁則需透過後天的鍛鍊，如以心行氣、以氣運身、氣沉丹田等等，經長期聚集儲藏，把氣斂入筋骨，這才稱之為內勁。所以內勁不是長期的訓練打沙包或擊破，或藉藥洗將手臂練成鐵骨，這些都是不正確的認知。

　　內勁之鍛鍊，三、五年可以有小成，十年可大成，大成後內勁蘊藏在體內，可以保任永不退失；如果是土法煉鋼術，以外物外法短期練成的銅牆鐵臂，邁入中老年，功力逐漸退失，要保任得長期忍受皮肉之苦，若是不慎傷及神經，那不只是聽勁（觸覺）反應變得遲鈍，還會留下無窮的病變後遺症。

　　勁是機動而賦有彈性的，勁可藉由意念的驅使而快速反應，要大要小，要長要短，要深要淺，皆可隨心所欲，

換言之，是心念之內動，透過內動而形之於外，就稱之為發勁或放勁，它的勁道是集中而紮實的，是迅速而靈敏的，是迅雷不及掩耳的，不須有距離加速度，就能即刻剎那命中目標。

發勁要完整，需具備三個條件，否則既使擁有豐富的彈藥，被深鎖在倉庫裡，也是無用武之地，發揮不了作用。

第一：手要有掤勁，練就鬆而沉的承載勁道，曲蓄而有餘。

第二：腳根下盤需有磐石盤踞之勢力，俗稱入地生根，有了根，在發勁時才能像打地樁似的借地力一貫擊撞而出。

第三：腰的丹田之氣所使出的彈力，要能像蒼龍抖甲般的疾動，腰的快速疾動，亦是由底盤的腳根所驅使。

拳經云：「其根在腳，發於腿，主宰於腰，形於手指。由腳而腿而腰，總須完整一氣。」短短二十餘字，有誰能深刻去體會，而且悟入它的真實理。如果以知識去理解，則流於膚淺的外表形式。

拳經它是講裡面的東西，第一個在腳，腳若無根，莫要與人論發勁。第二腰如何作主宰，它要指揮手時，內在得有丹田之氣，無氣如何爆破令手出擊。第三手若沒有掤勁，腰則變成空轉空運，也起不了作用。

這三個條件具備了，最重要的在於完整一氣，內氣與外形需搭配得無隙無縫，內外相合，上下相隨。從文字上看，發勁好像一節一節往上傳，其實它是一鼓作氣，一併

而發的,氣隨意動,心想事成的。

所謂完整,即無缺陷,無凸凹,無斷續。有缺陷即不完美,三個條件缺一就是有缺陷;有凸凹即不平衡,就是上下起伏,使發勁的勢力被削減;有斷續即不連接,使勁道中斷。

在內裡方面,泛指意不斷,氣不斷,勁不斷。意不斷,指意念要集中,沒有妄想存在;氣不斷,指氣的飽和匯聚,不散亂;勁不斷,是內勁的綿密不丟與蓄積,待勢而發。

如是內外完整,上下前後完整,意、氣、勁同時完整,始得謂整勁,或謂完整一氣。

具備了如是的條件,才是形意的整勁。

第十三節　形意的脆勁與 Q 勁

形意的脆勁,是乾淨俐落,不拖泥帶水,如同撕裂物,一撕即裂斷,不會藕斷絲連。

脆勁,如採水果,頓挫一採,果粒與枝梗即刻斷離;若是用拉扯之力,果粒會隨著枝椏牽連而動,需到一定的距離,果粒才能被拉扯分開。

以脆勁打人,會令人全身顫抖悚慄,魂飛魄散,內臟瞬間移位。

脆勁,也可稱之為冷勁,冷不提防,勁已着身,如迅雷不及掩耳,脆冷之勁一觸著,會嚇得人一身冷汗,剛想逃避之時,身體已被擊中跌出,等回魂時,猶是莫明所以。

打撞球，瞬間拉桿折回，當母球撞擊子球之剎那，子球奔撞進洞的結實力道，可以去聯想脆勁的威力。若是推桿的話，力道則有天壤之別。

汽車撞到一個物體，忽然煞車，輪胎剎那鎖住，物體被震飛出，這也是一種脆勁的譬喻。

一根薄薄的塑膠帶，如以拉扯之力，想讓其斷開，是很困難的。只要打個活結，以脆勁頓挫一採，即刻斷裂，這是脆勁。

形意的採勁，可發出冷脆之勁，形意內勁成就者施行採勁，只要拇、食、中三指或拇、食二指輕輕一粘一扣，微一作意，氣一沉，就能將人之全身撼動，也不需曲膝落胯，甚是微妙，甚難思議。

脆勁，是以己身的氣勁，去到對方的摧枯拉朽。

Q勁，彷彿麵粉之筋道，擀揉麵粉搓麵團，需要力道與時間，二者兼到，粉團才會Q又有勁，可以耐摔耐打耐拉而不斷裂，它是具有彈力的，拉長後它會自動回縮，恢復原狀。

內勁初生之時是不Q的，是僵固的，是嫩稚的，是不活潑，是沒有生機的，是沒有變化的。要把它揉，把它搓，需要時間去琢磨，需要用功去焠煉。彷如一把好劍，有柔軟，有堅剛，可以曲直伸縮，可以削銅砍鐵。

Q勁，可以吸，可以放。吸即蓄勁，放即發勁；吸即拉弓，放即射箭。吸即化勁，放即反彈，化打一氣。

Q勁，可以承載蠻力、拙力、硬力，疊時可以承載萬斤，折回時卻可以使出無窮的巧勁；在摺疊之中，似鬆非

鬆，若剛非剛，是柔中帶剛，是剛中含柔，它是中道，不偏不倚。

勁，練Q了，才能發出脆勁。脆勁，是Q勁成熟了，千錘百煉之後的結晶。

形意的脆勁，要從形意的暗勁練習中去領悟求取。

第十四節　形意六合勁

形意拳初始之名曰「心意六合拳」，這個「六合」是指內三合與外三合，和之為六，故稱六合。

以前的說法，內三合是指「心與意合，意與氣合，氣與勁合」；外三合為「肩與胯合，肘與膝合，手與腳合」。

這個說法由來已久，古人如是說，後人如是學，其實還有值得琢磨之處。

心與意原是同一意思，所以「心與意合」，似有重疊，如果說「意、氣、勁相合，謂之內三合。」似乎比較簡潔而明白。

外三合的「肩與胯合，肘與膝合，手與腳合。」此說亦有琢磨餘地，愚意以為這種說，是一種公式化的說法。

在拳架與技擊立場而言，若堅守這個固定之法，拳路將會被拘泥，被侷限。拳法的運用原本是靈敏而機動變化的，不宜被牢套。此說，只是一個原則性，只要不離原則過巨，應可靈活變化，因為手與腳不可能永遠相合，否則就變成了機械人。

我有一說：外三合，乃步法、身法、手法三者相合，

在發勁時，步法、身法、手法必須相合，配合意、氣、勁內三合，才能完整一氣，完成一個整勁。

步法須配合樁功，若是基樁沒有成就，下盤無根，打樁無力，就無法做到外三合。

身法主導於腰，丹田之氣必須凝聚飽滿充實而富有彈力，才能靈活彈抖，如蒼龍抖甲一般；腰的彈抖，還得靠樁功的沉穩入地，才不會稀稀垮垮的，離離落落的。

手法必須掤而不僵，鬆而不浮，沉而不頑，外柔內剛，剛柔並蓄。手如果僵直使蠻力，將自我阻礙勁道的出路，被自己的頑力所縛，無法「後發先到」。

之所以能「後發先到」，乃因內外六合，同時、同步，意、氣、勁、步、身、手同時同步到位，內外相合，完整一氣，加上聽勁的靈敏與如神明般的反應，才能有「後發先到」效果。

「合」就是「整」，故有「整合」之辭。太極拳論云：「其根在腳，發於腿，主宰於腰，形於手指；由腳而腿而腰，總須完整一氣。」此語涵義已含蓋內三合與外三合。

第十五節　形意整勁之上下相隨

內外相合與其有相互關係的就是「上下相隨」。上下相隨是指外勢的身形而言，最佳的詮釋就是腳到手到，手到腳隨，步隨身動。

很多人誤認手到腳到，是指動作到達定式時，手腳同時到定位，也就是說要符合「肩與胯合，肘與膝合，手與腳合。」的外三合，這是不太正確的說法。

　　到位的「到」並非指「到達」之意或「到達定式、定點」之意，它的真正意涵是手腳同時動起來，虛實有了一定的對襯，這就已然構成手到腳到之內涵了。也就是說在一個動作中，有上下相隨，或左右相隨，或前後相隨，這樣就構成了相隨的要件。

　　雖然手和腳行進的方向不同，手腳也沒有同時到達一個定點，雖然無法架構成「肩與胯合，肘與膝合，手與腳合」的外三合的架相，但它已然是落實了手腳齊動而相隨的局勢，這是合乎拳理的。

　　拳架動作在行進的過程當中，雖然尚未進入到定式，而手與腳已起到分工合作的默契，發揮了連動並用的功能，這就已經構築了「手到腳到」及「上下相隨」的內涵。

　　所以，主張到了定式才算是手到腳到，是狹義的說法。在拳架的行進中，只要符合手腳併動，上下相隨，神意具到的拳理原則，這樣來說「手到腳到」才是圓滿而廣義的說法。

　　在拳架的運作中，全身是尋著圓弧軌道虛實變化的，虛實的對比，是互為搭襯的，懂拳的人，會很自然的循著圓弧軌跡而行，而變化虛實，不會出亂，也不會對「腳到手到」是否要符合定位之說以及符合「肩與胯合，肘與膝合，手與腳合」之說，有所疑慮。

第十六節　形意的綿掌

　　形意的綿掌，是鬆綿而富有彈力的，練就渾厚的形意

勁，而且兼具會發綿勁的人，發勁的狀況是，兩掌輕觸對方，輕鬆一彈，對方即全身彈抖而出，是直彈而出，非只是傾斜或拖泥帶水的退步或移動，是甘脆而俐落的奔彈跌出。

而且按到對方的身體，對方皮膚肌肉被碰觸的感覺就像一層棉絮裏身一般軟綿綿的，外表的皮膚肌肉沒有僵硬繃痛的感覺，但身體裏面的臟腑確是非常震撼與驚悚的，有如臨深淵，如履薄冰的危機之感，但等被打跌出回神之際，才覺身體安然無恙，而自歎不已。

如果發勁者自覺雙掌碰觸到對方身體是硬硬的，就是自己用到拙力，用到兩手的局部之力，沒有整勁，沒有完整一氣，不是以腿腰，以氣來作發勁，而是以天生自然賦有之蠻力而為的，也就是說，是不懂得發勁，是不會發勁之人。

形意高手所發的綿勁，他可以掌控自如，點到為止，不會傷害到對方。

綿掌如何成就？發勁如何讓人不覺痛？

首先，得先成就自身之功體。功體包含樁功、氣勁的渾厚、腰腿的彈抖勁及手的掤勁。

站樁是武術的基礎，沒有樁，任你多會打，都是空殼子，是沒有內涵內在的，而且發勁是需要靠打樁的，沒有像磐石般的樁，是無法發勁的，只能使粗糙的蠻力。

氣勁的渾厚修煉，得靠以心行氣而令沉著，乃能收斂入骨，這是拳經之名言，也是老生常譚，但是沒有明師口傳心授，也是很難成就的。

　　腰腿的彈抖勁，須能像蒼龍抖甲般的彈抖，如上第九、十節所述，不再贅言。

　　手的掤勁，也是由站樁盤手，透過鬆柔的運氣行功，而令手勁沉積，成就掤勁，雙手兩臂，似鬆非鬆，似緊非緊，柔中有剛，剛中有柔，外柔內剛，棉裏藏鐵，輕似羽毛，沉如千斤。

　　功體成就了，還不一定會發勁，如果沒有明師的餵勁，難免僵拙橫蠻。

　　如何發綿掌勁，裡面有很多的技巧，需是老師當面解說演練，反覆不停的說，反覆不停的練；領會能力好的，很快就能悟入，悟性差的，可能半年，一年，兩年，或更久，但只要堅持下去，總有領會的一天。

第十七節　形意的丹田勁

一、丹田的位子

　　談形意的丹田勁之前，首先要明白什麼是丹田？丹田的位子在哪裡？

　　丹田一詞，在西方科學是看不到的，丹田可說是中國健康養身及修煉氣功與武術文化的專有辭彙。

　　中國的丹道、氣功師們，把丹田視為練氣養丹的場所，所以就把這個場所，稱之為丹田，因為它是耕耘內氣、培養內丹的一塊田地。

　　丹田既然是養氣培丹的一塊田地，所以它不是狹義的一個穴道，也不是一個點、一個線、一個面，而是一個

體，一個氣囊。

有人說，丹田位於臍下一寸三分，或四分或五分等等，或說丹田是指關元、天樞、氣海、命門穴位等等的狹隘說法。

事實上，丹田是一個體，它涵蓋了關元、天樞、氣海、明門等穴位及附近周圍的一個完整的體，它涵蓋了人體小腹地區的前後、上下、左右的一個整體。

二、丹田的功能

丹田是一個氣囊，因為這個氣囊可以儲藏無限的內氣，隨著內氣的厚實與扁瘪而呈現不同的樣態。這個氣囊像一個球狀，富有彈簧性、伸縮性、撐轉性、摺疊性、爆發性與變化性等等多元功能。

由於丹田具有這些多元性的功能，所以有去耕耘丹田的修煉者，就可以因為練就飽滿圓實的內氣而予以積蓄的關係，在意念的導引之下，感應到這些因透過丹田運作所呈現的多元性的功能與作用，也可以因此而察覺到丹田的正確位子，因為這個丹田所擁有的內氣，是富有質量的，是可以感受到內氣的沉著與重量的，而丹田這個氣囊的正確位子，也因為丹田集聚的內氣的厚實飽滿程度，受到不同面積與體積的差異而有所區別。

所以，丹田的正確位子，是因人而異的，不是固定式的，不能用尺去丈量，也不是可以用尋穴的方法去量測的。

丹田，有人把它稱之為氣海，而這個氣海是一個形容

詞，它不是穴道中的氣海穴。為什麼形容它為氣海呢？因為丹田像大海一樣，能納百川之水而不溢滿，你無論如何的去養氣、納氣、積氣，丹田所蓄積的內氣，只會更圓實飽滿，更 Q 韌，不會因內氣的不斷充實而崩潰或溢損，所以說，丹田氣之積量如海，它因有海量的關係，故稱之為氣海，也因為如此而說「氣以直養而無害」。

道家與氣功師將丹田視為貯藏真氣所在，認為丹田是「氣機之源」、「性命之祖」，所以透過吐納、調息的修煉，達到聚氣結丹而長壽成仙。道家以織女喻腎，為真陰，以牛郎喻心，為真陽，陰陽合則生丹藥。這些都只是一種比喻，事實上，是否有丹藥可生，還有待印證。

某些門派，利用鉛、汞等及一些藥材去煮煉成丹丸，然後吞食這些丹丸，企求得丹，似乎是不智的修法。所以，道家及仙宗等派的修煉成仙的說法，也成為天方夜譚的虛幻想像。

長壽是人類的夢想，然而，生命有限，不能長生不老，也不能成仙不死。人的壽命，最長約一百多歲，中國的姜子牙，據說活到 139 歲，這是比較有可能的。

彭祖被傳說活到八百歲，是無法考證的，根據史記的記載：「彭祖氏，殷之時嘗為侯伯，殷之末世滅彭祖氏。」這個「氏」是宗族的稱號，所以史記所載的彭祖氏，顯然是指一個氏族，不是一個個人，不是有一個人叫做彭祖的，史記並記載彭姓氏族被封國於大彭等地。所以，彭祖八百歲之說，是指彭國八百年而亡，因此，傳說中的彭祖享年八百，應該是指大彭氏國存在的年限，而不

是有一個叫彭祖的人活到八百歲。

　　所以，修煉成仙及長生不死的說法，是不可信的。生而為人，只要盡其本分，盡其在我的自強不息，好好的顧養身體，不必像秦始皇那般的夢想長生不死，也無須去修煉那些永不能實現的成仙之法。

　　丹田是聚集內氣的場所，也是行功運氣的樞紐，能夠善用丹田的功能，是有助於氣血的循環，增進健康的效益。歌唱家利用丹田氣發聲，可使音波加長，聲音宏亮結實，音感柔和優雅或抑揚頓挫。唱歌如果不是用丹田氣來運為，唱起歌來，就會臉紅脖子粗，青筋暴露。

　　武術家運用丹田的鼓盪、摺疊而行氣如九曲珠，氣遍周身；以及利用丹田氣的挹注打樁，達到發勁的更佳效果。

　　當丹田氣練到飽滿圓實，是可以抗打擊的，它就像一只皮球，充滿著氣，外力只能打到皮面，不能入裏，無虞受傷；身體其他部位如果受到攻擊，聽勁好反應快的人，也能疾速的將氣運到受擊點，達到防禦效果。臉部及頭部是較脆弱的地方，宜善加保護，不要受到攻擊。皮球如果灌滿氣，是硬梆梆的，丹田聚滿了氣，是充滿著彈性及富有變化性的。

三、丹田的練法

　　丹田的訓練方法有：

搓揉丹田：

　　這是比較一般常見的功法，用手掌貼著小腹，輕輕的搓揉，順時鐘 36 下，逆時鐘 36 下，這是古人的說法，可

能跟卦數或吉數有關，其實搓揉幾下都是無所謂的，只要感覺手掌的熱氣薰入腹內，有舒適感就好。

揉丹田是一種外法，藉由雙手的力道去按摩小腹，增加熱氣及血液循環，也可以使腹肌結實，富有彈性。

擰扭丹田：

運用拳架或基本功的極慢動作，去擰扭腰胯，連帶擰動丹田四周。從腳底腳根的力由地起，以雙腳的暗勁帶動腰胯，以丹田氣之配合去擰轉腰胯，借著二爭力的驅動，使腰胯產生被擰轉的阻力。這些動作可以活化腰部的靈敏與反彈勁道。

擊打丹田：

用自己的拳頭或手刀，打擊腹部。當你練到丹田圓實飽滿時，才可以練這個動作，力量由小漸大，以自己能承受打擊為原則。如果感覺已能承受重擊而無礙，可進一步請師兄弟來打擊，一方面練聽勁及兼練接勁，為以後的實戰預做準備。擊打丹田必須將內氣匯聚於丹田，才能不虞受傷。

丹田運轉：

丹田運轉是一種內功，是練內家拳者所重視的功法。在拳架的牽動往來之中，在拳架的往復摺疊之中，丹田的鼓盪、動轉，丹田氣的迂迴、驅策、輸運都必須要有所妥適配合的，都必須用到丹田運轉的機制去運作的。有關丹田運轉之論述，在底下會有較詳細的論述。

抖彈丹田：

兩腳與肩同寬，利用腳尖之彈簧動力，將身體彈起、

落下，連續不斷的抖動，使丹田上下的隨之抖動。

搖晃丹田：

兩腳寬距與肩同，腳掌落實放平，用腳掌的暗勁抓住地面，借地之力，令身體左右搖晃，要用意念去帶動，務必要把丹田裡的真氣，搖動感覺出來。速度由慢，加快，放鬆丹田，在搖晃當中令身體下降再升起，升起再降下，連續不斷。

這個動作如果能熟稔，加上樁功的穩固，丹田氣能下沉到腳根，下盤能穩固如山，深入地底，那麼，震身功、彈抖功即能成就，蒼龍抖甲的功夫也能底定無疑。

彈抖功、蒼龍抖甲這些功夫，是形意拳中較為高層次的功夫，可以在身體受到攻擊的剎那間，運用丹田氣的瞬間彈抖，將對手震出，達到防衛與反擊的效果。

丹田的瞬間彈抖，只是意念一閃，丹田氣即能隨之發生作用，已經沒有明顯的身體之抖動，外表看不到明顯的大動作，只是意念一動，丹田氣一轉，配合打下暗樁等等功法的結合，如此即能構築一副無與倫比、精彩絕倫的動畫武功。

四、丹田的作用

一般人不知丹田為何物，也不知丹田對於人體的益處，歌唱家懂得利用丹田氣來發聲，潤飾音質；練氣士、氣功師用丹田來運氣，以求養生長壽；武術家運用丹田來蓄氣，化氣成勁，成就內功。

修學形意拳，視丹田為寶貝，因為丹田是養育儲藏真

氣的所在，是煉氣成就內勁能量的田地，如果沒有丹田這塊寶地，則無內氣可積，也沒有內勁可成，更沒有所謂的發勁這一回事。

所以，練太極拳的，沒有丹田氣的運為，只能說是操弄體操的把式；形意拳若是沒有丹田氣的謀和，將成硬拳系統之流屬；八卦掌如果沒有丹田氣的挹注，將成為歌仔戲的走步戲碼。三者都將成為天馬行空的空洞運動，不能列為內家拳武術的範疇。

丹田除了蓄積真氣及斂氣而成就內勁的功能之外，它在武術技擊的攻防方面，發揮了極致的作用，尤其是在內家拳系統裡面，在蓄勁與發勁之中，在防禦與攻擊之間，丹田氣的鼓盪、摺疊，丹田氣的迂迴內轉、驅策、輸運等等，都會發生極大的作用。

譬如發勁，發勁並不是用推的，不是用雙手去推，去按，去使力，若是看到某些大師用雙手奮力向前推人，身體前傾，前膝超前，這些都還是屬於拙力範圍，是不會發勁之人，如果不用雙手去推人，例如用肩靠或肘打或臀背打或身體任何部位的發勁，他的拙力就難以施展出來，可以這樣去檢驗斯人是否會發勁，是不是內勁成就之人。

內勁成就的人，會發勁的人，發勁只是一個作意，同步剎那引動丹田氣，也同時將丹田氣注入下盤腳根，打下暗樁，只一個摺疊反彈，內勁已如子彈般疾速奔出，被打之人，是呈崩趺的狀態飛出的。

打樁需有樁功的基礎，樁功沒有成就，是不會打樁的，即使把地面打碎了，依然發不了勁，即使勉強把人推

出去了，也僅是吃奶的拙力而已，即使上了檯面去表演發勁遊戲，也僅是花招套演的把式，只是行家眼中的丑角罷了。

樁功是長期的把丹田氣透過極鬆的機制，及意念的驅策輸運，使丹田氣能自然的沉墜而挹注於下盤湧泉腳根，使丹田氣入地而生根，深植地底。所以，練習樁功，不是在練腳痠，不是在練腳力，而是在練一個氣沉，而這個氣沉，必得透過丹田的運使驅策才能成就的。

因為丹田氣的積蓄，而成就了內勁，因內勁的養成，而成就了發勁的效果，這之間的相互因果關係，是不可切割分離的，是連結而輔成的。

丹田就像一個鼓風機，透過壓縮、鼓盪、轉折，可以把真氣輸送到身體各部位，而氣遍周身。

我們的血管，筋骨脈膜等，都餘留有空間讓氣注入。筋骨脈膜等注入了充實的氣，生命的趣機就更充實。

練拳是需要運氣的，更要把筋骨脈膜等伸展拉拔開來，要善用丹田這個鼓風機，去運送內氣的能量，而成就內家的甚深功夫。

練形意拳，歸根結底，就是在練丹田氣，在聚積丹田氣，有了丹田氣的飽滿圓實，及腹內丹田的鬆淨、運使等等，才有氣騰然的成效，有了氣騰然，才有收斂入骨而成就內勁能量的大效。

五、丹田的呼吸

呼吸是所有動物的本能，所有動物也依靠呼吸而存

活，沒有呼吸，生命就不存在了。

人類比較聰明，除了靠呼吸而活命之外，還會利用呼吸來健身，利用呼吸、吐納、調息來增進五臟六腑的運作功能，達到益壽延年的效益。

養生學家更善用呼吸運轉的功能，創造了順、逆呼吸法，除了鼓盪橫膈膜之外，還可以令體內的氣，透過意念的導引，循著督任兩脈，運行大、小周天，以期成道做仙。

武術家藉由呼吸而養丹田氣，運用丹田氣的鼓盪作用，令氣遍布周身；更藉由丹田氣而修煉內功，斂氣成勁，成為技擊格鬥中的無形武器。

呼吸的管道，是鼻腔，透過鼻腔的出入息，才能吸納空氣與吐出廢氣，促成體內氣血的循環交替作用，讓生命在有生之年的時空中，運作不息。

形意拳的呼吸，運用鼻間的呼吸出入息，透過鬆柔的修煉與運氣法，將吸納於體內的氣，匯聚儲藏於腰間的丹田，使之圓實飽滿，謂之養氣。

養氣飽滿後，再運用丹田的鼓盪、壓縮、驅策、運轉等等修煉方式，將內氣輸運到全身各處，令氣遍布周身，斂入筋骨之中，成就內勁能量。

呼吸與丹田的運作，雖是息息相關，但在形意拳的行功運氣中，是丹田在營呼吸的，鼻間的出入息呼吸，只是一個橋樑，一個管道。

行功運氣的重點，在於沉著，在鬆柔不著一絲拙力之中，使得內氣沉著下來，氣沉著的目的就是要讓氣沉聚於

丹田這個氣囊之中。

　　待丹田氣飽滿圓實後，透過行功運氣，而令氣騰然，終而斂聚於筋骨內，成就內勁能量。這些行功運氣，靠的都是丹田的運作，也就是丹田的呼吸，這丹田的呼吸，涵蓋了氣的牽動、鼓盪、壓縮、驅策、擰轉等等。

　　行功心解說：「**極柔軟，然後極堅剛。**」

　　「極柔軟」是指在鬆柔之中，借著「丹田呼吸」，將氣藉由吞吐、鼓動、摺疊、轉換、醞蓄等等法訣，令氣轉化沸騰，匯聚沉斂成為實質能量，也就是極堅剛的內勁。所以，要成就極堅剛的內勁，是要靠丹田的呼吸去鼓運的。

　　行功心解云：「**能呼吸，然後能靈活。**」

　　意思是說，想要有靈活的動作表現，想要能夠知所變化，必須要學會應用呼吸。呼吸，大家都會，然而行功心解所說的「呼吸」，不是一般生理上的呼吸，不是指鼻腔的出入息，而是指「行功」時的呼吸。這個行功的呼吸，就是丹田的呼吸。

　　打拳，雖然還有鼻間的呼吸出入息，而實際上，大部分內氣的醞蓄、吞吐、鼓盪、摺疊、轉換等等，都是丹田在運為的，鼻腔的呼吸出入息，只是被依藉的管道而已，它是處於配角地位的。

　　會運氣的拳家，憑藉丹田內呼吸之吞吐、鼓盪、摺疊、轉換，使得拳架有靈魂生命，使技擊產生極致的效果。

　　會「呼吸」的練家子，能由意念牽引丹田氣，去行功

運氣，或蓄勁、化勁與接勁，這就是「從心所欲」。

能「從心所欲」，就是已臻「靈活」的境地。這就是「能呼吸，然後能靈活。」的真義。

行功心解云：「行氣如九曲珠」、「運勁如百煉鋼」、「蓄勁如開弓，發勁如放箭」、「曲中求直，蓄而後發」、「往復須有折疊，進退須有轉換」，這些都是在講丹田的呼吸運作的。

太極陰陽訣云：「**太極陰陽少人修，吞吐開合問剛柔。正隅收放任君走，動靜變化何須愁。**」

陰陽就是虛實變化，吞吐開合就是丹田的呼吸與運氣；能呼吸運氣，即知變化虛實；能變化虛實，即得靈活；能靈活，即能「收放任君走，變化無須愁」。

太極拳講求借力、借勢；鼻腔呼吸，是被借的勢，被丹田所借的勢。丹田的運作，不能缺乏氣的流動、牽引；丹田氣的流動、牽引，要借鼻間呼吸氣息的引助。所以，行功運氣或蓄放勁，它的主角是丹田，但卻不能離開鼻腔這個配角。

鼻腔配角，雖不能或缺，但在行功運氣時，暫時忘掉這個配角，不要太在意它的存在，因為在「不要太在意」中，它依然是存在相伴隨的，不會因此而缺席。

拳諺云：「**拿住丹田練內功，哼哈二氣妙無窮。**」

關於哼哈二氣，其來源可能與明代小說《封神演義》哼哈二將有所關聯。根據傳說，《封神演義》的作者根據

佛教守護寺廟的兩位門神，附會而成的兩員神將。形象威武兇猛，一名鄭倫，能鼻哼白氣制敵；一名陳奇，能口哈黃氣擒將。

《封神演義》上說，鄭倫原為商紂的部將，拜崑崙山度厄真人為師。真人傳給他竅中二氣，將鼻一哼，響如鐘聲，並噴出兩道白光，吸人魂魄。後來被周文王擒獲改邪歸正。

陳奇也是商紂王的部將，曾受異人秘傳，養成腹中一道黃氣，張口一哈，黃氣噴出，見之者魂魄自散。

在姜子牙封神時，敕封鄭倫、陳奇鎮守西釋山門，宣布教化、保護法寶，這就是民間所流傳的哼哈二將。

不管哼哈二氣是否與哼哈二將有否關聯，他們相通之處，就是將鼻一哼、張口一哈，這將鼻一哼、張口一哈，靠的是丹田的運作鼓盪，才有洪鐘般的音響氣勢。

「拿住丹田練內功」，這個「拿」字，是個比喻詞，把丹田運用來練內功。

如何拿住丹田，靠的就是丹田呼吸，丹田運氣。會利用丹田來呼吸運氣，就是會練內功的人。

哼哈二氣為什麼會妙無窮？

因為哼哈二氣，也是丹田的產物，透過丹田的運氣而發聲，才有驚天動地的震撼力，若只是鼻、口、喉在那邊呼聲喊叫，起不了威儡作用。

唱歌是丹田在運氣，吹嗩吶、喇叭是丹田在轉氣，練拳是丹田在吐納內轉，都是丹田在營呼吸，鼻腔只是被依藉的出入息的一個通道。所以鼻腔是不能運氣的，丹田才

是運氣的主角。

因此而說，是丹田在運功，是丹田在營呼吸。

六、丹田內轉

所謂丹田內轉，就是將貯存在體內的「炁」透過丹田的轉運、鼓盪、摺疊、搏鑽、纏繞、蓄放等等行運機制，使氣產生騰然作用，沉斂而成「內勁」種子。

當內勁發芽生根，逐漸碩壯飽滿，在運勁階段，更需藉由丹田的內轉，以氣運勁，使勁更柔、更韌、更Q，更富有彈性，而成就「彈簧勁」。

在初練形意拳，初階是彈不上丹田內轉的，因為丹田並未儲存著飽滿的氣，再怎麼運都只是空轉、空運而已，於事無補。所以，初練階段，以養氣為先，藉由站樁、基本功，或拳架而養氣。

所謂養氣，就是「心息相依」，令氣息與自己的心意依偎在一起。一呼一吸是為一息，呼吸時，氣息微微，似有似無，安安靜靜的運用心意將氣守在丹田處，好好的顧守者，只要能意守神蓄，這個氣就不會散漫，不會流失，就會安守在神殿丹田之中，日積月累，丹田之氣乃逐漸飽滿，形成一個小氣囊。

丹田之氣的養成飽滿之後，就得學習丹田的運轉。

拳經云：「**氣宜鼓盪。**」

所謂「鼓盪」就是利用腹式逆呼吸法，在呼吸調息間，運用丹田的鼓縮，令氣來回往復震盪，加強輸運能量，而產生熱能，這就是所謂的「**氣騰然**」。也只有令氣

騰然之後，它才能沉澱，終而收斂入骨，累積成內勁，內
勁就是氣所產生的量能匯聚而成。

　　丹田之內的氣，要如何運轉呢？譬如，我們打形意
拳的鑽拳，在右拳往右下搬，左掌同時往右下攔蓋時，腰
胯要往右擰轉，配合著吸氣、蓄勁使丹田氣往右後纏繞，
令氣緊貼於後背脊，接著放鬆腰胯，產生摺疊迂迴的自發
性彈簧式的動轉，此時是自然吐氣。接著，再吸一口氣，
氣貫腰脊，右拳要鑽打出去時，氣沉於丹田，藉由丹田氣
的鼓盪，將氣運至腳底，打入暗樁，借樁入地的反彈摺疊
勁，出拳發勁。

　　這中間的牽動往來，腰身的左右擰轉，以丹田氣配合
著去牽引，氣是走在先，身在後隨，這就是上下相隨，內
外相合。行功心解云：「先在心，後在身。」這個心，是
要驅氣走在先，氣動而身隨。

　　丹田氣的內轉，有時是均勻緩慢的，有時是疾快而
緊湊的，它的節奏，有時是二分音律，吸氣一拍，吐氣一
拍，有時是兩拍合成一拍，或中間加一個半拍的小呼吸再
接續正常的吐納；在正常節律的運轉中，會有加快或放慢
的相間參雜，也會有動作似乎止動而丹田氣卻繼續不停的
在腹內運轉的情形。

　　丹田內轉，沒有固定的規律，因為拳法無定法，但
是在不固定的律動中，卻是循著一定的規矩在運行的，這
中間要掌握一個原則，不能岔氣，不能駑氣，不能故意閉
氣，也就是說，氣要順遂，要便利從心；在正常的軌道上
行駛，雖然有快慢相間，雖然有緩和、緊湊，但決不能脫

軌而行。

丹田內轉，須配合著下盤腳底的暗樁所營造出來的二爭力，以及二爭力所營造出來的阻力，使得全身動作在往復牽動中，產生摺疊作用以及阻力與反作用的運勁效果。

這個摺疊不只是肢體各個關節的摺疊，更必須使丹田之氣因內轉而產生摺疊效應；若是只有肢體各個關節的摺疊，而缺少丹田內轉之氣的摺疊，那麼，這個氣運起來是比較空洞的，也因為氣運的空洞，而達不到運勁的效果，這樣，打拳運功就會事倍功半，對於內勁的培養及發勁的養成，沒有加分的效果。

因丹田內轉而產生氣的摺疊，能使體內的氣機更加旺盛，能令氣加強輸運及鼓盪作用，也因摺疊作用而令筋脈更加拉開、撐開、進而鬆開，當肢體都鬆淨了，腹內的氣也鬆淨了，終而「氣騰然」，終而「收斂入骨」，內勁的積蓄養成，指日可待。

行拳運功所產生的阻力，對運勁而言，是極其重要的，如果沒有利用全身立體交織所營造出來的二爭力以及二爭力所營造出來的阻力來運氣與運勁，這樣丹田內轉都只是空運空轉而已，達不到練功的效果。

二爭力根源於腳，亦即「其根在腳」，如果這個根盤的腳，沒有樁功的基礎，不會使運暗樁，就不能借到地力；不能借地之力，則無法利用因暗樁入地所產生的反作摺疊之彈簧勁而營造運勁所必備的二爭力與阻力。

練拳如果沒有透過運勁過程，則無法成就無堅不摧的圓滿內勁，也將無從成就內家拳的發勁功夫。

　　從這邊而言，樁功就變得很重要，形意拳入門先站三年樁，這不是沒道理的，然而，現今之人，誰能有這樣的耐心與毅力。所以，如果有心想成就形意拳，自己得有心理準備，自己要立下志願，從樁功下工夫，打好基礎。

　　阻力，是摺疊反作力效用所產生的，因往復間所產生的摺疊，涵蓋著筋、脈、膜、骨以及氣、勁、與血液的交織、擠壓，就如同海浪的來去交疊所引生的澎湃效應。這種因摺疊所產生的交織、擠壓，才能更強烈的達到運氣與運勁的效果。

　　阻力的動力在於腳，腳需有樁，樁能入地。腰是上身的主宰，腰動，身手再動，手永遠都是被動的，被腿腰所牽動，所以拳諺說：「太極不用手，用手非太極。」其實這不是說打太極不用手，而是說手是被動的。練太極如是，練形意亦復如是。

　　手為什麼要處於被動地位呢？這個就與「摺疊」有極大的關係，打拳是節節貫串的，一節催動一節，肩摧肘，肘摧手，出去是這樣，回來也是這樣，肩拉著肘回來，肘拉著手回來，因為手都是慢半拍的，這樣，在往復之中，在牽動往來之間，各個關節就會產生摺疊作用，產生互擠、互壓、互抗作用，形成一種「催筋拉骨」互相拉拔的效果，使得筋脈拉開、鬆開，使得氣血循環更加舒暢無礙，使得勁道更形堅韌。

　　阻力是運氣、運勁所必須具備的條件，打拳如果營造不出阻力，打的就是空架子，只是肢體的體操運動而已，成就不了功夫的。

　　阻力的營造，必須藉助下盤的樁功，樁功入地有根，這個根盤穩固了，有了基座，有了支撐力點，腰腿身手才能有所依恃，在節節貫串中產生摺疊效用，在摺疊效用中營造出層層疊疊的阻力。

　　二爭力、摺疊、阻力的營造產生，不能或缺丹田氣的運轉，必得內外相合，才能達到完整一氣的運勁效果。

　　丹田內轉，很難用語言文字表達敘述，你得練拳到某一個層次水準，經由老師的口傳心授，加上自己用心體會，才能悟得。

七、第三隻拳頭──丹田

　　正常人只有左右兩隻手，兩個拳頭，形意拳修煉者，多出了另一隻拳頭，那就是我們的小肚肚丹田。

　　丹田只是一個小腹，又不會出拳打人，怎麼會是另一隻拳頭呢？

　　我們平常練習站樁，呼吸很鬆、很慢、很深、又很沉的鼓起與縮收，丹田內轉，氣息在丹田內往復來回動盪，施行的是一種腹式的逆呼吸，吸氣時，丹田內縮，把丹田氣壓縮運送到背部的命門、兩腎，夾脊，循著督脈上行百會，再順著任脈回歸到丹田，在氣沉丹田時，以意守著，久之，內氣匯聚於此，飽滿而圓實，就像一個小氣球，裡面充滿著活絡的氣，這個氣可以抗打擊，就像金鐘罩護體一般；這個氣可伸可縮，可開可合，可蓄可放，打拳發勁，丹田微鼓一下，暗哼一聲，順便打一個暗樁，這個勁發出去，力道是非常驚人的，好像炸彈的爆破一般，因為

多出了一個肚子，多了一個丹田，就好像是第三隻拳頭。

拳諺云：「**全身皆手，手非手。**」

這是說一個聽勁靈敏的練家子，你打他哪個部位，他那個部位就會做出自然的反射作用，反過來回打你，所以說打人是用不到兩隻手的，而是用全身各個部位所代表的反射手來打人的。

也就是拳諺所說的：「沾到何處，何處發。」之意，這完全是依靠身體各處的觸覺神經的靈敏反射作用，所產生的不可思議的效果。

體用歌云：「**身似行雲打手安用手，渾身是手手非手，但須方寸隨時守所守。**」

這個「身似行雲」，指的是打拳架；「打手」指的是推手與散打。身似行雲是說盤架子時身體的輕靈鬆柔，不著一絲拙力，好像天上的雲朵，悠悠然的游行；打拳架，手是被動的，被腳腿腰胯所牽動，因為手不是主動的，所以才說「安用手」，安用手的意思是說「哪裡要用到手呢」，打拳是不必用手的，所以才說「安用手」。

打拳架是「安用手」；推手與格鬥的「打手」，也是「安用手」的，不是依靠手推人、發人、打人的，手只是一個替代的工具，真正打人、發人的是丹田，只有丹田氣的引爆，配合全身肢體的連鎖運作，才是真正的發勁，才是真正的「打手」。

在格鬥實戰時，是「渾身是手手非手」的，憑的是自然的反射作用所引生的回打；若是要全靠兩隻手來照顧全局，總不免會「掛一漏萬」的，兩隻手是照顧不了全局

的,所以要練就靈敏的聽勁反應覺知。

「但須方寸隨時守所守」,方寸,就是一寸見方,是指人內心的心緒,成語常說「方寸已亂」,就是指心中情緒已經錯亂。在實戰中,我們的情緒、思緒要鎮靜集中不亂,隨時隨處都要守住應該固守的地方。那麼,全身應該固守的地方有哪些呢?可以說每一個方寸、每一個肌膚都是需要固守的,然而,我們只有兩隻手,如何去固守全身,照顧大局呢?

「守所守」,守住應當固守的地方就是「守所守」,也就是俗話說的:「兵來將擋,水來土掩。」之意,這是比喻對方用什麼手段,我就用相應的方法來對付他。但是兩隻手要固守全身是比較困難的,所以,用丹田氣來固守全身,是唯一周全之法。

丹田之氣,可以運送到全身各處,哪個地方需要它,你意念一指引,丹田氣就會到那個地方,意到氣到。這個充足的氣,是可以抗打擊的,而且還可以做出反擊回打的。內家拳練到高階層次,就有這個能耐,在適時做出正確的防守與回擊反應。

拳諺云:「**全身何處不丹田。**」

意思是說丹田氣的作用是遍佈於全身各處的,被沾到任何一處,那一處就會做出適當、適時的反應,你打我的胸部,我的丹田氣就會輸送凝聚到胸部,形成一個防護體,適時的束身裹勁,成就抗打擊的作用,而且順勢做出適當的反擊回打,這就是丹田氣的神妙效果。

所以說,丹田是第三隻拳頭,只有懂勁而階及神明的

練家子，才能善用它。

八、炸丹田

丹田勁常常被形意、太極等內家拳家所津津樂道，也常常被說成是一種玄妙的神力。

什麼是「丹田勁」？顧名思義，就是從丹田瞬間所爆發出來的勁道，因為它爆發的威力與速度如同炸彈的爆炸，所以有人把它稱之為「炸丹田」。

一般人，沒練拳術，你跟他說丹田勁，他是聽不懂的。

事實上，丹田使力大家都會，你咳嗽一下或打個噴嚏，都會用到丹田的力量，你大哼一聲，也會用到丹田的力量，甚至你解大號時，往往也要用到丹田力的。

依生理學來說，丹田力就是腹腔壓縮的一種內動的力量，也是天生與具的自然力。

普通人無法將這個腹腔壓縮的力量，運用於技擊格鬥當中。練硬拳系統者，有少部分的人，對於丹田力也是懵懵懂懂的，更遑論丹田勁的發揮與運用了。

所以，論真講，力量與內勁是不同質量的東西；力量是天生具有的，內勁則是需要長期的修煉養成，才能致之的。

咳嗽、打噴嚏、解大號，都是自然腹腔的使力方式，人人都會。

以練氣成勁而運用於技擊格鬥方式，是內家拳修煉的目標與目的，只有毅力強韌的修煉者，才能成就丹田勁這

個神功。

　　丹田勁的養成，要先培育丹田氣，也就是要先養氣。以形意的修煉來說，透過站樁、拳架、基本功（本門的內勁單法）等等的練習，而聚集丹田氣，使之飽滿圓實。

　　丹田氣養成之後，要學會運氣，利用丹田這個氣囊的壓縮、鼓盪、驅策、運轉與摺疊，把丹田氣運送到全身各處，氣遍周身。

　　運氣的目的，是要令氣騰然熱化，也就是氣的蒸騰；氣蒸騰之後就會滲入筋脈骨膜裡面，凝聚成為內勁能量，集而備用。

　　所為備用，就是在格鬥時用來備戰的武器，內勁就像火藥庫裡面的彈藥，隨時可以點燃爆破。內勁這個彈藥的引信點火器就是丹田。

　　內勁元素聚集養成了，它要被引用，完全是靠丹田氣囊的壓縮、鼓盪、驅策、運轉與摺疊作用，才能使內勁威力被開發引爆。

　　所以，發勁的先決條件，是內勁電能的開發積蓄養成；發勁的實現，是靠丹田氣的爆破，是丹田氣的火速集結壓榨逼迫。

　　還有，發勁要打樁，這是我一貫的主張，因為打樁可以增加氣勁的摺疊反作力，倍增勁道的極致發揮，使發勁達到最完美的境地。

　　手的掤勁，是發勁的要件之一，也是不可或缺的。

　　發勁三要件，有飽滿圓實的丹田氣、腳的打樁、手的掤勁，缺一不可。而這三個要件，從站樁中可以求得，所

以，站樁是很重要的。

第十八節　形意內勁的威力

形意內勁真正成就的人，如果要讓人致命，是很簡單的事，因為內勁的勁道是可以深內透裏的，不像一般的硬力，只能傷及肌肉皮表。

人的內臟是極其脆弱的，你可以去市場買一塊豬肝或豬肺或內臟，用手一拍，就會碎裂，人的內臟也是一樣，雖然隔了一層肌肉，但內勁渾厚的人，發勁可以透裡深及內臟，而致內臟出血斃命，這是無庸置疑的，而且內勁功力深厚的人，發勁無須距離加速度，貼著身，貼著皮膚就可以打人，並不誇張，並非妄語。

可是有很多人，不相信形意內勁的威力，打死他也不相信，因為他們從來就未曾嘗試到內勁的威力，未曾見過內勁的實有。

但是，很多事情，不是說你未曾遇見過，就一味的否認。譬如，有人也許未曾見過自己的曾祖父，或曾曾祖父，但不能因此而否認自己沒有曾祖父，或曾曾祖父。所以不能因為自己沒有修煉內勁這功夫，也沒有親自體驗過有內勁成就者的功夫，而一概否定之。

內勁這功夫，是較難成就的，修煉者需要有堅強的意志力，能長年持續不斷的去累聚功力，而且必須要有慧力，悟力要強，二者並備，才能成就內勁。不是練練肌力、耐力及外表的速度而能成就的。

內勁是透過氣的凝聚、鼓盪、沸騰、沉斂，經久集

聚而成。這是說內勁的「體」已成就，但發勁尚須腳之樁功及手臂掤勁的相互配合，以及聽勁的得機得勢等條件之搭配，才能完美無瑕。因為人是活動的物體，他會走化，會接勁，會截勁，所以必得配合靈敏的聽勁，才能發而必中。

內勁是一種無形的氣爆，能瞬間爆發。它的勁道是柔中帶剛，棉裡藏鋼，被打到的感覺，外表是棉棉的，但入裡的勁道卻是悶暗而儡魂的，有剎那悶絕的驚心動魄的駭然悚懼之感。

內勁的發勁，無形無相，在一舉動間，你還不知怎樣一回事的剎那，內勁已深達你的腑臟深處，令你瞬間悶絕窒息，無法呼吸。勁道下的重些，絕對可以震碎內臟，導致內出血而致命。這並非天方夜譚，絕對是實語，並不誇張。

一個內勁成就者，不會輕易出手傷人，即使在有自我防衛必要時，也是適力而為，不會恃技欺人。

第十九節　形意的暗勁是一種練法

有拳友看了我們播放的形意暗勁練法的影片，很不以為然的說：「明、暗、化勁乃形意功夫的三層階段，什麼時候變成練法了？好好按照阻師爺的拳經練至明勁力達四梢，才是正途。」

事實上，形意的明勁及暗勁，皆有練法，也有用法，一般都是先練明勁，後練暗勁。但並不是如這位拳友所說的「暗勁是一種用法，不是一種練法。」他的意思是說暗

勁它只能是一個「用法」，不是一種「練法」，所以指責我們說「暗勁什麼時候變成練法了？好好按照阻師爺的拳經練至明勁力達四梢，才是正途。」這位拳友的意思是說，形意只有明勁是練法，餘者都是用法，只要把明勁練好才是正途。

我感謝這為拳友的指正，有他的跳出來現聲，我才知道原來竟有人會誤解「暗勁不是一種練法」，我也才有這個機會來寫這篇文章。

形意的明勁，有練法也有用法；形意的暗勁，也有練法及用法。明勁的練法是出勢大，蹬步遠，看起來很雄壯豪邁威武，是一種先求「外練筋骨皮」的方法，把身體的外部結構先練好，做一個奠底的基本。

這個時候的練習，只是一個初胚的練習，並不一定能練至「力達四梢」，而是要等待暗勁階段的練習，而且要練到內勁真正的成就以後，回頭過來再練明勁，才能夠真正的力達四梢，否則都還止於外練筋骨皮的階段。

內勁是內氣的化昇，是內氣斂入筋骨後的結晶體，內勁有了成就，才能力達四梢，才能夠致用的。所以也可以說，有了練法的成就，才有用法之可說。這就如，有了材料，才有製成品一樣；製成品是由材料所製成的。

形意明家郭雲深大師說：「形意拳術，有三層道理，有三步功夫，有三種練法。三層道理：練精化氣、練氣化神、練神還虛。三步功夫：易骨、易筋、洗髓。三種練法：明勁、暗勁、化勁。明勁的練法：練之總以規矩不可易，身體動轉要和順而不可乖戾。手足起落要整齊而不可

散亂；拳經云：『方者以正其中』即此意也。暗勁的練法：練之神氣要舒展而不可拘，運用圓通活潑而不可滯；拳經云：『圓者以應其外』即此意也。化勁的練法：練之四肢動轉起落進退，皆不可着力，專以神意運用之，雖是神意運用，惟形式規矩，仍如前二種不可改移，雖然周身動轉不着力，亦不能全不着力，總在神意之貫通耳；拳經云：『三回九轉是一式，即此意義也』。」

什麼是「**三回**」？練精化氣、練氣化神、練神還虛，即明勁、暗勁、化勁是也，明勁、暗勁、化勁是一式。

什麼是「**九轉**」？九轉純陽也，化至虛無而還於純陽，是此理也。

由此可見，形意的三勁，明勁、暗勁、化勁，都是有練法的，有了練法的成就，當然才有用法的成立。

形意明、暗、化三勁的練法，皆在孫祿堂的《拳意述真》一書，有詳細的敘述，請讀者自行參閱。

練形意拳者若不讀形意的重要書典，而妄謂「形意暗勁什麼時候變成練法了？」這樣的強出頭，是否會貽笑方家，是值得自己再三斟酌的。

第五章　形意五行拳拆練

第一節　總　說

任何武術，任何功夫，都是從單練起修，也唯有單練才能真正的出功夫；若不從單練起修，那麼，任你套路學了一百套、一千套、一萬套，功夫恐怕還是藏在口袋裏，無由現行。

形意五行拳已經至簡，為何還要拆開來一招一招的練呢？

以劈拳來做例，劈拳事實上有三個動作，就是採拔、鑽、劈，只有把它拆開來單練，這三種勁才能清楚明白的析出練就。

所以，我教形意五行拳，都是要拆開來單練的；單練熟稔了，勁道練出來了，整式的招以及套路也就不難了；若單招中的單式之勁沒有練出來，套路打起來是不會好看的。

第二節　劈拳拆練

劈拳，為形意拳五形之母，劈拳若成就了，餘皆為末事爾。

劈拳的動作，細分為三，即拔、鑽、劈。在打拳架時，「拔鑽」為一個節拍，也就是連結成一個動作，

「劈」為另一個節拍，成為另一個動作。「拔鑽」為「起」，「劈」為「落」，要起如箭，落如風；「拔鑽」為「曲」，「劈」為「伸」，要隨曲就伸；「拔鑽」為「奇」，「劈」為「正」，要奇正相生；「拔鑽」為「蓄勁」，「劈」為「放勁」，要蓄放完整一氣；「拔鑽」為「吞」，「劈」為「吐」，要吞吐自如。

奇正之說，並無定法，因為拳法本無定法。若在打暗勁時，因為動作放的極慢，呼吸吞吐極為細長而深沉，所以，在「拔」的時候為「奇」、為「曲」、為「起」、為「蓄」、為「吞」，在「鑽」的時候為「正」、為「伸」、為「落」、為「放」、為「吐」。

在這中間有一個「過門」，有一個轉折的小呼吸、小吞吐來連續下一個動作的「劈」，所以，這個「過門」這個小呼吸小吞吐涵蓋著丹田內轉的，是歸屬於「奇、曲、蓄、起、吞」的範疇，再接續下去的「劈」，也是歸屬於「正、伸、放、落、吐」。運用之妙，存乎一心，奇正相生之理，亦復如是。

劈拳，可以拆解單練。

一、拔

1、退步下拔

三體式，左腳在前，右腳在後，兩腳保持肩寬。左腳後撐退步（右腳先退左腳跟隨撤回），同時，兩手掌呈鷹爪狀，往下拔至腰際。同一式做一百次後換腳，左右各一百次。

2、進步下拔

退步下拔動作熟稔後，可練進步的下拔，利用蹬步前進來做下拔的動作。

3、交換步下拔

這是一種步法的練習，也就是左右腳各一次的交替換步。在退步、進步熟稔之後，可練前進後退，左右步法的交替練習。

下拔，含有太極「採」的味道，下拔時要像採水果一般，要有「頓、挫」之勢，瞬間到位；手指要有鷹爪的抓力，似鬆非鬆，似緊非緊，柔中有剛，剛中寓柔，剛柔並蓄。要把Q勁練出來，如果太硬，手力太拙，雖然使了很大的蠻力，看起來就是笨笨呆呆的，沒有那個「勢面」，會呈現有力使不出的窘境。

拔，是一種巧勁，力由地起，你要會打樁，才能拔出東西來；這個樁打下去，是有彈力的，身勢會有反彈作用，所以，拔到得勢了，手到腰際時會反彈而上，去接續「鑽」的動作。

二、鑽

1、進步上鑽

三體式，左腳在前，右腳在後，兩腳保持肩寬。曲膝落胯，束身裹勁，氣聚丹田，在身子往下落沉之同時，兩手隨身體下墜之勢會自然有下拔的動作產生，後腳打下暗樁往前蹬步，由於下坐打樁的後作力之反彈，兩手隨身勢往前衝的同時，以明勁向前向上鑽打而出，左手在前右手

置於左肘下，兩手皆要往外擰轉，將筋拉開，令氣充滿整隻手臂。

2、退步上鑽

進步上鑽動作嫻熟之後，可做退步上鑽的練習，利用前腳往後撐的暗勁使身勢往下，在這同時兩手會有迅速下拔的動作產生，緊接著後腳撤步打下暗樁，在打樁回彈時兩手向前鑽出。

3、交換步上鑽

這也是一種步法的練習，左右腳各一次的交替換步。在進步、退步上鑽熟稔之後，可練前進後退，左右步法的交替練習。

鑽，要有擰轉之勁，如鑽子之鑽物；鑽，要隨曲就伸，伸要似直非直，要含裹著勁，要曲蓄而有餘。鑽，在到位時會有回彈力道，是一種彈簧勁，如果使用蠻力，不會有這個效果，如果樁功沒有成就，也不會有這個效果。上鑽之時，要擰腰，撐襠，鬆腰，兩腳有二爭力，腿腰形成一個二爭力，腰身手形成一個二爭力。

三、劈

1、進步上劈

左手鑽拳鑽出，右拳置於左肘下，左腳實，右腳尖虛置於左腳掌內側中間，左腳以暗勁打樁向前蹬出，右腳跟步，同時右拳鑽出即變掌向前向下劈，左拳抽回向下採置於左腰前。

動作反覆不斷，右手劈完練左手劈，各一百次。

2、退步上劈

左手鑽拳鑽出，右拳置於左肘下，右腳實，左腳尖虛置於右腳掌內側中間，右腳以暗勁打樁向後撐，左腳先退右腳隨退，同時右拳鑽出即變掌向前向下劈，左拳抽回向下採置於左腰前。動作反覆不斷，右手劈完練左手劈，各一百次。

3、交換步上劈

這也是一種步法的練習，左右腳各一次的交替換步。在進步、退步上劈熟稔之後，可練前進後退，左右步法的交替練習。

劈，顧名思義，好像劈柴，由上往下劈，在拳往上鑽的同時往下劈，勢要順，要一氣呵成，不可間斷。

劈拳有變化掌，譬如，撲面掌，以掌面直撲對手之面。還有，側劈，須先練就蒼龍抖甲的抖勁，才能打好側劈，因為側劈須靠腰的彈抖才能把勁道打出來。

4、連環劈

三體式，右腳在前左腳在後，右掌在上左掌置於左胯前。右掌下劈，左掌連著下劈，右掌向上向前劈，這是右順步，練完一百次換左順步。

劈拳，為形意拳五行之母，劈拳如果練就了，其餘四形就能順利的掌握到拳意。劈拳要練到明勁快捷而有勁道，起碼要練半年的時間，而且要認真的練，每天至少要練二個小時，方能有成，若耐不住性子，想要半年把形意五行練完，甚至想一下子把十二形練完，對真正的功體是無所助益的，練得多卻沒有練出東西，只是浪費時間與精

神而已。

形意拳招式簡單易學，但深處之中還有更深處，難以探到底處，誰能有恆心，有耐性，堅持到底，練形意拳才會有成就，而千萬人之中，能成就者只一、二人而已，因為能持續不懈者甚少，甚少。

第三節　鑽拳拆練

鑽拳拆練分成兩個動作，一個是搬攔，一個是上鑽。搬攔要靠腰胯的擰扭及彈抖之勁，而這個勁也是由腳椿的二爭力的運椿而來，也是配合丹田氣的鼓盪運轉而來。

左腳暗椿打下，右腳會被反作用力彈起，這個瞬間要擰腰甩臂，我為什麼用「甩臂」這個字眼呢？因為手臂的筋就像一條富有彈簧性的鋼索，手臂的筋如果有了掤勁，兩腳的二爭力與腰胯的摺疊彈抖力一帶，就會把手臂甩帶過來，帶著一股掤勁甩過來。

這個動作做熟了，氣也斂入了筋骨，那麼，搬攔的勁就成就了，要施打太極的「搬攔捶」也就沒有問題了。

第二個動作的上鑽，在劈拳的拆練當中已經敘述了，是相同的一個東西，所以就不再贅述了。

第四節　崩拳拆練

傳統的崩拳就只有一個直拳，左直拳、右直拳連續的打。我們打崩拳則是增加了一個旋臂磨掌，類似太極的「如封似閉」動作。為什麼會加上這個動作呢？這並不是要標新立異，因為形意主張「奇正相生」，如果只是一個

直拳，那麼它就只有正，沒有奇，所以加了一個「如封似閉」的動作，做為奇，這個「如封似閉」動作剛好兩小臂相磨盪，順著回來剛好配合崩拳的直拳打出，而且也構築了「奇正相生」的形意拳理。

所以，崩拳的拆練，第一個動作是太極的「如封似閉」。但是，我們練這個動作是速度非常緊湊疾快的，勁道要很凝聚的，腰要很彈抖的，樁要很入地的。這個「如封似閉」的動作是要擰腰到極致的盡頭，同時也把手臂順勢隨腰帶到極致，自然的產生折反而出的勢力，接續下一步的直拳崩出，這樣才會有崩爆的力道。

第二個動作是直拳，這直拳與一般的直拳是不同的，崩拳的出拳，肩要沉，肘要墜，小臂直出時要有下壓的沉勁，這才是形意的直拳，才是形意的崩拳，崩拳一出，山崩地裂，要有這股豪氣。

崩拳的拆練，這兩個動作，每天要各練五千下，功力才能逐漸生出。

第五節　炮拳拆練

炮拳，顧名思義，威力如炮。炮拳傳統的打法，一個雙搬拳，一個是架打的直拳。

炮拳拆練，我們把它分成三個動作：

一、雙搬打

兩臂畫圓，往下搬打。要利用腰腿的旋轉擰勁，腰胯轉小圈，兩臂轉大圈，這牽涉到向心力與離心力的問題，

要會善用這種迴旋的巧力來使勁，才不會練出蠻拙之力。

二、雙提臂

在單練「雙搬打」的畫圓動作過程當中，中間有一個「雙提臂」，我們把它拆出來單練，因為這個「雙提臂」可以練出提勁，這是一個比較難練的一個勁，所以要拆開來單練。

氣沉丹田，腳樁入地，打入一個暗樁，藉這個樁的爆破摺疊，同步同時的將雙臂往側面提起，筋是緊緻的，不是鬆垮的，筋裡面要有東西，有氣、有勁、有電能，不是一干「名師」所謂的空肩、空臂的。

提勁中的「雙提臂」，左右都要練，步法也要做交換步，使步法達到輕靈的境地。

三、炮捶架打

利用腳樁的運使，及腰胯的擰絞勁，上手掤架，下手直打。在架打當中，是要打樁與蹬步的，而且這個蹬步要大，入樁要深，這樣直拳打出才能如炮般的衝出，威力如炮彈的爆破。

第六節　橫拳拆練

傳統的橫拳練法，是左一橫，右一橫的。這與崩拳打法是類似的，依形意「奇正相生」的說法，是少一個動作的，所以，我們練橫拳也是加了一個磨掌的動作，以符合「奇正相生」的道理。

　　這個磨掌的動作，就如42式太極拳的「捋擠式」的前半式「捋」式之磨掌畫圓，用這個磨掌畫圓來連接下一式的橫拳。

　　所以拆練時，磨掌為一式，磨掌畫圓後就立即握拳，一撐掌一握拳成為一個整勁。左一式，右一式，左右各練百次。這個動作做完，再接續做左右橫拳的單練，左橫拳右橫拳各一百次，連續不斷。

第六章　形意的二爭力

第一節　二爭力概說

　　二爭力，是一種互相抗爭的暗勁，譬如，前腳有往後的撐勁，後腳有向前的蹬勁，或左撐右蹬，或上下撐蹬，或全身立體圓弧的對抗。

　　二爭力的作用，在於自我營造行拳時的阻力，也因阻力的關係，而令氣血產生壓縮與鼓盪，使循環加速、加強，在健康方面，達到養生效果，在拳術上強化內勁，在技擊上，發揮極致的爆破力。

　　二爭力，是形意拳的重要內涵之一，一般的武術較少提到，也較少有這種練法。一般武術在做向前或其他動作的揮拳動作，那股力量只有一個，就是往前衝刺或其他方向的揮拳力道，是直線奔出，沒有拳經中所謂的「隨曲就伸」、「曲蓄有餘」之內涵，也就是說，他的變化沒有那麼細緻與豐富多采。

　　這種力道在養生而言，是消耗體能的，是損耗身體內在能量的，這種磨損是一種慢性的，是不知不覺的，不是短時間可以感覺的到的，而是在累積到一定的損耗狀況後，才能發覺的。

　　形意暗勁階段的練習，是比太極還太極的，是比太極的慢更慢的，因此，不主張用蠻力、拙力出拳，是以行

氣、運氣而產生勁道，累積內勁，所以練拳是以慢勻為主，在慢勻之中，為了使氣血得到張力及激活力，因此，打拳練拳，在行功運氣當中，必須有二爭力的挹注，必須有二爭力的灌輸。

形意暗勁的練法，外表雖鬆柔慢勻，內裏卻是暗潮洶湧的，是摧筋拔骨的，全身是擰裹撐張的，目的是為了鬆開筋脈骨膜，活化氣血，產生彈簧勁道，這個彈簧勁道，能在發勁時，由於全身圓弧立體二爭力的引動，能在出拳後快速彈拉而回，準備第二波及往後無限次數的連續攻擊動作。

一般拳術的出拳攻擊，力道是一線的，拳去了，就去了，力量是隨著方向而一線行去，較少有折回彈簧勁道。

二爭力，是兩種勁道的互爭，這個互爭，是內裏暗勁的擰裹，是暗勁的撐蹬，是暗潮洶湧的內在滾盪；二爭力，外表不是驚濤拍岸，然而在用時卻能驚濤拍岸，捲起萬重浪。

二爭力，是一種內裏暗勁的表現，暗勁，是暗的，因為是在內的，外表看不到，所以才叫暗勁，只有明白暗勁練法的人，自己知道，外面的人不曉得你在練什麼，只有會看門道的行家才能默識，外行只是看熱鬧。

站樁，有二爭力，譬如，形意拳的三體式，三才樁等，是前撐後蹬的二爭力；單練基本功，譬如雲手，採手等，是左右撐蹬的二爭力，還有纏手、推磨及穿掌等，是立體圓弧擰裹二爭力。這種二爭力的主軸點大部分是由兩腳根的暗樁所引動的對抗拉扯力。

由於下盤腳根的二爭力，向上引動腿腰的二爭力，因下盤的二爭力，而牽動腰胯左右圓弧互撐，也產生隨順的二爭力，由腳而腿而腰，形上於手，結合成一束完整的連動二爭力，這才是拳經所謂的節節貫串，才是拳經所謂的完整一氣。

拳經云：「有上即有下，有前即有後，有左即有右。如意要向上，即寓下意。」

這是在講什麼？只有體悟內家拳深層內涵的修煉者，才知道拳經其實是在說二爭力的，只有懂得運用二爭力的原理，在發勁時才有拳經所說的「若將物掀起，而加以挫之之意，斯其根自斷，乃壞之速而無疑。」只有懂得二爭力的人，能於發勁時而挫人之根，在彼根自斷時，當然能壞之速而無疑，剎那令對手奔跌而出。

在發勁時，後腳暗樁打入地，前腳需微往後撐回，才能在發勁時產生急速而脆厲的反彈後座力，藉著二爭力的回彈勁將人打出。

二爭力的互爭，有前後的互爭，有左右的互爭，有上下的互爭，也有向內的互爭，如荷葉掌，掌心圓扣，拇指與尾小指互扣相爭，又如歡喜樁及達摩樁，是雙掌的外緣對爭。

二爭力有兩腳的互爭，有左右腰胯的互爭，有雙手的互爭。二爭力也有單手的互爭，譬如，單手臂的外撐內裹，掌部的外撐內束；涵胸拔背是一種前後的二爭力，虛領頂勁則涵蓋上下及前後的二爭力，圓襠是內束外張的二爭力，沉肩墜肘是下沉與上掤的二爭力。

在牽動往來與往復摺疊當中，在在處處，剎那剎那，都充滿大圈小圈的立體二爭力。

在拳架的往復來回當中，若是沒有二爭力的挹注，若是沒有二爭力的運輸，則無法鼓盪氣機；氣不能鼓盪，則打拳無益，只是走空拳罷了；沒有二爭力，不能產生阻力；沒有阻力，就不能摧筋拔骨；筋脈拉不開，鬆不開，無法成就內勁。

打拳如陸地行舟，在水中行舟，因為有水的阻力，那個划槳因為有水的阻力之依恃，這舟才能向前行。這阻力是一個支持力，就像撐竿跳，如果那個竿底沒有地面作支持力，這竿就撐不起來，這支持力就是一種阻力，也是一種竿與地互爭的二爭力。

出拳發勁打人，下盤靠腳發力打樁，地底是一個支持點，也是一個阻力，從支持點所引生的阻力，借地的反彈回力，產生疾速的爆破脆勁，瞬間傳乎手。

手或拳，打中對方時，力道雖是向前的，但因腳腿腰所引申連動而貫串的二爭力，很自然的在手出力擊出時，有拉回的力道產生，所以手的出拳，它有二道力量，一是向前，一是彈拉而回的向後，聽起好像很玄，有些矛盾，等到有那麼一天，自己練到那個境界，才能恍然而悟，一點也不玄，一點也不矛盾。

練形意，或者其他可歸類為內家拳的武術，如果沒有融入二爭力，拳架中沒有二爭力所產生的阻力作內涵，那麼他的「以心行氣」、「以氣運身」將變成空洞的空中樓閣，是虛無縹緲的，是難以成就內勁的。

　　以心行氣，以氣運身，多數的氣功師都會，但他們不能成就內勁。氣功師的練氣，大抵是以意導氣，讓氣在身中行運，這作用僅能使得氣血暢通，增加氣感、氣場，對養生是可達到一定程度的效果，但在武術的立場而言，這種練氣方式是成就不了功夫的，是成就不了內勁的。

　　二爭力，不是蠻力、不是拙力，不是使外力；二爭力，是運使暗勁，二爭力，是沉勁的運為，二爭力，是一種即張又裏的搠勁，二爭力，是氣的暗湧，二爭力，是一種抽絲運動，二爭力，是百煉成鋼的協奏曲。

　　二爭力，不只是肢體的互爭而營造一股無形強烈的阻力，還有內裡「氣」的互爭，譬如，丹田氣的內轉，在往復動轉之中，形成互對的二爭力，有內裡氣與氣的互爭，也有內氣與外頭空氣的互爭，內外交織，錯綜複雜，立體纏繞，涵蓋了向心力與離心力。

　　所以，形意拳是內容精彩豐厚的，與一般拳術迥然而異，如果學練形意拳，缺少這些細膩的內涵，則會流為王宗岳老前輩所歸類的「斯技旁門」。

第二節　借力與二爭力

　　拳術在應用時，大家都會講「借力使力」或「四兩撥千斤」之類的。如果對方沒有來勢、來力時，當如何借力？

　　借力有三種：

　　第一種，是對方有來勢、來力：借對方之力而使力，四兩撥千斤。

　　第二種，借地或借物之力：站著借地之力，坐著借椅之力，躺著借床或地之力。

　　第三種，借自己之勢、力。

　　今天要論述的是「借己之力」，然而，借己之力免不了牽涉到借地及借物之力。

　　借己之力，在練拳架之時，可以自己暗中虛擬。譬如，形意的劈拳來講，向下採拔再鑽出，這個動作，要須作意在腿腰以暗勁借內氣之摧動採拔向下向後坐，全身重量及氣，下沉引至後腳根，此時，意不斷，氣不斷，勁不斷，連綿貫串，完整一氣的使氣在深沉於腳底時，所自然產生反作回彈之巧勁，順勢反彈。

　　這個動作，除了借自己腳根、腿腰、脊肩、肘手之力，還有阻力與勢力，以及最重要的由自己所營造出來的向心力與離心力。

　　借力，是藉由下盤腳根的引動，使身體形成一個立體圓弧，這個圓弧有來勢與去勢，這個來去就叫做「往復」，也就是行功心解所謂的「『往復』須有折疊」的那個『往復』；在圓弧的往復中，形成一個圓弧的折疊，從自己下盤腳根所引動的向心力，營造出漩渦似的回旋離心力，這種離心力才能快速、俐落、Q脆、乾淨而不拖泥帶水，打出去才能打到對方的根，才能拔除撼動對方的根，唯有如此才能使對方奔跌而出，這樣才是真正的會發勁的人。

　　這些道理，非有宿慧者，很難悟得；有智慧的人，這樣一說，就能心領神會，慢慢的就能模擬演練；智鈍者，

即使再三解說、演練給他看，他還是不能完全理解。

在太極拳裡面，每個動作的銜接處，都有這樣的打法，都有往復摺疊，都有圓弧來去回旋，都有向心力與離心力，都有暗潮洶湧的阻力、二爭力，及互相抗衡的擰裹之勁，錯綜複雜中自有規矩圓融，形成一副多彩多姿，內涵精彩豐富的賞心悅目畫面，不是那些只會比手劃腳，裝模作樣的太極操所可比擬。

八卦掌之中，更多的擺扣回旋，若缺乏這些豐富的內涵，那就會變成歌仔戲式的八卦，空洞而乏味。

在推手及更高層次的散打中，還是離不開這些內涵，只是很難用言語文字表達，所以只能口傳心授，要學得這些較高深的功夫，只能找個明師，好好學，絕對無法從書本、光碟錄影帶中，學到這些深奧玄妙的功夫。那些旁門斯技也僅止於招招架架，練練力與速度而已。

說到速度，借力而產生的立體圓弧之速，絕不遜於旁門斯技。因斯技之力是蠻橫、僵拙、呆滯、硬綁的，而且它的力向只是直線的1，不是回旋借力的二倍速。

旁門斯技的防守是直來橫擋，橫來直架，總是在招招架之中搞活計，侷圍於機械公式範疇內，較難有生機活潑的虛實變化，從虛實變化中取得時空的機勢，也就是說難以得機得勢，機是時間，勢是空間，失去了時空機制，就是挨打的架子。

一拳打出去，如果只是直來直去的，它的力道只有1，從施力點到打擊點，是一條直線，力道的質量是1，也許有人會說，兩點最短的距離就是直線，表面看起來似乎

成理，但直線所發出去的勁道，並不是最快速，也不是最有力的。

唯有藉由下盤的根樁及腿腰的靈活機制，所引動的閃電式的回旋離心力，才是撞擊式的最威猛之力，是一種排山倒海之勢力，是一種浪捲千丈的拍岸力道，是浩瀚雄壯而震撼的驚悚貫穿勢力。

它的質量力道以及威猛的速度，與那些單調直往的打擊方式是難以比量、比擬的。這種回旋圓弧折疊的打擊法，蘊藏了不為人知的借力神妙武功內涵。

日字沖拳，一般的打法，都是兩拳交互直線來去，有一點機械化，看起來就像「弄屎花」，缺乏機動靈敏，像之前轟動一時的某部功夫電影，裡面男主角的連續直拳揮打日本人的動作，是比較機械化的，那個武術指導不懂得借力的道理，沒有把全身的整勁表現發揮出來。外行看熱鬧，只有懂得門道的行家，才知道功夫的深淺。

形意的崩拳，太極的搬攔捶，它的打法，都含蓄著腰的轉折，透過下盤樁功的暗勁驅動，及丹田內氣的滾盪，令腰形成一個快速如蒼龍抖甲般的圓弧回旋摺疊，引動手的反彈之勁，奔放而出，這樣才是真正的發勁，疾速、冷脆，如迅雷不及掩耳。

這樣只是舉例、比喻，其實任何拳式的攻擊，都是必須如此的，在防守、化接的應用，也是必須如此，都是同樣的道理。

借力是省力的原則，借力使力並不侷限於對手有來力可借；在無來力來勢可借時，在不能引動對方有來力時，

只有借己之力，藉由自己的內在整勁所營造的向心力，向外圍發展圓弧折疊的回旋離心力，才是會使力的行家。

那些傻愣的旁門斯技，成天在練肌蠻力，練機械式的速度，都只是在膚淺的功夫外門自我遊戲而已。

第三節　二爭力只形意拳有嗎？

有人問，二爭力只有形意拳才有嗎？其他武術或運動有嗎？

事實上二爭力不只形意有，太極、八卦亦有，其他武術也有，只是一般學者較少去注意與論述。

因為形意、太極、八卦，三家拳我比較偏愛形意，對形意也比較有深刻體會與心得，所以在我的論述篇幅中，對形意的描述是多了一些。

在運動方面，譬如打棒球或高爾夫球，手在揮棒時，也是如武術一樣的，力量由後腳根借地力而起，由腳而腿而腰而手，在揮棒的剎那，後腳的實與前腳的虛，雖然立地的比重是後重前輕，但卻是有互爭之力的；在後腳用力之際，前腳若沒有反撐之勁的話，不僅會失去重心，那個揮棒的力量也不能完全施放出來。

又譬如划船，槳伸入水中，水有阻力，與槳形成一股二爭力，若無這個阻力所形成的二爭力，船是無法被划動前進的。

太極的慢，是二爭力與阻力的呈現，如果沒有透過腳的二爭力，連帶而上至腰胯及雙手，那麼這個太極的慢，則是一種不如實的虛慢，也就是說這個慢，純是時間與動

作的故意拖延，是一種虛假的放慢，不是透過二爭力所呈顯的真慢，這種虛假的慢，是空心的，是無法產生阻力的，也無法成就內勁的。

八卦的滾、鑽、裹、爭，如預備式的青龍探爪，兩手臂往右時，腰胯是往左擰的，所有的動作都是互爭、互抗、互扭、互擰的螺旋，都蘊藏著外撐與內裹，都有外放與內縮的二爭力的，在所有的招勢中，無論步法的擺扣，身法的穿梭以及手法的轉換，都是得去營造二爭力的，由暗勁二爭力所產生的滾、鑽、裹、爭等阻力而累積成就內勁能量。

所以說，形意、八卦、太極，雖然練法各異，招式不同，而二爭力的內質是相似的，走的路雖不一，但卻是殊途同歸的，成就功體的目標是一致的。

第四節　與誰爭力

二爭力，是成就內暗勁的唯一途徑與方法，若無二爭力的運使，那麼，所有的盤架子之行功運氣都是假的，都是空泛的，也可以說，打的拳都是空拳，都是體操式的舞弄，只是運動運動而已，是出不了功夫的。

形意打拳，盤架子，行功運氣，都是在伸筋拔骨的，使筋骨伸展拔放，增其彈性與伸縮之張力，而令內氣注入其內，成為內勁能量，而成就往後的技擊發勁之戰鬥資源，以及接勁與化勁之所本。

修煉形意拳或其他內家拳，若不能成就這個內暗勁，則無法以柔克剛，無法以弱搏強，無法以小勝大，那麼在

先天條件的差別之下，瘦弱者將無法克服強敵，將永遠成為被欺侮霸凌與挨打的一方。

人類有智慧，先天的力量不及野獸與同類中的壯碩者，在物競天擇的環境中，為了保護自己，研修開發內功的爆破能量，藉此而屈服頑強的人獸。

形意拳依藉呼吸吐納調息，而強化內氣，斂氣成勁，成就不可思議的內勁能量，故能在弱肉強食的惡劣環境中，以無力勝有力，以小搏大，以弱服強，以柔克剛，成為武功拳術中，不可忽視的一環。

內暗勁的修煉，二爭力與鬆，是唯一途徑。而鬆是二爭力的前提要件，若沒有這個「鬆」做條件，則「二爭力」的使運，即成為拙力方向，只會練成滿身的蠻力，無法練成內暗勁。

但是，如果只有鬆，而沒有二爭力的行使，這個鬆就成為一種「頑鬆」，是一種空洞虛幻的鬆，也就是說，這樣的鬆，是無法成就功體的，是無法成就內暗勁的；這個鬆，只是徒具形式，只是讓肢體得到短暫的休息，卻是沒有功能作用的。

所以說，徒具形式的鬆，沒有內涵的鬆，在內家拳術來說，是練不出功夫的，這種鬆，頂多能讓肢體在放空的情況下，使血液循環得以較為順暢，對於健康是有某些程度的效果；然而這種頑鬆，是得不著功夫的。

一般人練內家拳或太極拳，不明白這層道理，只是一味的附和人家，說鬆、鬆、鬆，結果鬆了一輩子，卻沒有練到內暗勁功夫，終而自己頹喪的承認傳統內家拳與太極

拳，無法對抗外家拳，無法與格鬥技相抗衡。

　　想成就內暗勁功夫，二爭力的修煉，是不能或缺的。因為，只有二爭力所營造出來的阻力，才是行功運氣之所本。打拳，沒有阻力，就是打空拳，就是「弄屎花」，弄來弄去，到老還是一場空，這都是由於「練拳不練功」的關係。

　　練拳中，要練的「功」，有很多種，譬如站樁、基本功、拳架等等；然而，這些樁、功、架的修煉，都要有二爭力的引入，才能得到練樁、功、架的效果。否則，練樁功，只練到腳痠；練基本功，只是扭擺身體；練拳架，只是做體操，都是不能出功夫的。

　　二爭力的作用，是在營造阻力，阻力營造出來，行功運氣或運勁，才會有真正的效果。因為有了二爭力所營造出來的阻力，能使得在體內被運使的氣場，得到壓縮、伸展、驅策、灌注，增強轉運功能，使得氣場更為強烈壯擴，活化氣血機能，令氣斂聚於筋脈骨膜之內，成就不為人信的內暗勁能量。

　　二爭力要如何行使呢？

　　行使二爭力，約略有三種方法：

一、與地爭力

　　地，是如如不動的，如何與它爭力呢？就是靠著它的不動，才有辦法與它爭力；地若是滑動而不固定，你一動，它也會移動，這樣就無爭力可言了。

　　你後腳往前一蹬，大地如如不動，大地有「地心引

力」，身體騰空的時候，自然會被地心的引力所吸引，成
為一個落體現象，你腳一蹬，就是與這個引力相抗爭。

形意拳的練家子，會善用腳根入地的內暗勁，去做
撐、蹬的二爭力，也就是前腳向後撐勁，後腳向前蹬勁，
利用撐與蹬的暗勁二爭力去練站樁，去練基本功以及盤架
子，在二爭力的行運中，營造出重重疊疊的阻力，阻力一
出，氣場就來了，氣就強烈起來，終而騰然起來。

在鬆柔中，加上二爭力運使所營造出來的阻力，而致
腹內的氣，騰然起來。氣騰然之後，就會凝聚而斂入筋脈
骨膜之內，累積成內暗勁的能量，這就是拳訣所說的「腹
內鬆淨氣騰然」之理。

經論中，雖未明示，氣騰然之後即是內暗勁的斂聚，
然而，智者當可思而知之。而且，我們也可以從行功心解
中的「以心行氣，務令沉著，乃能收斂入骨」之語句而得
到印證。

行功心解說，用我們的意念、識覺來行氣運功，一定
要保持鬆柔沉著，這樣就能使氣斂入骨內，這個骨是包含
骨膜筋脈的，這個被收斂的氣，注藏於骨膜筋脈之中，就
是內暗勁之能量，無須明說，即而可解的。

二、與己爭力

依靠自己的兩腳、兩胯、兩肩、兩手等等的互相交
對，來行使二爭力。譬如，站樁時，後腳前蹬，前腳後
撐，兩腳互爭，這個二爭力的互爭，運使的是內暗勁，是
一種柔鬆之勁；若運使了硬力、拙力，就變成蠻牛之力，

腳下的氣反而會虛浮起來；沉不下去，這樣就無法成就椿功。所以，只能用鬆柔的暗勁去撐蹬，在暗勁的撐蹬之中，氣才能沉入腳底，久而成就椿功。

腳根所使的暗勁，要傳到兩胯來，要傳到兩肩來，要傳到兩手來，這叫根根相連、相串，如此，則兩胯、兩肩、兩手連成一氣，也都有了二爭之力，形成一個立體渾圓的二爭之力，這才能稱之為「完整一氣」，才能稱之為「整勁」。

鬆腰，是大家所主張的，鬆腰的目的，在使腰內的丹田氣，得到舒放而不結滯，讓氣能通行無阻，而氣遍周身。所以鬆腰是必要的，但是腰如果鬆到空頑，那就是一個空洞的腰，無法成就功夫。腰不僅不能空，還要涵束，形意拳說「束身裹勁」，要束身裹勁，完全要依靠這個腰來束裹，把丹田的氣整束起來，包裹起來，使得丹田氣能集結而不散漫。

還有，腰也要練出二爭力，增加它的彈簧性及彈抖勁，腰的彈抖及摺疊，是形意拳快的本源，形意拳的快速出拳，靠的就是腰的活絡，靠的是腰的彈抖與摺疊，而這個快速的彈抖與摺疊，它的根源，就是腳的打椿所引生的反彈回饋力道，所以歸根究底，還是「其根在腳」與「主宰於腰」。

肩，是成就手的掤勁的源頭，所以肩是要鬆而沉的，在鬆沉之中，整隻手臂要伸展拔放出去，隨曲就伸，似曲非曲，在微曲當中，筋骨是要伸拔的，這樣才能使內氣注入，久而成就手的掤勁。

　　有名師主張空肩之說而謂：「肩對於手臂的動作，僅僅是提供身軀力量傳遞至手臂的輸送通路，是不給予主動力量的，或者說就力量的提供與支撐而言，肩就像是不存在似的。不存在似的也就是空的。因此，練太極拳者之肩關節放鬆也可以稱為空肩。這就是說，如果肩關節放鬆沒有空肩的效果，那就不是太極拳的肩關節放鬆。」

　　在走化當中，鬆肩是必要的，鬆肩可讓對手的施力，失去著力點，而達到落空的效果，是正確的。但在行功運氣的盤架當中，肩雖然要鬆沉，但不能空掉。肩若是空掉，那就白練了。

　　肩是手臂的根盤，若失去了這個根，若這個根空無了，則將成為一種頑空的假鬆。沉肩墜肘，不是教人把肩空掉，而是教你要沉肩。

　　唯有沉肩的去行使二爭力，才有氣的質量落沉於肩的感覺；所以，鬆肩不是空空無物，不是連氣也不存在的。

三、與氣爭力

　　氣分為外面的空氣，與體內所發出的氣場。

　　大家都知道，在虛空之中，有空氣的存在。空氣是有質量的，所以人體與空氣相觸，會有阻力產生。

　　水有阻力，這個大家可以感覺的到，若水沒有阻力，游泳就不能划動，若水沒有阻力，則無法划舟。因為有水的阻礙，所以去划動它，它的回饋力，才能促使你能前進或後退。

　　空氣是有質量的，只是肉眼看不到；空氣也是有阻力

的，只是人們沒有去特別的留意。

　　善用空氣的阻力，彷彿陸地行舟，把空氣假想成水，划動空氣就如划水一般。

　　形意的練家子把空氣當成水，在拳架的牽動往來當中，由腳、腰、肩、手的二爭力，營建出身體在拳架的牽動往來當中，產生一波波的阻力，產生層層疊疊的阻力，這樣，筋骨就被強烈的氣場所牽動，注入更為飽滿的內氣，斂聚成為內暗勁的能量。

　　我們在行功運氣當中，內氣充盈，遍布全身，我們可以藉著肢體動作，去與這個飽滿的氣，行使二爭力。

　　譬如，氣脹滿於手掌，手掌的氣，是向外擴展的，形成了單一往外擴張的力向；當五指向內捲曲鬆握時，就與手掌向外擴展的氣，產生相抗衡的力道，也就是一種暗勁互抗互爭的二爭力。

　　在練渾元樁時，雙手環抱，把抱圓的空間，當作一個充滿氣的球，球內的氣體向外擴張，被雙手一環抱，產生反作力，之間就有一股互抗的二爭力產生。

　　在氣遍周身時，全身的氣充盈飽滿，有向外伸張的感覺，憑著這個感覺，在拳架的牽動往來中，去與外在的空氣相磨盪，就會有阻力的感覺產生出來。

　　阻力，是成就內暗勁的本源，沒有阻力的拳架，是天馬行空的畫符伎倆，是裝模作樣的體操把式。

　　二爭力，是阻力產生的基本，沒有互爭之力，就沒有阻力；沒有阻力，就是打空拳、盤空架，求不到內暗勁功體。

二爭力,有「與地爭力」、「與己爭力」、「與氣爭力」。

在在的強調,這個二爭力,不是頑拙之力,不是蠻硬之力,而是鬆活的暗藏之勁。若是會錯意,則失之毫釐,差以千里。

第五節　握拳有二爭力嗎？

這個問題值得玩味與思維。

若從外表形勢上來看,握拳只有向內一個方向,會有二爭力嗎?事實上是有的。因為在我們行功運氣當中,氣會充滿於手掌之中,會有膨脹的感覺與現象產生,此時手掌的氣,是向外擴張的,所以就形成了一個力向,一個往外擴張的力向,這樣就與曲指向內拳握拳的力向,產生了相抗衡的暗勁力道,也就是一種暗勁互抗互爭的二爭力。

所以說,握拳是有二爭力的。但這個握拳,不能使上拙力、硬力,若使上拙力、硬力,暗勁就會被拙力所阻,而生不出來,這是要特別留意的。

所以,握拳做攻擊動作時,握拳只能鬆握,不可握的死緊的,若握的死緊,出拳的速度與力道,反而會被自己的拙力所阻礙,造成負面效果。

在練渾元樁的時候,雙手抱圓,也是同這個味道一樣,意念中,把抱圓的空間,當作是一個球,一個充滿氣的球,球內的氣體,被我們的雙手一環抱,會產生一股反彈的反作力,與我們的雙手含圓,產生一種二爭力。

這個二爭力,可促成氣向兩小臂外圍擴張,使手臂的

筋被拉扯而伸展開來，筋就會有微痠的感覺，這是因為內氣斂入的關係，就會產生微痠的感覺，這樣的久練之後，就能慢慢地成就手臂的掤勁。

但是，如果使上拙力去提臂撐圓，雖然也會產生痠感，然而這個痠，是因為使上拙力而致之的疲乏，只會練出痠痛與勞累，不能成就手臂的掤勁。

在涵胸拔背當中，背脊與肩胛周圍的筋，也有上拔下墜與前涵後貼的二爭力，所以肩胛背脊也可以練出掤勁。

左右的腰胯、膝、腿、腳，都可以自行去營造這個自我對抗的暗勁二爭力，形成一個全身立體圓弧的二爭力。

因此，而可說全身均有二爭力，全身均可成就掤勁。

第六節　什麼是二爭力中的阻力

前式之勢力尚在行進中，後式的勢力已在醞釀，接續而產生另一股相反的對拉，以及互相對抗的暗潮洶湧的內在暗勁，去與身旁的空氣互相摩盪，而引生的阻壓，這就是練拳時所營造出來的阻力。

打拳或練基本功，若是沒有去營造出這個阻力，打的就是空拳，就是花拳，是練不出內勁功體的，這樣的練拳，到老還是一場空。

二爭力，也是產生阻力的要因，腳樁的互相撐蹬，是比較簡單的營造阻力方式，前提是要先練出「入地生根」的穩固樁功。

打拳時身心鬆透，不著一絲拙力，手舉提起來，因為鬆的原故，會有自然的沉落感，這個沉落，除了手臂的重

量之外，還涵括內氣的質量，我們要以意念去感覺內氣的沉墜。

有了內氣的沉墜質量，用我們手臂的筋以及內氣，去拖曳手臂的肌肉與骨骼，這樣阻力的感覺就更明顯了。

腳根的二爭力，不侷限左右兩腳暗勁的互相撐蹬，單腳也有互爭之力，利用腳後跟與前腳掌面的碾勁去引動單腳的前後二爭力，也就是腳掌前後的互相碾磨，照樣可以產生二爭力及阻力。

兩腳的二爭力，有虛實之分，不一定是左右五、五分的互爭，左右九、一分也可引生互爭作用，雖然虛腳只有一分力，卻能產生極為奇妙的撐持力。

打拳所營造出來的阻力，能使得我們在盤枝走架當中，把我們的筋脈伸展擴張開來，令內氣更易於滲入筋骨之內，斂氣成勁，這是吾人修煉內家拳功體的終極目標。

第七節　二爭力與阻力、借力的關係

在水中划船，因為水有阻力，搖槳深入水中，因水的阻力所產生的反作用力，才能使船隻動轉起來。這個阻力，也是被依藉而往前推動的助力，因為槳是要藉助這個阻力，船才能前進或後退的，這個阻力越大，船隻進退的速度與衝力也就越大。所以，這個「阻力」也是被「借力」的原始動力，這中間，因施力所產生的阻力，以及因阻力所產生的反作用力而形成相互的借力關係，構造成一個錯綜複雜的立體圓弧「二爭力」。

三鐵之中的鐵餅，身體在加快速度的旋轉中，五指的

爪梢，要以暗勁刁住鐵餅，使它產生一股莫名的旋轉力所引生的暗勁阻力，這鐵餅才不會脫手而出，當要丟出的剎那，腳底踩急煞樁，使之產生疾快的反作用阻力，這鐵餅才能爆破飛出。

形意拳架練習，是借著「其根在腳」之力，力由地起，這個「力由地起」是藉助丹田氣的輸運，使氣落沉於腳底，氣要入樁，樁要入地，這個氣、樁的入地，只是意念的啟動，只是丹田氣的同步挹注。

當氣、樁入地之時，因氣樁入地之壓力而自然引生出的阻力，使得我們的樁在地底有一個依靠支持力，也因壓力與阻力的關係，而產生摺疊反彈力，打拳就是要借這個反彈力、反作用力，在行拳走架之中，才有輕靈的圓活之趣，才有活潑生動的韻致風采，這拳打起來才有靈性，才有肢體靈魂，才不會顯得呆滯僵鈍。

借力是省力原則，沒有阻力則不能借力，譬如，腳的借地之力，如果大地沒有阻力給它支撐依靠，它是無從借力的，是會踩空的。然而，這個大地阻力，所給予腳的借助力，是得有彈性的，那麼這個彈性的引生，還是要靠丹田氣的輸運打樁，要能打下輕巧的暗樁，說明白一點，就是兩腳要藉助丹田氣，打下暗勁，使得這個暗勁借著樁而潛入地底，產生富有彈力的摺疊反彈力。所以，這個暗樁打下去，丹田氣的成份是佔多數的，當然少不了身形、身勢的借力。

阻力可以從二爭力去討消息，阻力是靠自己去營造的，必須靠著自己的身形勢力與壓力，去營造出重重疊疊

的阻力。

阻力在內家拳中到底涵蘊著什麼哲理呢？

如果沒有阻力，拳打出去是空洞的，勁發出去也將是落空的；在行氣運勁之中，如果沒有營造出重重疊疊的阻力，那麼這個拳必竟還是屬於空架子的，不能成就深沉的內勁。

阻力可從雙腳的二爭力、兩胯的二爭力，及雙臂的二爭力去琢磨營造。譬如，形意劈拳，細分為三個動作，採拔、鑽、劈，要往後往下採拔的時候，後腳先微微的以暗勁向前蹬，此時前腳要同時往下撐勁，形成一個前後的二爭力。往後往下採拔為何要先向前使勁呢？拳經云：「如意要向上，即寓下意。」所以，形意的後採拔之式，就得「如意要向後，即寓前意」，在「即寓前意」之後再借勢順勢往後採拔，這中間就會牽連出「借力」關係，也是一種省力原則。

而且，在後腳蹬勁前腳撐勁的時候，阻力自然而生，這個阻力，能使得氣、勁的運作更強烈、更有感，而且能營造出往復牽動的摺疊勁。往後的第二、三的動作，鑽與劈，就可舉一反三，觸類旁通，不必贅述。

二爭力有兩腳的二爭力、腰胯的二爭力、肩手的二爭力；有上下的二爭力、前後的二爭力、左右的二爭力，以及內外的二爭力。內外的二爭力，是指內裡丹田氣與外表肢體的互爭之力，因氣的順逆迴轉纏繞，上下往來的鼓盪牽動，構築成一副立體、圓弧、擰繞、旋轉、纏絲的精彩二爭力動畫。

　　二爭力，是一種內在暗勁與運氣的表現，暗勁是在內的，外表看不到，所以才叫暗勁。二爭力，不是拙力，不是蠻力，不是硬力；二爭力是一種巧勁，在實際運用時，它是不存一絲拙力的，完全是意念與氣息的結合所營造出的「運勁如抽絲」的一種微妙巧勁。二爭力，是「運勁如百煉鋼」的前奏曲。

　　二爭力，是兩種勁道的互爭，是內裏暗勁的擰裹，是暗潮洶湧的內在滾盪；二爭力，在練時是溫文儒雅的，不是驚濤拍岸，在用時卻是浪捲萬重，橫掃千軍的。

　　因為二爭力的施為，才能產生一道道的阻力。練拳如果不能營造出阻力，那個拳演起來，就會空洞無物；沒有阻力，則沒有摧筋拔骨的作用，無法達到氣遍周身及運勁如抽絲的效果，也是無法成就極堅剛的內勁的。

　　在發勁的運用上，意念一閃，引動丹田之氣，瞬間傳至腳底，打下暗樁，內勁就爆破出去了。這中間，丹田氣向下打樁，引生的摺疊反彈勁，自然構築了上下的二爭力；當氣勁打入地底，由地層的支持依靠，才能產生回彈勁道，這個地層的支持依靠，是一個阻力作用，因為有它的依怙，才能產生阻力作用。

　　當勁道回傳到手時，腳底必須有二爭力，不管是向前發按勁或左右的橫勁，兩腳須是互相撐蹬的，也因為兩腳暗勁撐蹬的關係，使手按到敵身時，產生一道阻力，若沒這道阻力，這個發勁將會形成沒有著力點的打空局面，如果使到拙力，身體將會傾跌而出，成為挨打的架子。

　　會發勁的高手，當手按到敵身時，彼之身不是向後

仰，而是向我的對面方向傾過來，身體是傾過來讓我打的，這邊就有摺疊現象產生，就有「借力」的微細複雜關係產生，然而，這得是內勁、暗勁、沉勁成就者，才能施展出這種神妙的功夫；使用拙力者，兩手按出，往往是摸空的，是著不到邊際的，有的話，也是死纏濫打，使盡吃奶之力，才把人硬打出去，二者的功力是相去十萬八千里的，是天差地別的，是不能互相比較的。

因為有腳的暗椿撐蹬之勁，所以，手接觸敵身時，因為粘沉之勁，使得被壓按的身體，產生摺疊反彈的阻力，終能在腳的暗勁連續的打椿情況下，上下相隨，內外相合，讓反彈而回的阻力，產生強烈的爆破作用，而將敵人打飛出去。

所以，發勁是牽連到阻力、借力、二爭力等錯綜複雜的微細關係，沒有實證功夫的人，聽了就感覺好像在繞口令而已，不能深明大意。練鬥牛式推手的人，以及不會發勁的人，對於本文論述或許難以相應。

第八節　二爭力、阻力與內勁之關係

打拳如陸地行舟，在地面上，要把空氣當做水，自己要去營造出強烈的阻力。若沒有這股阻力顯示出來，打拳就成為空中樓閣，虛無飄渺，空無一物，白忙一場，只能說是運動運動，活動一下筋骨而已，不能聚成內勁，不是真正的打拳。

打針，推動針管，要緩緩慢慢的，因為有阻力的關係。打拳要像推針管一樣，緩緩的，慢慢的，好像有人阻

著你，讓你使不出力。

因阻力的緣故，令空氣壓縮你的身體肌膚、皮表、筋脈，直至與體內的氣相互壓縮鼓盪，使氣產生摩盪、激盪，而生機勃勃，這叫作氣宜鼓盪，這叫作內外相合，這叫作完整一氣，這叫作連綿貫串。

那麼，要如何去營造這股阻力？

如果只用雙手在那邊空揮，任你使出多少蠻力，都不會有阻力的感覺，只有慢，氣才能被緩緩綿延的被帶動起來。

手的動作，需由腳來支使，由腳根來帶動。腳掌需貼地，以暗勁輕抓地面，應用二爭力，前後撐蹬，或左右撐蹬，或迴旋撐蹬。只能用暗勁去撐蹬，若使拙力則空費力氣。

如果沒有成就少分的樁功，下盤樁基，不能入地，使出的便成為蠻拙之力，因為缺乏氣沉，無法落地有根，也無法使出暗樁的二爭力。如此就無法自己製造以二爭力所營造出來的阻力。

所以從這裡而言，樁功就變得很重要，不修練站樁，腳盤無根，無法使出暗勁二爭力，也就不能營造出阻力，更無法成就內勁。

在打拳行功時，譬如向前的動作，後腳向前暗勁蹬出，前腳暗勁微微撐住，上半身是被動牽拖而出，氣寓於下，令身體向前摧動，阻力就出來了，行氣越慢，動作越慢，阻力就越強烈，就會牽動體內的氣血，壓縮奮張，激盪氣血生機勃勃，鼓盪而沸騰，而收斂入骨，久而匯聚成

內勁。向前如此，向後、左右亦然，凡此皆是意。

後腳向前蹬時，由於前腳的暗撐，身體欲向前時，反而有被前面的空氣壓阻的感覺身體會微微向後挫，手臂至鬆至柔時，肩膀向後圓弧摺疊而出，手的阻力更形強烈，會有脹麻沉墜深重的感覺。

阻力是靠行氣而得，非依蠻力而致，得靠丹田的氣去運為、輸送，由內而外，才能營造出來。

打拳全憑感覺，感覺到了，你才能學到，學到以後，就得下工夫去儲蓄功力，內勁是靠長期累積而成，沒有速成班，沒有不勞而獲。

這個感覺，要靠自己去悟。而悟是靠練習而得，沒有練習，就沒有體會，就沒有感覺，如果只想憑空想像，胡亂思維，到了驢年，還是一場空。

如果不老實認真練拳，不認真去體會感覺，終日怨天尤人，怨功夫不長進，懷疑老師沒有傾囊相授，終究成為武術的凡夫。

第九節　什麼是借地之力

我上課時對學生說練拳要「借地之力」，有人誤以為大地有力，我們借它的力來用。

事實上，大地是無力借給我們的，這個力，是我們自己的力施與大地，所得到的反作用力，回饋到我們的身上的，所以說借地之力，其實是借自己之力。

這個借，不是借貸的借，而是假藉的藉。

所以，盤架子需要借地之力去運樁，去運二爭力，去

營造出阻力，這樣才能練出內功、內勁。

接勁走化，也是要借地之力的，把對方施給我們的強大壓力，借自己的身體回饋給大地，讓大地去承接、承受對手的勢力。

還有，發勁更是要借地力去打樁，讓自己打樁到地面所得到的反作力，回饋到自己的身上來、手上來，然後打到敵人的身上去。

打樁，是配合丹田氣的瞬間爆破力，傳輸給大地，這個樁打得越磅礴、快速、脆利，所發出的內勁，就更驚人、更神妙。

第七章　形意練筋論

第一節　什麼是筋？

筋就是就是附著於骨骼外層與肌肉中縱橫交錯的筋脈、筋經、筋膜與韌帶等等。筋是有彈性的，筋也有機動性，能瞬間爆發彈抖力，內家拳所有的內勁及內勁所引生的諸勁用法，都是要藉筋的引領，而產生不可思議的驚人力道。

筋有大筋、小筋、以及很微細的筋經。你啃一隻雞腿，那條又韌又Q彈，很難咬斷、啃碎的就是大筋；人的後腳有一條大筋，如果被砍斷了這條「後腳筋」，就不能走路了。

內家拳說：「勁生於筋，力出於骨。」我們練內家拳，練太極拳就是在練這個筋。

筋，有彈性，能伸縮，能摺疊，有機動性及變化性，它有張力，有承載力，也有奔竄彈射力，練拳就是在練筋所展放出來的內勁能量。

有人說，內勁是一種肌肉力，這種說法不盡全對，因為肌肉裡面佈滿著無數微細縱橫的筋，只有這些筋充滿了氣場，或者說充滿了氣的元素質量，或者說這些筋佈滿了氣所引生的電能，配合了肌肉及骨骼的力量，綜合而產生的力道，才能稱之為內勁。筋，在內家拳的技擊當中，發

揮了致勝的奧妙契機。

　　練內家拳為什麼要伸筋拔骨，因為筋伸展開來，骨關節拉拔起來，透過內家拳的行功運氣，而令內氣產生騰然作用時，這個氣就會滲入筋骨裡面去，成為一種內勁能量，這也就是修煉內家拳功體的終極目標。

第二節　如何找筋

　　如何找筋呢？是用感覺的。我們可以試著兩手握住一個固定的物體，然後身體往後往下移動落沉，這個時候，我們可以感覺到手臂整個筋的被拉扯伸張，還有胛背的橫筋、脊柱的直筋，以及兩腿的筋全部被拉扯到，並且會感受到被扯開的筋，會有痠痠的感覺，甚至有麻麻的感覺，這個被感覺到的東西就是筋。

　　又譬如我們常做的劈腿拉筋動作，是最明顯的，這個筋被劈開是非常痠的，是令人難以忍受的，這個就是腿的筋。

　　又譬如兩隻手臂空空的提舉起來，輕鬆的不用一絲拙力，也會有一股沉落欲墜的感覺，這個落沉，會牽扯到筋，使得筋也被拉開，因為手是提舉的，所以筋被牽扯伸拉放長時，會有一股微痠的感覺，練拳就是要去尋找這個感覺，感覺到了，就是悟到了，若是沒有感覺，那麼，練的就是空拳，不能成就內勁功夫。

　　這種感覺，全身都有，因為全身各處皆佈滿了筋。譬如太極的左側挒，胯往左後側坐落，左腳落地生根，左右兩胯要撐開，使左右腿內側的筋互相拉扯，形成一個二爭

力，這時的胯是往外開的，是兩股往外的二爭力，把腿內側的筋慢慢而極盡的伸拉，讓它痠著。這個痠的作用是極大的，因為筋被拉開，而且還承受著一股微力，所以才會感覺痠，在痠的當中，同時也有內氣的注入，內氣斂聚多了、久了，就會凝結成內勁。

在做這個左側捋動作的同時，腰脊會同步的牽扭撐轉，右臂內側的筋與左臂外側的筋，一併牽動。打拳是一動無有不動的，是一動全身皆動的，是牽一髮而動全身的，所以，盤拳打拳架是全身所有的筋與各個關節都同時同步的在牽扯互動的，是不可分離的，是連結在一塊的。

手如果有抓握固定的物體去拉筋，比較容易感覺筋的存在位置；空手無物可借時，就得應用二爭力原理去行使筋的運動，由腳的撐蹬二爭力、腰胯的二爭力、手臂的二爭力，以及全身所有互相對立的二爭力，來引動外層空氣與身內的丹田氣所引生的互感阻力，有了這股阻力的產生，在行拳的牽動往復之中，在身手的來來去去當中，筋就會被牽扯、伸拉、摺疊、碰撞，而激出氣的火花，使得內氣產生騰然效用，終而斂氣成勁，成就不可思議的內勁武功。

阻力就是助力，沒有阻力，就沒有伸拉筋，沒有阻力就沒有骨關節的拔開，沒有阻力就沒有內氣的注入筋骨，也就沒有內勁的成就可言。

找筋的重點，在於找感覺，因為它是難以觸摸與顧視的，只能用「心」去感覺，用「心」去體會，打拳完全是依靠「心」去感受的。

　　俗話說：「筋長一寸，壽延十年。」我們在練拳當中，要藉著往復來回的動作，去牽扯伸拉筋骨，若能筋長一寸，壽延十年，那麼打拳的目的就達到了。

　　還有，骨頭注入了氣，可使骨質堅實，預防骨質疏鬆，減少跌倒的機率與傷害。

　　在用法方面，是根與筋併用的，以推手而言，你兩手按在對手的身上，接觸到了著力點，也就是說，憑藉著聽勁，你聽到了對方的僵硬處，手的著力點瞬間透過胯部，直落於腳根，手與腳根相接，手就是腳，手腳一氣，腳根暗樁一打入地，摺疊的反作力已到手上，對方必定跌出。這是和上舉的以手按牆或樹等之道理是相同的。

　　在這中間，筋扮演了配合的角色，在發勁之時，若無筋與骨關節的伸拉展放之配合，絕對無法將人跌放於丈外之遠。

　　所以筋若是沒有斂入聚集氣的內勁能量，是無法達到這個境界的。掤勁就是筋的作用，配合了腳根的彈性摺疊，這個掤勁才有承載力與張力，它之所以能將對手的強大勢力吞入腳底而化為烏有，完全是依靠筋的伸縮彈性與樁根的承載性，而發揮全體大用。

第三節　筋的伸展

　　筋是有彈性的，它可以成就掤勁及擰勁，所以不論在練習站樁、基本功或拳架，筋都是要拉拔與伸展的，也因透過拉拔與伸展，使氣更能斂入筋骨之內，而成就掤勁及擰勁，匯聚而成為內家拳的內勁。

本門的基本功，譬如翻蓋掌，當兩手往下往後捋時，胯要偏沉落插，兩胯撐開，這就叫開襠，此時前腳內側的筋，從腳底至胯相連的一條筋，要有被拉拔與伸展的感覺，左手外側及右手內側的筋也要有被拉拔與伸展的感覺；捋下來是「往」，透過一個摺疊，營造一個立體圓弧的擰轉，接續而做翻蓋掌，這是「復」，此時兩胯合襠，氣要裹住，腳底至胯相連的筋及兩手臂內外的筋呈反向的拉拔與伸展，在往復之中，在牽動往來之中，有摺疊，有筋的拔展，有氣的斂入。

我們的筋，與橡皮筋一樣，你不把它拉拔，它就變成一條死筋，你要吹氣球之前，得把它拉幾下，才好吹開。我們的筋，如果沒有去運動它，它也會變成死筋，很容易挫傷、扭傷。

練內家拳，是要練到筋的，筋也是屈伸開合的樞紐，沒有筋就不能屈伸開合，像機器人一般。

沒有透過筋與氣的運為，無法成就內家拳的掤勁、擰勁及內勁。太極拳十三勢歌云：「仔細留心向推求，屈伸開合聽自由。」若要達到屈伸開合都能自在的隨心所欲，需要仔細留心的去推究求取，那麼，要仔細留心的去推求什麼東西呢？透過往復的摺疊，去牽動筋骨的拔展，透過行功運氣，令氣斂入筋骨，成就內勁；透過運勁而成就無堅不摧的百煉鋼。

第四節　伸筋拔骨與內勁的關係

何謂內勁？各家說法不同，有人把內勁解釋為一種

肌肉力，由肌肉牽引筋、脈、骨等等而連結的爆發力，也就是說串聯了肌肉及筋、脈、骨等關連結構而完整爆發的一股力量，這種說法還是偏向於「力」的，這與內家拳所謂的「內勁」是迥然有別的。

真正的內勁，雖然也須連結貫串肌肉及筋、脈、骨等相關的身體結構，但絕不可或缺筋脈骨質中所蘊藏的能量元素（電能）。

所謂內勁，它是隱藏在筋脈骨頭內面的潛在量能，一種看不見的元素，因為它是看不見的，因為它是潛藏在內的，所以稱之為內勁。

行功心解云：「以心行氣，務令沉著，乃能收斂入骨。」這個被收斂入骨的氣，經過沉著的行運機制，長期的儲存累積而斂入了筋骨之內，匯聚後成就的一種能量，才堪稱為內勁。

所以，內勁的形成，是透過以心行氣及務令沉著的長期修煉階段，始克成就的，如果沒有經歷這些長期的修煉過程而累積斂入成就的元素能量，以內家拳的立場而言，是不能稱之為內勁的，只能稱之為「力」，這種力是天生賦有的，另外就是透過後天短期密集的重量練習，或學習以力量為目標的武術系統，都可以使力量加大，達到粗劣的攻擊效果。

在維基百科對力量與內勁的區別，有略約如下的描述：

「武術境界的高下，決定於功夫所運用能量的性質，也就是『力』與『勁』的分別。拳道的初級階段，

是『力』的表現，以『力』為能量，使招式產生威力。用『力』的功夫，需要槓桿原理中的支點，在攻擊的一剎那，全身一緊，達到『整』的效果，發出爆炸力。力的大小，則視乎筋的柔韌、骨的堅硬、肌肉的鬆緊，配合速度、距離、時間等因素。

拳術的高級階段，則是『勁』的表現。『勁』是神、意、氣的化合，以『勁』為能量。用『勁』的功夫，不需要支點，只要與對手有一接觸點，均在內勁的攻擊範圍之內，在攻擊的一剎那，全身一鬆，達到『整』的效果，發出比『力』更強的能量，這是暗勁至化勁的階段。『力』的功夫是有限的，有止境的。一旦年紀老邁，筋骨退化時，一身的功夫也隨而消逝；然而，『勁』的功夫卻沒有止境，儘管年紀老邁，筋骨退化，但內勁卻越練越強。」

以上是維基百科對力量與內勁的大概論述，並非筆者個己的偏見。

所以，力量是可以短期鍛鍊而成就，或天生就賦有的本能，王宗岳老前輩說：「有力打無力，手慢讓手快，此皆先天自然之能，非關學力而有為也。」所以，把這些拙蠻力的練法，稱之為「斯技旁門」，認為這些「斯技」與「努力認真學習修煉而致有所成就作為」的內勁武學是絲毫無關的。

內勁的成就非易，也不是短期而可成就的，拳論云：「由著熟而漸悟懂勁，由懂勁而階及神明，然非用力之久，不能豁然貫通焉。」這個用力之久的「用力」是指努

力的時間而言，要認真努力修煉很久，才能豁然貫通的，如果誤會的把它解釋為用力量去練習很久，那就差之毫釐，謬以千里了，學者不可不詳辨焉。

這與前段的「非關學力而有為」之句，都是被多數學者所誤解的，把非關學力而有為錯解為非關學習力量而有所成就作為，真是天地懸殊，誤會大矣，古今多少學人誤解古文的經論，一絲錯誤而練成拙力方向，永遠無法達成內勁功夫，實在令人慨嘆。

培養「內勁」的關鍵，在於「鬆」，鬆就是輕鬆而不緊滯，也就是不用拙力的去培養內氣的運行。鬆的內涵包括精神與肢體兩方面，精神包含意識與情緒，肢體涵蓋神經、肌肉、筋骨等等。

本文主旨在於論述伸筋拔骨與內勁的養成關係，所以只論到伸筋拔骨的範圍。

筋，包括了肌腱、韌帶和筋膜等。筋是附於骨，連接著肌肉，加強了關節的穩定性，有了筋的活動，才能帶動關節及骨骼而連動起來，有了筋，所有的軀體才能曲伸、轉折，才能夠做各種動作。

骨，是支撐軀體的支架，具有協同運動的作用，由肌腱、筋膜、韌帶等的連結，而使肢體能夠自由活動。

前面說過，內勁的養成是靠著內氣的運行而致，而氣的運行是依於鬆的機制，但是這個鬆，絕不是空幻的鬆，絕不是一無所有的頑鬆，不是懈怠、散漫的鬆。現在的人打拳，雖然也一直強調鬆，但是大多流於頑鬆，頑鬆到一無所有，這樣是不能練出內勁的，所以成就功夫的人極

少。

事實上，這個鬆，只是不著拙力而已，而它在行功運氣的過程，是要「伸筋拔骨」的。所謂伸筋拔骨就是要把筋伸展開來，把骨拔放出來，使筋骨在「曲中求直」。

所謂曲中求直，就是在曲蓄當中，還有伸展拔放之意，也就是拳論所說的「隨曲就伸」之意，在肢體關節的含曲鬆柔之中，仍就有伸展拔放的內涵。這乍聽好似有些矛盾，練內家拳就是要在矛盾之中去悟真理，這也是內家拳難練的地方，是內家拳難以徹悟的所在。如果不能徹通陰陽相兼、剛柔並濟的道理，以為鬆就能練出內勁，可是等十年八載過去了，卻沒有練到功夫，而對內家拳產生懷疑。

有人聽說形意拳半年打死人，結果練了半年的蠻拙之力，離內勁的目標越來越遠，到頭來也是一事無成。

筋骨要在曲中求直，在直中含曲，在半曲半直中，把筋骨伸展開來。筋骨不宜直滯耽怠，像殭屍一般僵硬。譬如，我們的手臂伸出去，如果直成一線，則筋骨因為呆滯而造成沒有曲伸的彈性。

如果把肘部微曲，把肩微微沉落，透過這個曲，透過這個沉，更能使手臂的筋骨因曲落的關係，得以更加拔放伸展，使手臂有更加落沉的感覺；如果過於直滯或過於頑鬆，則不會有氣沉的感覺，練拳必須先把「感覺」的氛圍先掌握住，你才能練出東西來，如果連感覺都沒有，那麼就會成為「白做工」，虛度工夫，浪費寶貴的時間。

手腕的筋節，要涵拔，譬如太極的單鞭，右手的勾

吊，要使腕部外圍的筋構成圓弧，使筋因勾吊而拔圓放長，這樣就能增加腕部的彈性，而成就腕部的掤勁。如果能長期的將手臂拔放伸展，直中涵曲，在曲中還能伸筋拔骨，加上內氣的輪運灌注，那麼手的掤勁成就，可期待矣。

坊間有人強調所謂的美人手，主張手腕要平直，認為這樣氣血才能通暢，如果這個邏輯可以成立，那麼打拳就不必墜肘沉肩了，就不必曲膝落胯了，如果依這個邏輯，所有關節都是平直的，這樣豈不是成為機器人了，還有拳術的美感可言嗎？如果說身體各部位都保持平直才能使氣血順暢，那麼要怎麼去銓釋「隨曲就伸」之意涵；如果腕關節要保持平直，那麼太極拳的「按掌」將如何施放？

手臂的拔放伸展，可以連帶構成「涵胸拔背」的局勢，譬如，椿法中的渾元椿或三才椿等等，或太極拳架起勢中的捧提，八卦掌中的青龍出水與形意拳中的五行拳，都含有手臂的伸展拔放及涵胸拔背的「屈勢（台語）」。手臂、肩膀與背脊是一個連帶的結構體，懂得伸筋拔骨的道理，就可以舉一反三，觸類旁通，在拳架的「一舉動」中，達成周身節節貫串的伸筋拔骨的效果。

還有，中盤的腰胯也很重要，腰要落沉，所謂「鬆腰」是也，胯要撐，襠要拔，在打拳的時候，譬如太極的攬雀尾，在掤捋擠按的銜接當中，都要鬆腰落胯的，又譬如形意劈拳的向下採拔，也是要坐胯鬆腰的，這個時候都是要令腰胯撐拔的，這樣才能使腰胯有彈簧之勁，才能練就蒼龍抖甲的抖勁。

　　腳踝也是有機關的，在腰胯的落沉當中，腳踝也是要隨著坐落的，這樣在發勁時，配合著打樁及蹬勁的運使，達成整勁效果。

　　在拳架的牽動往來中，在拳架的往復摺疊中，伸筋拔骨扮演了重要角色，在「曲中求直」及「隨曲就伸」之中，都是有伸筋拔骨的扮演及箝入，若非如此，儘管拳打得多麼的鬆，都還是處在頑鬆階段。太極拳行功心解云：「曲中求直，蓄而後發。」「往復須有摺疊，進退須有轉換。」「勁以曲蓄而有餘。」「牽動往來氣貼背，斂入脊骨。」這些名言都是牽涉到伸筋拔骨的，但是能體悟的人並不多，我們現在就來一一解說。

　　「曲中求直，蓄而後發。」

　　曲中求直就是伸筋拔骨，在微曲中把筋伸展開來，把骨拔放出來，這樣就能把氣蓄積在筋骨之內，而後再來從事發勁的動作，在拳架當中，每個動作都有曲中求直蓄而後發的機制，不是只有軀體在那邊動來舞去。

　　「往復須有摺疊，進退須有轉換。」

　　在拳架的來回往復之中，因為身體是被腳所帶動的關係，因為身體是被拖曳的關係，因為其根在腳，由腳而腿而腰形於手指的關係，所以在來回往復的拖曳之中，就會自然的產生摺疊現象，就好像後浪推前浪一般，當前浪去而退回時，後浪卻跟隨而至，這時前浪與後浪就產生摺疊的碰撞擠壓而激起壯闊的波瀾；打拳也是這種情形，譬如太極的攬雀尾，擠後身腰往後坐落，這時腳腿胯腰是先行的，上身及手是最後才被拖曳而至定點的，在手還未到定

點時，下盤的腳腿已在往前推動，這時由下往上的每個關節就會產生摺疊，互相壓擠，所以在進退的往復折衝中，摺疊壓擠的現象就會產生，伸筋拔骨的現象也會自然帶出來，有了這些摺疊、折衝、碰撞及伸拔，加上內氣的鼓盪輸運，能使筋骨注入活絡的陽氣，經久而匯聚成肉眼看不到的內勁能量。

進退須有轉換，到底是轉換什麼東西呢？只有步法的轉換而已嗎？只有進退時需要轉換而已嗎？

「轉換」，就是轉化變換「虛實」。「虛實」，包含步法的虛實，身法的虛實，手法的虛實，及氣的虛實等等。步法涵蓋前後及左右，身法涵蓋前後左右及上下，手法的虛實更是千變萬化，氣的虛實轉換則超乎想像，到了階及神明的地步，幾乎是變化莫測的，「進退須有轉換」，是涵蓋著腳、腿、腰身、手、氣等五大要素的虛實變化，與拳論所謂的「其根在腳」、「發於腿」、「主宰於腰」、「形於手」、「完整一氣」是遙遙相對、相呼應、相襯托的，是環環相扣，互為貫串的。

所以進退須有轉換除了前後，還有左右及上下的，這與拳經所謂的「上下、前後、左右皆然」是相呼應的。進退須有轉換在轉換當中，當然涵蓋著伸筋拔骨的範疇，因為在牽動往來的變化中，在進退的變化中，筋骨是有伸放摺疊的，是有拉拔及含曲的，是有隨曲就伸的。

「勁以曲蓄而有餘」

勁是氣的結晶體，是由氣的沉澱匯聚而成，內勁養成之後，更要蓄積，使能量壯盛實滿。什麼是有餘，用之不

完叫有餘，你內勁成就之後是用不完的，這個能源像湧泉能夠源源不絕的供應，因為有曲蓄的關係。

曲是曲藏涵蘊蓄積；曲而復伸，伸而復曲，這就是往復，在牽動往來的往復之中，產生折衝的擠壓碰撞摺疊，爆發更強烈勁道。發勁之前有一個蓄勁動作，你微吸一口氣，就能感覺到有曲蓄的現象，所有的關節筋脈都會有一股曲藏的能源勁道被蓄集起來，蓄而後發，準備發動攻擊。行家發勁，是蓄放一體，連結而成，所以看不到蓄勁的樣態，只是神意一閃，勁已崩出。

「牽動往來氣貼背，斂入脊骨。」

丹田氣透過拳架的牽動往來，產生折衝擠壓碰撞摺疊現象，使陽氣更強烈碩壯，在吸氣蓄勁時，因為曲藏涵蘊的關係，在意識的作意下，能令氣貼於背脊，然後斂入脊骨，匯聚成勁。

氣不只貼於背，斂於脊骨，在同理中，氣也可以貼於手，貼於全身各處，而斂入全身的筋脈骨骼之內。形意劈拳的採拔勢，均有強烈的氣貼背的感覺，由背借著腿腰之撐勁往前推送，加上其根在腳的蹬勁，而構築完整一氣的整勁。

行功心解云：「運勁如百煉鋼，何堅不摧。」當內勁養成時，要透過運勁階段的提煉，才能百煉成鋼，無堅不摧。鋼是由生鐵的鍛鍊而成，把鐵燒熱然後鍛打，再燒再鍛打，如是經過百煉之後才能成為無堅不摧的純鋼。

當內勁成就之後，也是要透過運勁階段的提煉，才能無堅不摧，而這個百煉要如何煉呢？需要透過肢體各個關

節、筋脈、韌帶、骨膜等等的運作，及丹田氣的鼓盪輸運灌注，這樣就得藉由拳架或基本功的動作，去牽動往來，去往復摺疊，去伸筋拔骨，去曲蓄伸張，使得筋脈骨髓陽氣盈滿。

一條橡皮筋，如果不去把它拉扯，不久就會變成一條死筋，沒有彈性；一枚沒有充氣的氣球，要灌氣之前，要先拉扯一下，使它回復彈性，灌氣才能順利而不破爆。我們的筋骨如果不常常把它伸張拔放，也會失去彈性，致使氣血阻塞，破壞循環，百病叢生。

打拳為何要沉肩墜肘？因為肩沉了肘墜了，筋骨就被拉拔開來，所有的筋脈韌帶骨膜都被拉長了，而且肩肘鬆開了，沉墜了，氣也就跟隨著落沉了，氣有一定程度的無形能量及質量，氣的質量的落沉更加深了筋骨的拉拔放長，而筋骨鬆開的拉拔放長，能使氣在筋骨內更加充填而實滿，氣實滿了，筋骨因氣的充填實滿就更加沉重了，無形中，只要我們身體一鬆開，落沉的氣就會去拉拔筋骨，不必刻意去拉拔而自拉拔，形成相輔相成的良性循環作用。

維基百科說：「在攻擊的一剎那，全身一鬆，達到『整』的效果，發出比『力』更強的能量。」

這個全身一鬆，不是空幻的頑鬆，如果沒有透過伸筋拔骨及丹田氣的鼓運修煉，使得筋骨充滿彈性的內勁，你的全身一緊的用力，只會使筋骨更加冥頑，更加呆滯、更加遲鈍。

維基說：全身一鬆，達到「整」的效果，發出比

「力」更強的能量，這個能量就是內勁，這個一鬆，並非頑鬆的鬆，並非空幻的鬆。在真正達到純鬆的境地，是氣的落沉加深了筋骨的拔放，使氣沉斂在筋骨中，使筋骨加注了氣的質量，所以這真正的一鬆，能達到「整」的效果，發出比「力」更強的爆破能量。

在純鬆之中，因為在平常的伸筋拔骨鍛鍊致使筋骨內的陽氣充盈，增加了伸縮彈力，可以快速的彈抖，引生強烈的爆發力。

練形意拳的暗勁階段，是主張要鬆的，但是，多數學者都把鬆誤為鬆懈、鬆散的空無所有的頑鬆當中，無法求得內勁功夫，而拳經、拳論、行功心解等經典，也隱澀難懂，這些經典雖是祖師前輩們功成之後的心血，但是經典只道出他們修成正果後的結晶言語，讀者看後，只知其然，而不知其所以然，也就是說，你無法窺探到細微的練法，因為這些微細的練法，如果要用文字語言去細述，就會變成長篇大論，這就不是經典的寫作方式，所有的經典都是言簡意賅的，你看佛教、道教或儒教的經，莫不如此，尤其是佛典，如果不經證悟的法師開示，你也不知這些經在說什麼。還有加上那些未悟、錯悟的偽師，錯解一通，誤人子弟，罪過滔天。

筆者不敢謂對內家拳的經論有所正解，只是將自己練拳的心得，與經論互對印證，寫出來與讀者分享而已，如果有錯謬之處，還請讀者提點指教，透過相互的討論，而使內家拳有更進步的空間，更美好的成果，是為所願。

第五節　根與筋

根與筋，台灣話都是同一個音。

練拳的「根」是需要一條線貫穿的，是需要一條根的，由頭頂至腳底的一條直根是要深入地底的，要入地而生根的，藉由站椿，藉由鬆柔，藉由以心行氣，使氣深植於腳底。

拳經云：「其根在腳。」內家拳所有的一切內涵，都是由腳而起，無論運椿、打椿、發勁，都是由腳而起的，都是「其根在腳」的，沒有這個根，就如沒有地基的樓房，是無法立足於地的。

硬拳系統也說「力由地起」意思是相同的，但是大部分是借著外力與拙力，比較少涉獵到椿法、運椿、打椿及真正發勁的內涵，所以二者的說法，乍看似同，細探卻有相異之處，值得詳辨。

根與筋有相互的關聯關係，根與筋，台語的語音是相同的，為什麼要拿來相提並論呢？因為內家拳除了練根之外，也要練筋的，是相輔相成的。

筋的伸拔，是鬆柔的要件，練內家拳如果沒有伸筋拔骨，而令丹田氣注入於內，那麼這筋就是一灘死筋，缺乏彈性，無法達成鬆柔的境地；筋骨不鬆柔，就變成一種僵硬的狀態，氣就無法植入，氣也就沒有斂聚的處所，這樣，氣就會散亂，無法聚集而匯聚能量而成就內勁，那麼，練內家拳就失去了本質，成為天馬行空的無意之舉，而淪為頑鬆的體操把式。

　　筋若能伸展拔長，氣則能注入於內，使筋脈充滿氣的能量，使筋脈充滿靈氣與生命力，而增加彈性。

　　內家拳的發勁是一種彈力的瞬間爆發，也唯有彈力性的出拳才是最快速、最有撞擊力的唯快不破的打法，硬拳的快還得靠距離與速度的，不是真正的快。

　　筋的伸拔是一種整體的聯貫，我就把它稱為「一條筋」，這一條筋是上下互相聯結貫串的，它是一個整體而不能分割的，譬如以本門的基本功翻蓋掌來說，從腳根的運椿開始，前腳撐勁往後運，腰胯側坐落沉，兩腳內側的筋互相撐拔，形成開襠的一種二爭力，在身形往後坐落的同時，會牽動腰胯的筋及脊背的筋，連動而牽引到手臂的筋，往下往後将按，在這前半段的動能中，身形畫下一個半圓弧；接下來，後腳往前蹬勁，腰胯有一個摺疊，右手翻掌左手蓋掌往前甩按，此時兩胯合襠，氣要裹住，後腳及脊背的筋聯合催動手臂，使下上的筋聯結貫串，在這後半段的動能中，身形也畫下一個半圓弧，整個動作來講，就構成一個整體的大圓弧，在這畫弧之中，無論往後往前，在動能之中，整個身軀的筋都是聯結貫串成一條的，是一動無有不動的，是牽一筋而動全身的。在整個的行動中，在牽動往來之中，內側的筋與外圍的筋是互動而牽扯的，構築成一副立體圓弧的太極陰陽動畫。

　　根與筋都是同樣重要的，沒有根，沒有一條根，沒有一條根直入地底，沒有入地生根，失去了椿法，這樣就沒有了基礎，沒有了根本，這樣就不能打椿，也不會打椿；不會打椿就不會發勁，練內家拳就白練了，所以，一條根

是內家拳的根本，是內家拳的基礎。

　　筋是彈抖勁的要件，注入了氣的筋是富有彈力、彈性的，筋能快速的摺疊，引發反彈力，可以牽引出最快速的打法，它的發勁是藉由丹田氣的引爆及腰胯的快速擰轉彈抖所引生的一種氣爆狀態，所以不須藉助距離與時間速度，迅雷不及掩耳的爆破命中目標。

　　發勁是由丹田氣的引爆，打樁進入腳根，產生摺疊反彈，這股反彈力傳送到腰脊，再形於手，如果這串聯的一條筋，富有彈勁，腰胯就能疾速的擰轉彈抖，會有蒼龍抖甲的彈抖勁，由內部的丹田引動腰脊，爆發出來，聽起來好像很神奇，但是功夫有練到這個層次，就會感覺很實際，不會認為這是吹牛行徑。

　　如何去驗證一個人有無真實功夫，可從他的發勁內涵去求證。他的根有無入地成一條根，他的根有無入地，他的樁有沒有打入地底，他會不會打樁，如果這些通通沒有，依據物理原理常識，是不能產生反彈力的，那麼他的發功，就是一種裝模作樣，就是一種裝腔作勢；或許，那個氣功師會說，你沒有練過這個氣功，就無法感應那個氣，他的發功就起不了作用，這是一種推拖的欺矇說法，只有不識者才會受騙，才會相信他的鬼話。

　　如果練就了一條根的樁法，成就了內家拳的基本樁功，已然具備了一條根的樁功；如果練就了一條筋的掤勁，等同成就了完整一氣的整勁，成就了摺疊勁、反彈勁，甚者已然成就了蒼龍抖甲的彈抖勁，到了這個境地，你還會在乎人家說你有沒有功夫嗎？到了這個時節，你還

須要到處去表演發勁功夫，或透過網路資訊去喧嚷你的功
夫如何了得嗎？

第六節　落胯、落勁、落樁與落筋的關係

「落」字為何意？

落，是落沉、落實、落坐、落地。

落，是指外形的肢體與體內的丹田氣的沉墜，而落實
於身軀的各個「根節」，這個「根節」涵蓋肘肩、腰胯、
及腳之根等等。

氣，不只要落，還要沉。如果，只是落，但是沒有沉
到各「根節」的底，尤其是下盤腳根的底，這樣就是落而
不實；也就是說，沒有落實到底，沒有落實到應該落坐的
地方，這樣就是沒有「落實」。

「落實」之後，還要「落坐」，坐的平平穩穩，坐的
中定平衡，而且能善於變化虛實。

「落地」了，才能生根，身體的重量要落地，丹田
的氣更要落地，只有丹田的氣，真正的深植地底，屹立不
搖，才是真正的落沉。

「落地」涵蓋了三盤，上、中、下三盤，上盤是肩胛
肘手，中盤是腰胯，下盤是腳根，這上、中、下三盤都落
地了，謂之「三盤落地」。

三盤落地並不是說上、中、下三盤都要落觸到地面
去，不是手、腰、腳都要落觸到地面才叫三盤落地。所謂
「落地」，是指「氣」的落沉，三盤的氣要落沉到與地面
相接觸。

　　上盤的胳臂掤提起來，筋骨伸拔展開，曲中求直，似鬆非鬆，在鬆開而伸筋拔骨中，可以感覺到氣的落沉，這個落沉，涵蓋筋的落沉、氣的落沉，及勁的落沉，這個落沉，是氣的內斂所呈顯的能量，因為落了筋、落了氣、落了勁，在落筋、落氣、落勁當中，受到地心引力的牽引，整個手臂就落沉到與地面相接、相通，手臂落沉的氣感與地氣互相感應、觸通，這就是上盤氣的「落地」。

　　中盤的腰胯，承載著丹田氣囊的內氣，腰胯愈鬆透，丹田氣就愈沉積，愈累愈充實飽滿，愈飽滿則愈沉墜。太極十三式歌云：「腹內鬆淨氣騰然。」腹內是指丹田，丹田的鬆淨而能承載丹田氣，需要腰胯的坐落來支撐，所以腰胯的落插，也需要與下盤的腳根來串連。丹田氣落沉了，就會直落於腳根與地面相接，這就是中盤的落地。

　　再來，說到下盤的腳根。腳根是一個基樁，承載著全身的重量，這個基樁若是不穩固，則一切免談了。

　　樁功是在練氣的落沉，氣要入樁，樁要入地，氣要入地生根。腳樁之氣的落沉，是靠丹田氣的驅策壓送，這個驅策壓送不是使力鼓氣，而是意導，以意導之，只是一個作意而已，會運轉丹田氣的人，意念一動，丹田氣一轉，氣就落沉到腳底去了。

　　三盤各有根節，各盤的根節，要根根相連，節節互串。

　　那麼，要如何才能互串、相連呢？只有三盤的氣都落沉了，三盤的根，三盤的底都有氣的落沉，底底相連，底底相接，三盤串成一盤，成為一體，才是真正的「三盤落

地」。

「**落胯**」，是指身體的重量與丹田氣，皆落沉、落實、落坐於胯這個地方。

胯，就像一隻「鼎」，這個鼎字的字型，真的很有意思，下面似兩隻腳頂著胯。胯頂著「目」字，這個「目」字就像我們的上半身，兩隻腳及胯，頂負著人體上半身的重量，這是「鼎」字的形象意。

有師謂：「坐在太師椅上，把椅拉開，就是落胯。」我曰：「非也。」

因為這樣，上半身的體重，只能靠膝腿來承擔，只會練成膝痠及膝傷，不是落胯。

很多人練平馬椿或渾元椿，故意蹲的很低，以為這樣就是落胯，以為這樣就能練出功夫，但結果只落個膝痠與膝傷而已，很冤枉的。

落胯的目的，除了承載上半身的重量之外，最主要的是讓內氣能安舒的落沉於丹田，這個胯，承載著丹田這個氣囊，就像鼎腳，承載著鼎身，使它固定、安穩，有所依附、依靠、依偎、依歸，也就是令氣在丹田氣囊內，有所依恃、依怙之意。

丹田氣若能很安舒、安穩的落沉、依附於丹田氣囊之中，那麼在長期的養氣當中，在長久的培育丹田氣當中，這個丹田氣就會集結、累聚而不散漫、失落。

落胯，有前落、後落、側落。不管是前落、後落、側落，這個胯要直直的落插下去，落坐下去，也就是說，胯不能往上添浮起來。所謂「添浮起來」，就是上半身後

仰，而使胯虛浮起來，以及上半身的不正，而使得胯沒有
著落處，沒得依靠之意。胯若沒得依靠，那麼丹田氣也就
沒得依靠，而致散亂不能集結。

　　胯的著落處，在於腳根，胯承載著上半身的總重，要
全部著落於腳根，所以說，胯要落插，要直落而插著於腳
根，也就是讓腳根來承載全身的重量。

　　為什麼要這樣呢？

　　因為腳根承載全身的重量，不僅能夠避免膝疼與膝
傷，而且能令丹田氣落沉於腳底，使丹田氣能落地生根，
培植下盤樁基的實力。樁功也是這樣而成就的，所以說，
樁功也不是在練腳疼，而是讓氣匯歸於腳底，成就下盤功
夫。

　　「**落勁**」，是內勁成就以後、沉勁成就以後，才有的
說詞。

　　落勁是沉勁成就以後，更進一步的運用。前面說過，
落，是落沉、落實、落坐、落地。當你成就了內暗勁、沉
勁等等，你要運用時，還得會「落勁」才行。

　　什麼是「落勁」？

　　把內暗勁落實到人家身上去，或落實到自己拳架上該
歸位的地方，謂之落勁。在施勁時，除了沉勁之外，把暗
藏之內勁，以內意暗施於敵身或己身的拳架上，以意導，
將內暗勁加壓，落實到敵身或己身之拳架上。

　　這個「落勁」，是鬆沉的，是鬆沉中的意導。不是用
些拙力去壓迫人家，如果沒有練就內暗勁，那麼，著到人
家身上的力，是僵拙的，是硬滯的，是一種矯揉造作而不

自然的，是感覺得出來的，是隱瞞不了人的。

內暗勁成就的人，你落了勁，對方並不會預先知覺，等到察覺時，勁已落到，要逃也逃不及了。

查探一個人的內勁是否厚實，看他的手臂是否夠沉重，而這個沉重，並非說手臂有多少斤兩重量，而是看他的手夠不夠沉，他會不會落勁。

手的重量，落放下去頂多只是十斤或大不了二十斤，有固定的質量。會落勁的行家，勁落下去，不是死沉沉的壓著你，在鬆柔中，只能感覺那個勁的落與沉，帶著虛靈與尾隨黏附，是種鬆柔的活勁，卻讓你爭脫不開。

所以，老師傅的手臂讓人感覺特別的沉重，並不是他的胳臂真的很重，只是他已成就了內暗勁，而且深諳「落勁」技巧，而讓你感覺他的手臂很沉重。

「落勁」，除了手臂的沉勁之外，還涵蓋了腰胯的落沉、以及下盤椿根的落沉，最重要的是丹田氣的落沉，所以，「落勁」的施為，是一種「整勁」，是「完整一氣」的。

如果只有手落，而腰胯、腳腿不落，或下盤椿根不落，或丹田氣不落，那麼，這個「落勁」是無法成立的。

落勁時，手附著於敵身，是種依附、拈貼，它的落沉感是依附於胯的落沉、丹田氣的落沉、腳椿的落沉，也就是說，手的落沉，實是依附於胯、丹田氣與腳椿的；反過來說，就是腳椿、丹田氣與胯，去拖曳著手的一種落沉，而這個拖曳，並非全是體重質量的一種拖曳，而是除了體重之外，所涵蓋的內氣與內暗勁的落沉。

　　鄭曼青大師夜夢斷臂，夢醒覺得手臂鬆沉了很多，這是大師的悟境。事實上，這個鬆沉，是種自我感覺。手臂的筋，鬆透了，內勁滲入了，就會有落沉的感覺。而實際上，那個落沉的質量，是有限的。只有透過「落勁」，才會有真正沉重的感覺。

　　但是大師並沒有說出「落勁」這層道理，只有懂得「落勁」這層道理的明師，才能道出「落勁」與「沉勁」之間的相互關係與差別。

　　「**落筋**」，是透過筋的伸拉、拔展，使得筋鬆開、鬆透，而令氣滲入筋脈、骨骼之內，累積成一種肉眼看不見的一種能量實體，內家拳把它稱之為「內勁」。

　　筋鬆開了，透過意導，氣就滲入了，而且累積愈久，質量就愈厚實，所以手臂伸放出去，就會有落沉的感覺。

　　筋是有彈性的，是機動的，可以快速的彈抖。筋是全身遍佈的，涵蓋了腰胯、腿腳等等，所以要成就彈抖勁，必得先修煉伸筋拔骨，使得黏附於筋骨周邊的經絡、脈膜等全部鬆開，好讓內氣滲透其中，累積勁的質量。

　　當全身的筋脈等，都充滿了內勁質量，這個富有彈性的筋，就能伸拉自由，機動而快速，這樣才能真正的成就彈抖勁。

　　發勁，是完整一氣的，是一個整勁。所以，發勁是要落胯的，是要落筋的，是要落樁的，是要落勁的，全身的整勁都要落沉的，都要互相搭配貫串連結的，如是才能稱之為完整一氣。

　　落胯要先開胯，練開胯有各種方法與動作，譬如本

門的「內勁單練法」基本十式,都是在練開胯、鬆胯的動作,久練後,胯鬆開了,腰圍的筋也伸展開拔了,無形間,彈抖性就生出了,若能配合腳椿的二爭力暗勁的互相撐蹬,那麼彈抖勁、摺疊勁就慢慢會累積而成就。

雙盤腿靜坐,也可以使胯鬆開落沉,連結大腿的臀骨、髖骨,是一個「鼎」的基座,承載著丹田氣,及負荷上半身的體重,盤坐功深時,體內的氣自然的落沉於丹田腰圍胯髖之間。

太極十三式歌云「刻刻留心在腰間」、「命意源頭在腰際」,此之謂也。

也只有胯開了、胯落了,才會有氣沉丹田的效果,才會有氣沉腰間、氣落腰際的實益。所以,落胯而氣沉,實為養生之大計;而且,落胯而氣沉也實為武功技擊修煉的一個不可或缺的層面。

盤架子,要落筋,要伸筋拔骨;盤架子,要落胯,要氣沉丹田;盤架子,要落椿,要氣植地底;盤架子,更要落勁,因為落了勁,可以使氣更沉,使筋骨更伸拔;落了勁,可以使胯更落插,可以使椿基更深植地底,入地生根。

落筋、落胯、落椿、落勁,都是互相牽連的,都是互相牽動的,要使一個沉勁或發勁,必須落筋、落胯、落椿、落勁,缺一不可。

第七節　吞肩放胛與筋的關係

「吞肩放胛」,是一句台語話,是台灣的拳頭師常說

的一句拳諺。與太極拳的「沉肩墜肘」意思有雷同之處。

太極的沉肩墜肘，著重於肩與肘的沉墜；台灣拳的吞肩放胛則側重於肩與胛的吞吐拔放。

台灣拳師常說：「吞肩放胛，起手落插；伸筋拔骨，父子相隨。」成為一句台灣拳的口訣。裡面涵蓋著運拳時的吞吐浮沉，沉肩落膊，手臂一出，身軀放長，也含有伸筋拔骨之意。

「吞肩」的「吞」，有含藏、含蓄、含蘊及醞釀之意，與太極的「沉肩」相較起來，意義更為深廣。

「含藏」，是暗藏、掩遮，讓你看不到，發覺不了；也就是說，這個肩，不只是落沉而已，它的力道、內勁之含蓄，外表是看不到的，是深藏不露的。

「含蓄」，是蓄積而不顯，含蘊而不露，裏勁而不張。

「含蘊」，包括意、氣、勁之連結，意中含氣，氣中帶勁，意、氣、勁和合蘊藏集結。

「醞釀」，把肩吞入、藏著，蓄勢待發，是一種拉弓待放，積集氣與勁，準備攻擊的態樣。「放胛」的「放」，是放長之意，把肩胛周邊的筋脈，伸拔出去，放長遠出去。練拳的人大部分都知道，筋是有彈性的，是能伸縮的，是有機動性的，出拳速度的快慢，取決於筋的活動性與機動性。

內家拳的練家子，知道把筋拔長伸展，有助於內氣的注入，增進彈抖力的性能；當筋脈挹注而斂聚了渾厚的氣場時，內勁的能量就更為飽滿磅礡，在發勁時，可以產生

不可思議的爆破效果，因此，伸筋拔骨的鍛鍊方式，已然成為內家拳修煉者追求及不可或缺的學習方向。

肩胛骨，位於胸廓的後面，是三角形扁骨，介於第2至7肋之間。肩胛骨、鎖骨和肱骨構成肩關節。所以，肩與胛的活動是互相連結而不可分開的；胛骨的面積比肩大，它的活動力及使力的效能，自然比肩廣，胛動了，肩才能被連動起來。

依此邏輯，胛周邊所涵蓋的筋脈，自然比肩更為廣闊，胛骨放長了，所有手臂所涵蓋的肩、肘、腕、掌等邊距的筋脈，都會連帶的被伸開拔放出去。所以，若是只論述到「沉肩墜肘」這個範圍，是不及於「吞肩放胛」的。

「沉胛落肩」才是主流，才是比較落實的論述。台諺云：「查甫人要有肩胛。」有胛、有肩才能挑起重擔，負起家庭責任，所以，肩、胛是一家的，是必須同時並論而不可分離的。

太極拳輩常說：「肩催肘，肘催手。」

這句拳諺，是指打拳架時，力量由肩膀出力，然後把力量催到肘部及手部，也是運拳出力的一個流程方向。所以「肩催肘，肘催手」，已然成為太極拳的一句口訣，人云亦云。

事實上，出力的主力部隊，不是肩，而是胛。出拳時，胛周邊的筋是要伸拔而緊緻的，連帶貫串肩及肘與手，同時配合腳、腿與腰才是一體整勁，才是完整一氣。

因此，胛才是主力部隊，胛有力，肩肘手就連動有力；胛落插了，肩肘自然沉墜。

　　我這個論述，似乎較少有人提及的，這也不是我的發明創見，只是人體自然工學的一個常態現象，我把它特別的另類的論述一番而已，一般人都是隨人之言而言，沒有自己的主張，我只是比較敢言罷了。

　　前面說過，出拳運功，要胛催肩，肩催肘與手，而且胛肩周邊的筋要緊緻的拉拔著，這個論述，是我一貫的主張。或許有人也有同樣的看法，但不敢說出來，為什麼呢？因為練太極者，一向主張要鬆的，要鬆的乾乾淨淨；我主張筋要緊緻，顯然與那些名師的說法相異，但我敢說出來，因為這是我透過自己實際的實踐，所得出來的體會。我大膽的提出來，如果有誤，或許幸得明家的指正，讓我在練拳的過程中，走出一個更光明的大道，何嘗不是件好事？但願有明師來指點我。

　　好，現場回過頭來看前面那句台諺：「吞肩放胛，起手落插；伸筋拔骨，父子相隨。」起手落插，父子相隨，是說兩手捧提起來，一上一下或一前一後或一左一右，就好像父子相伴隨行一般。

　　這裡，我有自己的解釋，父子二字，是喻胛與肩，是相連相隨的，是互相牽連、牽動的。起手落插，是指手臂的鬆沉垂落；在手臂的鬆沉垂落當中，還要吞肩放胛、還要伸筋拔骨的。

　　有名師主張，練拳要鬆肩，甚至還要空肩。

　　鬆肩是必要的，不能僵硬蠻拙，尤其是在推手走化之時，更是要鬆，不可硬頂。但在運拳及發勁之時，肩胛的筋不可以卸掉，反而是要緊緻拉拔著的，若是空掉了肩

胛，就會形成一個斷勁現象。

肩胛是整隻手臂的根盤，運勁或發勁時，如果沒有這個根盤做為基座，勁是無由而發的。

所謂「鬆」，只是不著一絲拙力，只要身上或這個肩胛上，沒有著到拙力，就算是鬆了；若是頑鬆式的空掉，就什麼都沒有了，都不存在了，這就成為一種虛幻式的鬆，一種憑空想像的空，不是親身實踐後所得來的論說，把鬆神格化了，與實際狀況是脫節的。

肩胛的緊緻，是一種涵束狀態，是一種「似鬆非鬆」的狀態，在不著一絲拙力的鬆中，肩胛周邊的筋脈，是要拉拔的，是要涵束的。

所謂「涵束」，就是把身中的氣與勁，縮收集中起來，把身軀束縮著，把勁包裹著，這就是形意拳輩所說的「束身裹勁」，這個理論，在太極裡是少說的。

身一束，勁一裹，肩胛整個手臂的筋脈就彙統集結起來，內氣也就匯聚起來，拳運出去、勁發出去，才會有東西在裡面。

空肩或空胛式的頑鬆，是一個空中閣樓，沒有底基的；空想式的頑鬆，是一個海市蜃樓，是一種不切實際的幻想。

我們試想，兩手拿著一根長棍，欲向前刺。這根長棍，就是手的延伸，握把之處，就如同我們的肩胛，肩胛若是沒有著勁，等同握把處沒有著勁，形成一個「空肩、空胛」狀況，也就是一個斷勁狀況。在這個情況下，如何運勁與發勁呢？所以我說，名師的「空肩」之說，是為謬

說，非是正說，宜以分辨清楚。

練拳要實際理地，講求現實。

把鬆神格化，把鬆虛幻化，不是學拳的態度；學拳到了某一個層次，就要有自己的主見思路，如果以為名師之語皆是正確的，那麼，有時候是會被名師所誤，走到一個岔路去，與功夫的追求，愈行愈遠，驀然回首，年華已老，得來的是「到老一場空」，為時晚矣。

第八節　伸筋拔骨與縮筋藏骨

「伸筋拔骨」就是把筋骨伸展、拔放開來，也就是曲中求直的意思。在曲蓄當中，還有伸展拔放之意，也就是隨曲就伸之意，在鬆柔之中，仍就有伸展拔放的內涵。

筋骨要在曲中求直之中，在微曲之中，把筋伸展開來，把骨拔放出來，透過這樣伸拔，使筋骨達到鬆開，令氣蓄積在筋骨之內，增進筋骨的彈簧之性。

氣的沉墜積蓄於筋骨之內，更加深了筋骨的拉拔放長，而筋骨鬆開的拉拔放長，能使氣在筋骨內更加充填而實滿，形成相輔相成的良性循環作用。

「伸筋拔骨」是練法，「縮筋藏骨」是指用法而言，譬如在推手的應用中，對方強大的來勢來力驅進我身，如果以土法去迎接，就是扭腰、晃肩、搖臀式的擺動，卸去來力。高明的走化，則是運用縮筋藏骨的特別技法，巧妙的化去來勢。

那麼，筋如何縮收？骨如何落藏？縮筋藏骨，只是一個作意，意念一轉，丹田氣一落，已然達成縮筋藏骨的動

作，也就是說，只是意、氣一鬆而已。

外表形式上的縮筋落骨，譬如奧運項目中的「吊環」，運動員手握鐵環，轉動肩、肘、腕等關節，而變換角度與方位，是為外表形式上的轉筋骨，我們這邊所講的，不是這種外表形式上的轉筋骨，因為這都是有形的，太極拳的走化，如果用上這種外表形式上的轉筋骨，尚屬於最低階的走化方式，也是一般人所慣用的自然消解勢力壓迫的方法，是一種不必透過學習而能自行而知的方法，所以它不是屬於功夫的層面範圍。

某些系統，有轉肩轉骨的練法，強調肩胛及各個關節的轉動，這是屬於一種練法，而不是走化中的用法。

太極拳所論說的「摺疊」，已然全部涵蓋了這些轉肩、轉骨、轉關節的範疇，而且這個「摺疊」，還概括了用法中的攻擊與防守中的走化，遠非一般的轉肩轉骨的練法，以及轉肩轉骨的低階走化所可相提並論。

高階的縮筋藏骨式的走化，是在練就了靈敏的聽勁，進而達到懂勁的神明階段，所呈現的神經自然反射作用，在鬆沉中所表現的高層次、高水準的懂勁功夫，也就是太極拳論中所說的「一羽不能加，蠅蟲不能落」以及「人不知我，我獨知人」的高深境界。

縮筋藏骨技法，是一種內氣的潛沉、暗移、挪藏、神隱、歸化，瞬間剎那閃逝，消跡無蹤，令人無法捉摸。縮筋藏骨神技與一般俗流的轉肩胛、旋骨輪的形式上的走化，完全是二碼事，不能擺在一起相比擬、相共論的。所以，縮筋藏骨它是一種高階的「化勁」，也是一種出神入

化的「化境」。

　　我的師伯黃景星先生，他就到達了這種高深的境界，師伯在世的時候，我跟他練推手，不論出手快或慢，不論出力重或輕，師伯總是一個鬆沉，氣一坍，根本看不到他有身形上稍微移轉走化的動作，就把我的攻勢，化於無形，我就好像打到空氣一般。在往後的日子當中，我再也沒有遇到像師伯這樣精湛的走化懂勁功夫。

　　那些推手比賽的鬥牛冠軍，總還脫離不了搖肩擺臀、摟抱頂抗式的走化與打法，與此，相去何止十萬八千里。

第九節　筋領骨而行

　　以內家拳的立場來說，打拳是筋帶著骨肉而行、而拖曳的，筋是主角，骨肉是配角。

　　骨頭質地堅硬，肌肉伸縮性不如筋。惟筋有伸張縮放的彈性，能拖骨肉而行，而不顯得笨拙與僵硬。

　　筋吊著骨肉而捧提，才有沉墜之感，沉勁乃生；捧提日久，掤勁始成。

　　筋如洋娃娃手臂內的鬆緊帶，要緊貼縛黏著。站樁、盤架子，這條鬆緊帶，這一條筋不能斷離，一旦斷離，勁也就斷掉了。

　　筋要伸開、鬆開、撐開，令氣注入，乃能成就彈抖內勁，在發勁時，才能令人彈跌而出。

第十節　筋骨分離

　　有師謂，拳練到一個境界，會出現骨頭與肉分離

的情況，謂之「骨肉分離」。

　　師謂，譬如貓科動物，全身的肌肉非常鬆，具備了相當的拉伸度，抓一大把，跟骨頭是完全分開的。

　　師說，人練拳也是如此，經過長久的鍛鍊，顫抖勁出來以後，一個抖身，全身的肌肉都在顫動，肉與骨的分離感就出現了，此時功夫已臻相當程度，這是骨肉分離帶來的效果。

　　這些論述，是古時的拳師常說的，現時的名師，人云亦云，也拿來冷飯重炒，以示與古人齊名。

　　事實上，骨肉是無法分離的，這種分離感，只是一種感覺，一種個人練拳的感覺。

　　依我個人練拳的心得，在這種狀況下，宜說「筋骨分離」比較妥適。

　　當我們在練拳時，全身鬆透之際，我們的筋，會有被伸拉展開的情景，練拳架，是筋帶著骨肉而行的，不是骨帶著肉而行，也不是肉帶著骨而行，若是骨帶著肉而行或是肉帶著骨而行，都會含有拙力成份摻雜在內，與行拳時的鬆透是有所衝突的。

　　筋在鬆透的情況下，會被伸張而開展，會被拔放出去，會有微痠的感覺，這個微痠，不是施用了拙力所產生的疲乏狀態，而是筋被鬆開拉拔後，注入了氣場，因為有氣場的注入，因為有氣的質量之挹注，所以就會有微痠的感覺。

　　在行功運氣的走拳當中，筋領著骨肉而行，骨肉受到地心引力的牽引，而此時的筋是捧提著的，好

像一條橡皮筋，提吊著一個物件，這個物件的重量，受地心引力的牽引，連帶把這一條筋也往下拉，筋被拉開、拉長，氣就會注入而斂聚，所以會有微痠的狀況，在這種情況下，會產生一個良性的循環，氣愈沉，筋就愈被拉開伸展；筋愈拉開伸展，氣就更容易斂入。

若以貓科為喻，肌肉雖鬆可以抓一大把，然而，肌肉的鬆弛，是屬於頑鬆的一種狀態，但這種肌肉的鬆弛，肌肉的下墜，或全身的肌肉都在顫動，卻是練拳的一個累贅，這個肌肉的重量，會造成我們行動中的一種拖累，會遲延我們行動中的速度與機動性，無論在推手或搏擊中，都會形成負面影響的。

內家拳若是真正練鬆了，全身的肌肉，不會是鬆弛到軟趴趴的狀態，不會是鬆弛到可以抓一大把；而是鬆中卻富有彈力的，它是彈活的，就像一塊揉透的麵團，是 Q 彈的，是有韌性的。

所以，練拳不宜求骨肉分離，因為骨肉一旦分離，肌肉的鬆弛，會成為骨的行動中的累贅。

筋是有彈性的，它有伸展性，也有伸縮性，也有機動性，它可領骨肉而並行，不會造成被拖累的情況，也不會在拳架、推手、格鬥的行動中造成累贅。

而且筋有彈力，不僅不會在拳架、推手、格鬥的行動中造成累贅，它的彈簧性、彈抖性以及摺疊性，能發揮極其快速的抖勁、摺疊勁，是武功中，較為高層次的境界。

彈抖勁是筋的彈性所發揮的作用，不是全身肌肉的顫抖。

再者，筋的提舉、伸拔、展放，是造就掤勁修煉的一個過程，也就是說，必得透過筋的提舉、伸拔、展放等過程，始能令氣場注入，而成就掤勁。

所以，這種分離的境界，是筋骨分離的境界，不是骨肉分離的虛幻境界。

因此，宜說「筋骨分離」，不宜謂「骨肉分離」。

而「筋骨分離」，只是一種練法，只是一種感覺法，在實際應用時，筋、骨、肉是互相牽連的，是無法分離的。

鬆的目的，不是讓肌肉鬆弛癱塌，這樣是屬於頑鬆狀態，打的是空拳，無法成就功夫。鬆的終極目標，在於伸筋拔骨，使筋脈增加彈性，注入氣場，成就掤勁。這個法訣，很多名師都弄不明白，有些則是暗藏，不肯相授，所以真正成就掤勁的人，並不是很多。

伸筋拔骨，不是侷限於手臂，因為我們的筋是全身遍布的，所以全身的筋骨，都要拔放伸展開來，令氣場注入。譬如，行功心解云：「牽動往來氣貼背，斂入脊骨。」還有曰：「腹鬆，氣斂入骨。」在在的說明，這個鬆，是透過伸筋拔骨的過程，使得脊背、腰間的筋脈開展伸拔，這樣才能「氣斂入骨」，才能「氣貼背」，成就全身各處的掤勁，這就是「氣遍周身」，終而達到養生、健身的目的，也成就了所有內

家拳的內暗勁之深妙武功。

第十一節　伸筋與掤勁之關係

筋的修煉與掤勁的養成，是息息相關的，但是知道練筋的人並不是很多，也很少有人論述到筋要如何修煉，才能成就掤勁。

個人一向重視筋的修煉，認為練筋是為成就掤勁的要件之一，在我的著作當中，都有論述到筋的運作與修煉。

筋是有彈性的，就像彈簧及橡皮筋一樣，可伸可縮；但是如果不常常去使用它們，那麼，彈簧也會生鏽，橡皮筋也會變成一條死筋。吹氣球之前，要先拉一拉，使它的彈力活絡起來，才好吹開。

我們的筋，如果不常去鍛鍊，也有可能變成死筋，稍一活動，就會扭傷，或者引生其他病變。

一般運動的拉筋，是可讓筋較為鬆軟，但是不能讓真氣注入筋內，不能活化筋的機能，而且也無法成就武功。若是懂得內家拳的運筋、伸筋、開筋等方法，則能成就內勁功夫，這是一般運動家以及硬拳系統較少去深入探索與理解的。

練形意拳，是筋帶著骨、領著骨而行、而運的，不是堅硬的骨頭，自己在那邊橫行直闖。筋提領著骨而運行時，就會有氣沉的感覺，譬如，我們把手臂捧提起來，要有筋在上骨在下的意識覺感，筋在上拖帶著下面的骨肉往上提，這樣就會感覺到筋因被骨肉重量的往下墜落的牽扯，也就是說，我筋是要往上提的，而你骨肉卻有一股往

下墜落的重量之牽扯，而形成一種互相對抗的二爭力，這時候手臂的整條筋，有被撐開、拉開、牽開、扯開之感。在這種牽扯、撐拉的動力下，手臂的各個關節就會慢慢被拉開，包括肩、胛、肘、腕等等，這些關節被拉開，體內的真氣就會挹注到裡面去，有了氣的輸入、滋潤，這條筋就充滿了生機，也會增加彈性活力，這也就是我們要修煉的掤勁。

掤勁是處處都有的，不是侷限於手臂，譬如，虛領頂勁就是頸項的掤勁，譬如涵胸拔背，就是背脊的掤勁，譬如腰胯的撐裹、開襠與合襠，就是腰胯的掤勁。

這邊要特別一提的是腿、胯、腰三者的筋的開拔。譬如，做本門基本功單練中的翻蓋掌，當手往下捋時，腿、胯、腰三者是先行的，然後拖曳著手臂而走，在後腳往下、往後坐落時，前腳要往外撐勁，不可隨著腰轉動或呈塌腿現象，如果塌了或隨腰轉動，那麼，從胯到腳之間的內側整條筋，就不會被拉扯到，也就是說沒有運到筋，這筋是沒有透過兩腳的二爭力之互相撐持，這筋是沒有被牽扯而拉拔的，這就是沒有「運筋」，這樣，腰胯就不能達到真鬆的境地。

所謂真鬆，是說這個鬆，是靈活而富有彈性的，不是鬆垮垮的頑鬆。當這腿、胯、腰三者的筋被拉開，注入了真氣，它就彈活了，在真正應用時，才會有摺疊、螺旋及蒼龍抖甲的抖勁之呈現，這時候的出拳，因為透過快速的摺疊，才能疾快而充滿爆發力，如果再加上形意的蹬勁，向前崩去，被打到，不倒也難，這樣的出拳，這樣的發

勁，才是真正的「唯快」，才是真正的爆破內勁。

　　筋，就好像弓箭的弓把與弓弦，它是有彈性而機動的，骨就像箭身，直直硬硬的。箭身若沒有弓把與弓弦，是發生不了作用的，用骨頭出拳，是硬拙而剛蹣的，只有以筋領拳，因為有彈力的關係，才能機動、靈活、快速而有整勁效果。

　　怎麼才能達到自己感覺筋有被拉開？筋被拉開、被牽扯的感覺是怎樣呢？練拳首重感覺，感覺到了，練拳才有作用，才有效果，沒有感覺的練習，都是空練，都是「練空拳」，都是白練，都是體操運動模式罷了。

　　以簡單而易於明白的動作來作例，譬如太極的右斜飛式，從「其根在腳」的腳引領，左後腳根以暗勁向前微微使勁，經腿胯腰，而至手，左右兩邊所連結貫串的「一條筋」要有互為撐蹬的暗勁相對抗，也就是我常說的「二爭力」，在下盤的腳腿與中盤胯腰的互抗互爭之下，連帶的上盤整隻手臂也會被牽扯到了，當手臂往右上方斜行出去時，會有阻力產生，這個阻力會使得手臂的整條筋，因受到阻壓而有被牽扯的感覺，這種感覺，就是筋的緊緻性，筋會有氣脹、氣滿及氣沉的現象產生。

　　你若跟我學拳，在聽講及示範之後，如果還得不到這個感覺，那我就會運用我的「特殊感覺教學法」讓你去感覺，讓你去心領神受，直到你全然明白為止，這是我的教拳方式，因為如果沒有體會出學拳的「眉角」，就得不到學拳的效果，那麼練拳就白練了，金錢就白花了。

　　又譬如，做仆步練習，彎的那一隻腳要往外撐持著，

直的那一隻腳不能癱塌或太直，而是要隨曲就伸，要直中有曲，這顯然也是一種矛盾勁，在微曲不全直當中，腳內側及底下的筋才有被伸開拉扯的可能。一般人做這個動作，都是用蹲下去的方式在練，成為體操把式，對於筋的伸拔，是沒有作用的。

還有，一般說到鬆腰鬆胯，都是落於頑鬆把式，沒有緊緻作用，因為腰胯如果沒有透過擰裹的緊緻左右互相的拉拔，那麼彈抖勁是無法成就的，蒼龍抖甲的震身功夫也將無法練成。

筋在實戰用法當中，佔著極為重要的角色。譬如，形意崩拳的崩擊，全是由筋領骨而行而崩擊的。它在出拳時，先由腳樁的蹬勁，打下暗樁，借地之反彈摺疊，上傳於腿腰而手，這是一線的筋所牽引的，這一條筋引至肩膀時，這個肩胛是呈緊緻狀態的，也是一種裹勁束身的狀態。手臂出拳，是由肩膀至手的一條筋的整勁，一貫而出的，不是拳頭局部在出力，而是整條筋在出勁，配合著腰腿的連接一條完整的筋來發勁的，這樣的發勁才有彈簧的伸縮摺疊，才有爆破威力，才是真正的完整一氣的整勁。

所以說，筋的一致性，是整勁的要件。所以說，不是由筋所引領的出勁，都是屬於蠻力的範圍，不是內家拳的領域。

筋，包括肌肉、韌帶及附著在骨頭周圍的軟組織，筋的學名叫經筋，是縱橫向分佈的。我們練開筋、拉筋，似乎不需要去深究這些經絡學，把它搞複雜化了。有些人練拳，喜歡談經絡、穴道之類的，甚至說運氣要通過哪些穴

道、筋絡的，這就難免鑽進了牛角尖了。

太極拳十三勢歌云「氣遍身軀不少滯」，這是說當你練到氣遍周身時，氣就沒有絲毫的滯礙了，就如水銀瀉地，無孔不入了，所以，當「氣遍身軀不少滯」時，還需要去管體內的氣，行到哪個穴位嗎？氣是自然會通遍的。

練筋也是一樣，拉到筋，牽動到筋，筋開了，你的筋就有緊緻的感覺；筋鬆了，自然會有沉墜及微痠的感覺，如果沒有感覺的話，就要靠老師的餵勁，應用各種觸身感覺法，讓學生去感覺，能夠這樣教學，才堪稱是好老師，堪稱是明師。

第十二節　練筋要有痠的感覺

盤架子，手肢捧提起來，以及在牽動往來當中，筋骨若有伸展拉拔開來，筋就會有一股痠痠的感覺，包括骨關節、筋膜、韌帶等等，這樣內氣才能注入；如果沒有這個感覺，不管你是多麼的鬆，也是「頑鬆」，不能成就掤勁，也無功夫可言。

掤，事實上它是一個承載力，你手提舉起來，捧吊著一斤的重物，因為手的筋有承載力，所以可以把這一斤的重物提在空中而不墜落，也因為筋的承載力道，而引生筋的微痠之感。

若是提舉之物越重，那麼痠的感覺也就越大，因為要有更大的承載力來承擔這個重量。

我們練拳盤架子，兩手是空的，不會提著重物打拳，但是手伸展出去，是要拉筋拔膜的，筋膜韌帶等有了伸

拔，等於是筋承載著骨肉的重量，因此也會有痠緊的感覺；若是沒有這個痠而緊緻的感覺，肯定是用了拙力去提舉手臂，這就像平常人舉手抓癢，一點手痠的感覺都沒有的。

「頑鬆」式的空，也不會有痠的感覺，因為已經鬆到空空無物，過份的主張鬆，而鬆到空空如也；這樣的鬆，這樣的空，是一種空幻，只是一種意識上空洞無實感的鬆，脫離了現實面，與現實脫節，是一種幻想主義的「頑鬆」，也是一種「頑空」。

頑，是頑固，冥頑不靈，思想固執在「人云亦云」的框框中，自己沒有主意，沒有定見，只是聽人家說，練拳要鬆、要鬆、要鬆，因此就胡裡胡塗的附和人家，也跟著大聲喊叫，要鬆、要鬆、要鬆，鬆到老，功夫一點也沒出來，這冤不冤枉呀？

一個練家子打拳，手鬆空的捧提起來，因為氣沉的緣故，也因為氣沉是一種質量的緣故，所以手越鬆柔的捧提起來，內氣的質量就越沉越重，氣的質量越沉越重會引生筋的垂吊伸拔，把痠的感覺帶領出來。

看一個好手打拳，在鬆中有氣的質感，有一股氣沉的氣韻，不是空空無物的，不是頑鬆式的空中樓閣。

第八章　形意摺疊論

第一節　什麼是摺疊？

行功心解云：「往復須有摺疊。」

往復，就是來來去去，往往返返，周流不息，沒有停頓，沒有斷續，沒有凹凸；去又折回，往而復返。

在去又折回，往而復返之中，它的連綿貫串相接之處，會自然形成一個「**摺疊**」，透過這個「**摺疊**」而使得往復中的動作有一個銜接而無斷層，這就是拳論所謂的「完整一氣」，透過完整一氣，而完成一個「整勁」。

在打拳運功時，在往往復復，來來去去的動作中，必須有許多的相連，相接，相疊之處，俗語謂之「重重疊疊」。這相連，相接，相疊的主要目的，是要把外表的肢體動作及內在的氣，貫串起來，而不斷離，成為一個完整的勁路，這樣，氣才能內外互相鼓盪，動作才能協調無間，如行雲流水一般，如長江之浪一樣，滔滔而不絕。

摺疊的目的不只是純粹的相連，相接，相疊而已，它蘊藏著不為人知的掤勁及暗勁的修煉。

在摺疊處，會形成一股極強大的反作力、反射力；使筋脈拉開著，掤著，然後造成一股自然而成的彈力，久練之後，由於掤勁的沉斂與渾厚，以及筋脈的彈簧之勁的養成，而使發勁能在瞬間快速爆發，去而復返，快速歸位，

準備下一波的連續攻擊。

摺疊，必須以意導，氣行，在極鬆之中，去感覺搠處的「沉」。運用摺疊，令氣與勁一波一波的向前湧去，去而復返，返而又去，氣的往往復復，就像幫浦有規律有節奏的往返，功夫行深之時，蘊藏的內勁，日復一日的累積增長，有一天，當你感覺手一舉動，特別的沉重，表示內勁已滲入而斂骨，成就不為人知的暗勁。

摺疊處，就像浪濤，一波強勝一波，而且暗潮洶湧。在每個關節處，後浪推動前浪，需要營造一股強烈的阻力，因前浪的阻擋會形成阻力，在肩催肘，肘催手的過程中，自己去營造出阻力，這個阻力就是摺疊處的動力，那種阻力的感覺，只有自己能夠知道。

肢體的摺疊，是各個關節的往復伸縮壓擠，靠著內部的氣與外面空氣的擠盪所營造出來的阻力，使各關節因阻力的關係，所產生的推擠而形成的阻力，在一前一後或一左一右及立體迴旋所造成的往復壓擠，在阻力銜接之關節處，形成摺疊，所以，這種摺疊是自己身體各部關節在動作的往復間所營造出來的壓縮阻力，也是一種反推擠之暗勁。

摺疊就像盒子裝著自動彈擊的拳擊套，樞紐一按，拳擊套自動擊出，因為接連拳擊套的彈簧具有摺疊的彈性。身體各部關節的摺疊，就像這個彈簧機，在用時能神速的一舉而出，因為有摺疊而富有彈性的關係。

發勁要有摺疊，才能打出綿掌而讓人奔跌而出；若無摺疊，就像一根硬棒子直戳人家，只能感覺那種力是笨拙

僵固的，這種彎拙之力，缺少虛實變化，不能伸縮自如。

摺疊的綿掌，能掌控裕如，隨心所欲，變化多端，能在聽勁懂勁的神妙中，反應而變化虛實，發勁而人不知，當你覺知時，已被打出，卻莫明所以，腦筋鏽兜，一片空白，停頓半響，一時無法回神。

在化勁及接勁時，也是摺疊在起作用，如何將對手的來力接化到腳底，須靠著各個關節如彈簧般的摺疊伸縮，而化解對方的強勢來力，然後反彈回去，完成一個化帶打的完美動作勢力，所謂連消帶打必須藉由摺疊的運作才能發揮作用。一般使拙力的技擊，大部分是以招架來阻擋對手的攻擊，只有內家拳所擁有的摺疊功夫，始能發揮「化即是打」及「連消帶打」的功能。

第二節　神妙的摺疊

摺疊，就像海浪，前浪去了折回，後浪緊追而至，二浪互相碰觸、擠壓，產生更大的驚濤駭浪。

在人體上，每一個關節，都是一個浪，在練拳架的往復之中，各個肢體與關節因為被「其根在腳」的腳所牽動的關係，它的行進路程就有了先後的必然程序，也就是說下盤會先行動，由腳而腿而腰，最後形於手，就像揮舞彩帶，由下往上循環而舞動，所以在上下或左右或立體圓弧等等的往復來回牽動當中，就會有由各個關節引領所有身軀支架而牽動運行的互相擠壓及碰觸，使得體內的氣血更加澎湃，產生正面的壓力。

這一波一波的壓力，在每個關節處產生摺疊擠壓效

用，因前浪的折回阻擋，會使後浪形成阻力作用，也就是說，在每個關節處會產生阻力加壓效果，在摺疊處，會形成一股極強大的反作力、反射力，而助於筋脈的拉扯，使得筋脈被拉開、拉長，達到鬆開的作用，這個阻力就是摺疊處的動力、動源，它蘊藏著不為人知的掤勁及暗勁的修煉。

筋脈的彈簧性養成，就是掤勁的養成，此時所有的彈簧勁、螺旋勁、摺疊勁、翻浪勁一併成就，不可思議。事實上，這些彈簧勁、螺旋勁、摺疊勁、翻浪勁都是同一個東西，都是同一味的，只是名稱、說法不同而已。

由於掤勁的沉斂以及渾厚，而成就了彈簧摺疊勁，使得在發勁時，能在瞬間快速的爆發勁源，去而復返，快速歸位，而達到真正的唯快不破的爆發能量。

摺疊的體與用，如何練，摺疊在體用當中，能發生何種神妙效用？

摺疊功體的修煉，就是要如上舉的海浪理論，也就是「其根在腳，由腳而腿而腰，形於手。」的理論。在練拳架或基本功，都要依循這個理論而行、而練，也就是說由下盤去牽動中盤，去牽動上盤，層層往上推動，使我們的肢體有一個前動與後動的先後順序，如彩帶般的蠕動，使這個蠕動在往復當中，在去者與折回者之間，形成一個浪型的摺疊狀態，由這個摺疊所產生的擠壓作用，使我們體內的氣血的流動加強、激化，而產生「騰然」作用，這個借牽動往來所產生的「氣騰然」作用，能令氣貼於背，能使氣斂入脊骨，成就不為人知的內勁能量。

　　摺疊的用法，在推手或格鬥實戰中，透過摺疊能使勁道更強化，能使速度更疾快。為什麼呢？因為摺疊就是一種肢體上各個關節支架互相引領牽動運行折衝、擠壓所引生的的一種反作用力，這個反作用力，是遠遠勝過一般單一面向的出拳方式的。

　　這種折衝、擠壓所引生的的一種反作用力，若透過推手聽勁的訓練，所升進的靈敏度，更能發揮無比疾快的反射力，使得出拳的速度能似放箭般的迅速，這種快，才是真正的唯快，才是真正的唯快不破，而且因為摺疊引生的折衝、折回，能在出拳後快速歸位，做為第二波的攻擊或防守而預作準備，使得在格鬥技擊當中，能夠穩操勝券。

　　摺疊好像一個彈簧圈，你壓它，自然會有一股反彈力產生，你一放手，彈簧圈就會反彈上來。我們發勁中的打樁，就是這個原理，你樁往地下一打，它也會產生反彈力，也可以說是一種摺疊勁的反射回打，這個因摺疊所引生的反彈勁道，是無比的強大與快速的，一般人不知這個原理，所以出拳都是慢而無力的，是很容易對付的。

　　摺疊不只限於直線型的打樁，它還有多種類型。譬如，有一種剪刀，就像剪檳榔或剪盆栽花枝的那種，在握把與刀鋒之間，約在上頭三分之一的地方，會安置一個小彈簧，它的形狀，中間有一圈是圓的，然後彎延兩邊直線，尾端有 90 度角的彎度鉤住刀柄內側，這在剪刀剪斷枝條時，兩邊的鉤鉤，因為中間圓型彈簧的回壓，會將刀片再度撐開，以利連續不斷的施剪。

　　這也算是一種摺疊，在拳勢的運用，手小臂往內互

砍，或往外雙撥，就會有這類型的摺疊，比如，十字手的運用，以及形意馬形的雙撥等等。這種向內及向外互相牽動所引生的摺疊，也是要打樁的，而且這中間手的摺疊，還是由腰胯腿等的快速摺疊螺旋而上，才會有手的摺疊效果，所以說，所有的發勁都是要打樁的，不管是直拳或橫拳或上擊等等，打樁的原理都是一樣的，沒有打樁的推按或出拳，都不是真正的發勁，都是局部彎拙的牛力硬使。

鐘擺也是一種摺疊，一種慢速的摺疊，它內部兩邊的彈簧圈是互相引領牽連而動的。打形意暗勁，是要極慢的，在極慢當中，依然有摺疊，透過暗樁、運樁、碾樁以及磨蹭勁等運勁技巧，使這個慢中的摺疊，如抽絲般的醞釀、運使內勁暗藏的勁源，透過由摺疊所引生的阻力、互爭力，使得勁源慢慢的被強化、激化，達到運勁如百煉鋼，何堅不摧的神妙境界。

沖天炮的起飛，也是一種摺疊效用，是一種氣的摺疊，點燃火引，燃燒，醞釀氣機，碰觸爆破燃料，炮的尾端，氣一直催促，然後唰一聲，炮身疾駛而出，這是氣的摺疊作用。這唰的一聲，是氣體的放射，遇到空氣產生阻力而引生反作用力，這就是氣所產生的摺疊。同理，丹田氣也是這個作用，這丹田氣一盪，腳樁同時同步的打下，腳雖也使了部分的力，但這個勁道大抵來至丹田氣，及兩者所配合的打樁所引生的摺疊反彈勁。

丹田氣就是有這個作用，很神妙的，很不可思議的。事實上，所有的發勁、打樁、運樁、運勁等等，都是依靠丹田氣的運使，才能產生作用的。

　　高空彈跳，當身體墜落，到底，因為那條吊帶是有彈性的，落底時，吊帶產生摺疊反彈，使身體減緩墜落的壓力，舒緩體內氣血瞬間的直沖。從這個理，我們可以聯想到射箭的情況，射箭時先拉弓，放箭時，弓弦向前彈出，到盡頭時，它也是剎那快速的連續反彈的，只是我們的肉眼看不大清楚而已，這個快速的連續反彈，就是摺疊所生的作用。

　　我們爬樓梯下樓，或爬山下山，腳，尤其是膝蓋是不能去阻擋身體下落的壓力的，否則膝蓋容易受傷，登山的行家，會用摺疊原理，保護膝蓋。在腳落地時，順勢盪一下，再折回來，這樣就可以減輕身體落地時的壓力，使膝部有舒緩的餘地。我們練拳或運動是要使身體健康的，很多練拳的拳友及登山的山友，不明諳這些道理，而致傷痕累累，不可不慎。

　　我們的腰柱是一個中心軸，練拳架、基本功或推手、格鬥，要善用這個軸。因為這個軸，可以借勢產生迴旋力，產生強大的離心力；也可善用這個腰軸產生拋物線的強大力道。而這腰軸的依靠，就像鋼管舞的鋼柱，要直落於腳根的，與腳根連成一線而落樁，才能使人在藉柱旋轉時，不會被拋物線的離心力所拋離。

　　腰柱可以左右來回旋轉，因腳樁的二爭力，產生摺疊，以及丹田氣的鼓盪與腳樁的立地，而有蒼龍抖甲的抖勁產生，這個抖勁事實上就是摺疊所引生的連續抖盪，都是摺疊所產生的效用。

　　甩毛巾、甩鞭是一種摺疊，丟十字迴旋弓也是一種

力向的摺疊，本門所有的內勁單練法，都是強調摺疊的練法，練了就可以用的。

事實上，所有的內家拳都是涵蓋著摺疊的，只要有往復，有來回，有牽動，就會有摺疊的現象產生，只是大家都沒有深入去探討，沒有練到入裏而已。

硬拳系統的出力，大部分是直向的，是單向的，沒有連結的往復來回，也比較不會用腳樁去運樁，去牽動身體，所以不知摺疊為何物。內家拳比較會用頭腦，會用簡單而省力的方法，去走捷徑的路。

第三節　摺疊的體與用

摺疊是練體還是練用？我們先來看名家的說法：

董英傑《太極拳釋義》說：「與人對敵或來或往，摺疊即曲肘彎肱之式，摺背敵其身手，此係近身使用法，離遠無用，進退不要泥一式，須有轉換隨機變化也。」

陳微明說：「摺疊者，亦變虛實也。其所變之虛實，最為細微。太極接勁，往往用摺疊，外面看似未動，而其內已有摺疊。」

李亦畬《打手要言》說：「往復須有摺疊，所謂因敵變化示神奇也，往復須分陰陽，機由己發，力從人借。」

綜觀名家之言，把行功心解所謂的摺疊，都指稱於「用」法一隅，偏向於虛實的轉換。

董英傑把摺疊侷限於曲肘彎肱，陳微明把摺疊侷限於接勁的變化虛實，李亦畬解釋摺疊為分陰陽，這似乎太狹隘了一點。

事實上，摺疊是涵蓋了「體」的練法的。如果用肢體的練法來詮釋，反而更容易讓人明白「摺疊」之意涵的。

我們的肢體，各個關節，皆能活動，都可以往復的來回活動，在來去往復之間，各個關節，在前節去而折回，後節緊接而至，就會發生一個對撞折衝，就如海浪一般，後浪推前浪，前浪折回，與後浪產生折衝對撞，引生了一個衝擊力道，驚濤駭浪由此而生。

人體每一個關節，都是一個浪，都有摺疊效果，如果能善用這個摺疊概念，對於內家拳的修煉，是有正面的利益的。

我們練拳，當然不是在求各關節的對撞，而是依靠這個前關節的折返，與後關節的推擠壓縮，產生更強烈的氣場，也藉此而增加運勁與發勁的效果。

摺疊的變相有：甩毛巾、甩鞭、十字迴旋弓、彈簧圈、沖天炮的氣沖、撐竿跳、射箭、彩帶舞，海豚游水、洗衣機旋轉洗清理論等等，它們所引生的動作，都含有摺疊的意味。

洗衣機在洗清階段，一下子是順時鐘方向，一下子是逆時鐘方向，左右的旋轉折衝清洗，使得污水更容易脫清，這是道地的摺疊變相。

我們的脊柱，是一個軸，一個圓軸，我們站立打拳的時候，這個脊軸能左右旋轉，由雙腿及腰胯來帶動旋轉，這跟洗衣機的洗清左右旋轉，道理是相同的。

海浪理論及洗衣機理論，我把它們拿來作為摺疊的喻論，這是我的創見與發明。

「打樁」，是不是一種摺疊？當然是的，樁往下一打，它也是有往復的，有一個回饋的暗勁力道會回傳上來，這是上下的摺疊。腰的左右彈抖，是不是一種摺疊？當然是的，這是一種左右的摺疊。

用台灣話「轉骨輪」來詮釋「摺疊」，或許會簡單明白些。

我們的骨關節，都是由兩組骨輪連接而成，中間有軟骨，周圍有韌帶、筋膜等包覆著，由於這些組織的互相配合，使得關節能彎、能折、能轉，能做各種活動。

很多運動都是要「轉骨輪」，最明顯的就是「吊環」或稱「雙環」，這在奧運競賽當中就可以觀賞到，其中的肩關節的轉折，更是令人嘆為觀止的。由於筋膜與韌帶的伸縮彈性作用，使得骨輪的轉折順遂不會受到傷害。

太極拳賢輩，將這個「摺疊」理論，將這個「轉骨輪」理論引入拳中，使得後輩習拳者，有了一個遵循的方向，很多具有「夙慧」的智者，依此而練出內家絕妙功夫。有些則誤入歧途，把「摺疊」二字悟錯，偏離了拳意，功夫就上不了手，令人遺憾。

「摺疊」理論，事實上很簡單。拳中所謂的「摺疊」就是「關節」或是說「骨輪」的一種折衝加壓活動，它雖然涵蓋了練「體」與練「用」，但大致上，是比較偏重於練體而言的。為什麼如是說呢？因為行功心解是這樣講的：「往復須有摺疊」，往復，就是來來去去，來而復去，去而復返。就像海浪，後浪推前浪，一波一波，前浪去了又折回來，後浪不斷的與前浪互相折撞，產生一層一

層的洶湧波濤，這浪濤拍岸力道是令人驚嘆的。

　　我們打拳，也是不停的往復來回的，由腳而腿而腰而手，一節催動一節，由下而上，腳是先行動的，手是最後到達的。

　　譬如我們打形意劈拳，在採拔與上鑽的一往一復當中，骨輪與骨輪之間，就會有一個折衝，或說是一個互相的壓擠，或一個相互的分開拉扯。這個折回壓擠與分開拉扯，它有加壓及伸展兩個作用，這兩個作用能使得我們的筋脈、骨節注入更強烈的氣場，久練而斂氣入於筋脈與骨骼之內，成就內勁質量。而且可以增進筋脈的彈力與機動性，這是練功體的方面。

　　打拳架，是不斷的往復來回的，所以行功心解所謂的「往復須有摺疊」，是指拳架練體而言的成份比較多。

　　我再拿行功心解的一段話來加強我這個立論。

　　行功心解說：「牽動往來，氣貼背，斂入脊骨。」這句話是為前面的那句「往復須有摺疊」作加註及補充，也算是一種強調。「牽動往來」與「往復摺疊」是異詞同工，意思是相同的。打拳都是往往復復，來來返返的牽動著身體及四肢，有牽動往來，就會有摺疊現象產生，也因為有摺疊的關係而產生加壓效果，使得體內氣場的運轉更強烈，起到騰然作用，氣騰然之後，就可以斂入脊骨，成為內勁質量。

　　我引經據典來證明行功心解所謂的「往復須有摺疊」，這摺疊是指練「**體**」為大方向的，雖然摺疊也有「**用**」的作用，但是如果依經典之擺陳及深入的去理解，

它鋪陳修煉「體」的方面是微多的。

至於在「用」的方面，當然也是有摺疊的運用的。譬如，對方用力雙按攻擊而來，我只要胯一個沉折，就可化去來力，如果化後順勢回打，這就是一個摺疊的完整動作；若是只化而不回打，這樣只能算是一個「摺」，因為沒有回打，就沒有「疊」，沒有疊回去。所以摺疊的「用」在推手或技擊方面，有時就只有單方的「往」或「復」，不會有往復的連動。所以我才會主張，這個「摺疊」是偏指打拳練體的方面比較多的，與大師們的釋義偏於虛實方面的運用，是有一些不同的看法的。

摺疊轉骨輪，在用的方面，不限於手臂肩、肘的摺疊與轉輪，腰、胯、脊、膝、踝等骨輪的折轉，都是要去互相配合連動的，這些骨輪是一個整體，是不能分割離析的。因此，摺疊在用法中似乎不宜限定於曲肘彎肱之式，或摺背敵之身手而已。

還有，我們在出拳做攻擊動作時，手臂如果是直接直拳而出，速度是不會快的；如果能配合腳的打樁而引生腰胯及肩肘等關節的快速摺疊與附加出來的快速彈抖，那麼這個拳打擊出去，才會有驚人的閃電疾速與瞬間的爆發力道。

肢體外層的摺疊，不足為奇，丹田氣的摺疊，才是神妙而令人稱嘆的。丹田氣在丹田氣囊中，是一種內轉與鼓盪，所以當然也有往復摺疊的現象，但丹田氣的摺疊，只有上了層次水準的練家子，才能理解與敘述的。

高手的化勁，只是丹田氣的一個轉折，這是內在的氣

的摺疊，你看不到他在那邊曲肘彎肱，或折腰轉胯。身形關節的摺疊走化，與丹田氣的摺疊虛實神變，兩者相比，實有天淵之別的。

第四節　形意的摺疊

摺疊一辭，出於太極拳行功心解，行功心解曰：「往復須有摺疊。」所以摺疊常被太極修煉者所津津樂道，但是摺疊的真正意義為何？各說各話，見仁見智。

有關摺疊論述我也說了很多，在此就不再對理論方面多所贅言，僅將摺疊在形意五行拳中的修煉與用法作一簡單的敘述。

形意五行拳都是奇正相生的，都是有往復的，都是有關節與筋脈韌帶的拉拔與折衝的，所以每一個動作招式，也都會產生摺疊現象與摺疊所產生的作用。

摺疊這個名詞雖出至於太極拳經，然而卻適用於各種內家拳的修煉，包括形意拳。我個人練形意、太極與八卦，雖獨鍾於形意，但對於太極經論的推崇並不乏少的。三家拳的經典都是互相關聯的，都是互通的，所以不分彼此。

今舉形意五行拳劈拳的摺疊，作一個概括性的總說。

劈拳有三個動作，採拔、上鑽、下劈。在做第一個動作採拔時，不是直接往下、往後採拔，這樣太單調、太直力。

打形意要「借勢」，所以每個動作都會有一個「預勢」，在採拔之前，要有一個「預勢」，主力由丹田起

動，丹田氣在氣囊中微微一盪，這之間，丹田氣囊已經做了一個內氣的轉圓摺疊，這股被壓縮的氣，經由腰胯而腿而至腳根，此時樁入地底，又同時同步的反彈摺疊回來到腰胯來，在腰胯中有一個左右的摺疊；延續而上，肩胛肘一併產生摺疊，到此，兩手才往前以暗勁向前伸出。

這是在做採拔時的前置動作，也是一種「預勢」的「借勢」動作。借勢是省力的原則，沒有借勢沒有預勢，就不能省力，這樣，所施的力就是一種單一面向的局部勢力，就是一種拙力，是達不到真鬆的境地的。

前置動作的預勢完成之後，才進入到第一個的採拔動作，這個採拔，因為有了前置的預勢，所以就能順水推舟的借這股勢力而折回，形成一個圓弧曲線圖形畫面，大家都知道圓弧曲線是最順勢最省力的方式。

在往後、往下採拔到盡底時，腰胯要有一個左右的轉圓摺疊，帶動肩胛與肘的摺疊，再往前、往上鑽出，這是第二個動作。

左手上鑽時，手要往外擰，腰胯往右擰，形成一股二爭力，擰至腰胯方圓一帶的筋都緊束起來，然後，丹田氣一沉一鬆，丹田氣囊會自動的回轉一小圈，也是一個摺疊，再往右扭轉。

第三個動作，要劈出去時，腰胯往左回擰，右拳從左肘側扭轉往前、往下劈，在劈下時，由於丹田氣的鼓盪餘波作用，腰腹會左右摺疊兩三圈，這就是餘波盪漾，是丹田氣的盪漾，也是一種摺疊的餘緒。

劈拳如是，其餘崩、鑽、炮、橫各拳，當可舉一反

三，不再贅敘。

　　摺疊在戰技方面的用法，每一個出拳的攻擊動作，不是直接的拳頭往前衝擊，而是身勢先行，身勢藉著腳根暗樁的入地，引動身體向前竄出；身體向前竄出時，一股慣性作用的反作力會將手臂往後牽引，形成一個摺疊，這個摺疊配合腳樁的蹬地，促使身體的前行；蹬地力量的大小與衝出速度的快慢，決定了出拳的力道與速度，所以樁功如果夠好，打下的樁勁夠強，那麼摺疊的效果越大，打擊力及速度才能發揮到極致狀態。

　　當身體竄出，腳步前衝落地時，又是一個疾煞車的打樁與入樁，也因為樁根的疾煞，使得身體的慣性作用發揮到極大，在落體與落樁時，牽動摺疊中的手，出拳打擊出去。

　　這種摺疊式的出拳方式，是真正的唯快方式，是配合了丹田氣的鼓盪與腳樁的借地之力，所引生的全身各個關節與筋脈的整體摺疊總動員，這才是拳經所說的完整一氣，才是真正的整勁。

　　所以，真正的整勁，它的要件，有丹田氣的飽滿圓實、樁功蹬勁的落實、快速的摺疊等等，這些條件，在形意的修煉當中，都是不可或缺的，也唯有成就了這些功體，才算是形意的大成。

第九章 形意的快與慢

第一節 形意明勁階段的快

內家拳一般的練法，都是以慢練為主，講求鬆柔，不用蠻力，如太極拳是。太極拳，也有快慢相間的練法，如陳派太極拳。有些人喜歡標新立異，自創所謂的快太極，使太極拳變成渾亂現象。

形意拳一般初練，是打明勁，動作明快開展；到達暗勁階段，也以鬆柔為宗，不尚拙力；打套路時，則是剛柔並濟，快慢相輔。

八卦掌講求輕靈沉穩，轉掌擰腰摺疊處，使用暗勁，要蓄勁，所以要慢；在擺扣移形換步及俯衝時，如老鷹獵食，快速飛降。

形意拳諺說：「慢要比人家更慢，快要比人家更快。」也說：「練時慢，用時快。」

「慢要比人家更慢」，是指練法，在行功打拳架時，宜慢，因為慢才能行氣運身，才能導氣斂入骨髓，聚成內勁；所以內勁尚未凝聚之前，是不宜練發勁及使快的動作，如果太極拳初練時，就有快速發勁的練法，是不能成就功夫的，雖然外形上看似有勁，實則是不具威力的。

有位拳友，練某派太極拳，打拳架就常有發勁的動作，練了七、八年，去參加拳架套路比賽拿過金牌銀牌，

但在實際應用發勁時，卻是使不上勁的，這些情形比比皆是。故行家主張，在內勁尚未成就之前，不宜打有發勁的拳架，而且發勁及快速的動作，是較耗氣力的，偶而練習則可，時常為之，於養身而言是不宜的。

「**快要比人家更快**」，是指用法，是指發勁。當內勁成就時，要快，就可以比人家更快，所謂後發先到是也。為何能如此？因為發勁是丹田內氣的作用，是意念的驅使，意念一動，勁已然到達定位，像子彈的擊發爆破一般，是迅雷不及掩耳的，所以能比人家更快。

內家拳要求「練時慢」，要以心行氣，以氣運身，氣要慢、要長、要深、要細、要勻，要滾盪、要導引、要沉著，外形身手腰胯要擰鑽，要纏轉，要摺疊，要如拉弓，如抽絲，綿綿深細。這樣練功行深時，內勁則日漸凝聚內斂。

內勁成就了，當然可以「用時快」，不必贅述。

外家人，看練太極拳及練形意暗勁那麼慢，總是搖頭的，眼睛會長在頭上，不屑一顧。年輕人則是崇尚外形、外力以及快感的，不想親近內家拳。

內家行家總是寂寞的，難遇知音，內家真功夫的承傳，也因此逐漸沒落。百萬士兵一將軍，要做將軍比較困難，所以凡夫總是多數。

拳經云：「非有宿慧不能悟也。」沒有宿慧，不能悟得內家拳的真義；沒有智慧，也不能成就形意拳的真髓。

形意初階都是練明勁比較多，為什麼如此呢？初階

先練筋骨皮，偏於外練，要先外壯，把筋骨先練好，才有所本，筋骨強化了，才能有耐力去練站樁，練運樁，練運筋，練暗勁的蹬步等等；暗勁階段的練習，雖然動作緩慢，但都是在催筋拔骨，雖然表面上看起來是鬆鬆柔柔的，事實上，因運氣與運勁的關係，是得要有相當的體力與耐力的。

第二節　形意暗勁慢練的原理

慢，是形意拳暗勁練習的特色之一，但要真正練到形意暗勁慢的境界，其實並不是那麼的容易。

在太極拳中，一般所表現的慢，都是侷限在動作的遲緩及時間的拖延，那是外表形勢的慢，是凡俗所呈現的膚淺動態罷了，不是內家拳所詮釋的內涵，與內家拳之深度質量還有很大的距離。

從健康角度而言，拳中的慢練，可以增強心肺的功能，緩和身心的緊張，使心情平靜，也能訓練肌肉的柔韌及筋骨的彈力，對身體及心靈的修煉都有一定程度的效益。

修煉形意拳在功體方面，以慢練暗勁而求取功體的養成，在慢中實質的去運氣、運樁與運勁，也只有透過真實的運氣、運樁與運勁，才能真正的顯現形意拳慢的真實義，若是缺少運氣、運樁與運勁的內質，那麼這個慢只是天馬行空的鬼畫符，這個慢只是空中樓閣的裝模作樣，與形意真正的慢是天地懸殊的。

慢，能使體內的氣血穩定、緩和、舒展，透過慢匀

的行功運氣，能使氣血通暢、流轉，而氣遍周身，達到健康的效益。而且，丹田氣的圓實飽滿，也是透過靜定慢的過程而沉著、沉澱，而累積、匯聚，氣的內斂也將成為內勁的結晶，也就是說內勁是由丹田氣的積聚斂入筋骨而成就的。

　　運氣要慢，運氣如果太快，氣就會亂而不整，也會散漫而不結集。坊間有人練太極提倡要快練，認為快才能用，這話乍聽似乎成理，然而事實並非如此，如果要快練太極才能致用，那麼太極拳就沒有存在的價值，只要成天去練硬拳體系的揮拳，不須多久，就能有快拳的效果，然而，這些是太極拳所要追求的東西嗎？如果有這些錯誤的認知，大可投向硬拳系統，不必苦苦修這個十年不出門的太極拳。

　　內家拳的快，是經由着熟而漸悟懂勁，由懂勁而階及神明的，然而這些懂勁而階及神明的功夫，非用功努力很久，是不能豁然貫通的，這是拳論所說的。

　　所以，要達到階及神明的內家功夫，當然得先求懂勁的功夫，而懂勁的先決條件就是內勁要先成就，內勁沒有成就，就沒有懂勁的說法，頂多只能說你的反應比人家好，比人家敏捷而已，因為懂勁二字，是涵蓋內勁之成分與質量的。

　　懂勁是由著熟而致，而著熟是涵蓋了招式的著熟、用法的著熟及丹田氣的輸運之著熟等等，也就是說，體與用都熟稔了才稱之為著熟，所有的「著」都熟了，才能漸漸的徹悟而成就懂勁功夫。

　　懂勁不只是聽勁反應的靈敏而已，還要懂得內勁在體內的運為，要懂得運勁的功夫。所謂「運勁」，就是說你的內勁已經成就了，把內勁拿來運行流動，使這個內勁更柔、更 Q、更韌，更富有彈性。如果內勁還沒有成就，是不能稱之為運勁的，只能說是比劃比劃。

　　如果內勁沒有成就，而貿然的去瞎練推樹、推牆的斯技作略，而謂之發勁，這實在是顛倒，因為沒有按照規矩去練，這種反向的練法，想成就內勁及發勁功夫，未之有也。

　　運勁乃是內勁成就後，藉由其根在腳的樁功，借著二爭力的運使，使身手營造出層層的內在阻力，使氣勁在體內的運行更添加如陸地行舟般的氣韻，圍繞著身體，往復摺疊，就如搓揉粉團，上下內外的往復搓揉，工夫深了，粉團就變得柔韌又 Q 彈。運勁也是一樣，當內勁已然成就了，就得做運勁的功夫，透過丹田氣的運使、壓縮、鼓盪及丹田內轉的往復摺疊機制，使得這個內勁 Q 彈起來，做為往後實戰發勁之前導。

　　行功心解云：「邁步如貓行，運勁如抽絲。」形意的邁步，不論前進後退或左右挪移，都要如貓咪的走路一般的輕靈，這個輕靈是有條件的，你的重心要穩，樁功需要成就，邁步要輕、尤其要慢，不能忽略而過，這個慢，含有氣沉的質量，氣如果不夠沉，步法就會搖晃，身形顛簸，這種情形下，只能快而亂的出腳來穩定腳步，而形成了有缺陷處、有凸凹處、有斷續處，成為練拳的最大毛病。

　　運勁要如抽絲般的緩慢勻稱，如果快而不勻，就會將絲抽斷，無法完成完善的抽絲作業。那麼要如何運勁呢？前面說過，內勁是氣的養成內斂後的結晶體，它們雖然是兩個質量，卻是不可分離的，如同有了電，而後有了光能，電光雖是兩種不同的物質，但它們有不可分離的關聯性。你要運勁的同時，也涵攝了運氣的成分。那麼，運氣是要慢的，運勁當然也是同樣慢的，不會有所衝突的。這個慢，也是如陸地行舟似的有重重疊疊的阻力產生，而這個阻力的源頭，就是其根在腳，由腳所傳導的順、逆向及立體圓弧的二爭力所引生而出。

　　在運氣、運勁的同時，也要同步的運椿的，也就是說要同時運到腳椿的勁道的。那麼運椿由於是藉著下盤腳根的爭力，藉由暗椿深入地底所引生的反作力之牽引，去牽動中上盤的腰胯及身手，由於其根在腳的關係，而腿而腰而形於手，所以手、身、腰是被腳根所牽拖而動的，不是自己去自動，此時就會有慢而沉的情況產生，身體裡面的氣就會有被壓縮催動的感覺，以及手臂會有膨脹、伸張、麻麻的氣的充填之感。

　　行功心解又云：「極柔軟，然後極堅剛。」極柔軟就是以極鬆極柔以及極慢的的方式去行功運氣，待氣沉著內斂成就內勁時，才能有極堅剛的發勁成果。所以，欲成就極堅剛的發勁的果，必得先求極柔軟的行功運氣的因，不能因果倒置，想直接從推樹推牆及練快拳的土法煉鋼而欲快速成就發勁的果。

　　形意的慢，是有內質的，它的內裡是有一定的質量

的，不是虛有其表的慢，不是空虛無物的慢，不是懈怠呆滯的慢，不是拖延滯礙的慢；它的慢，是為了帶動氣血的流行，它的慢，是為了運勁，使內勁Q彈柔韌起來，它的慢，是為了將來的快的實戰所做的前方便，也就是說，慢是快的因，快是慢的果，沒有慢的因，就沒有快的果，因為有慢的行功運氣為因，才能斂入匯聚而成就內勁的果；有了成就內勁的因，才有運勁如百煉鋼的果；有了成就百煉鋼的因，才有無堅不摧的果，這因果關係是不會錯亂的，因此，形意的慢與快的因果關係，也是有井然有序而不錯亂的。

形意暗勁練的時候慢，用的時候卻能比人快，它的原理是「由懂勁而階及神明」，也就是內勁成就了，經由運勁及聽勁功夫的修煉，進而達到懂勁而階及神明的境地，已經成就了知己知彼，百戰不殆的深層功夫，已經達到「人不知己，己獨知人」的境界，到了這個神而明之的境界，對方的快又何能為也，這才是形意真正的快。

形意暗勁階段的慢，是有條件的，是有內涵的，只有透過運氣、運勁、運椿的種種過程，才是形意的真慢，所以修學形意暗勁的首部曲，就是要先培養丹田氣，令氣圓實飽滿，要先去養自己的浩然之氣，氣以直養而無害的，這是聖人說的話，要深信不疑。

氣是愈養愈紮實而飽滿的，但不會有啤酒肚出來，不會像相撲之類的練就了滿身的橫肉，只有累贅自己，於健康方面也是無益的，據說相撲選手為了增加體重，要不停的吃，硬把身體撐肥，這不是顛倒是什麼？

　　丹田氣養成了，透過運氣階段，而令氣騰然，然後斂入脊骨，經久而匯聚成內勁質量，之後才能進入運勁的階段。在運勁當中，需要運到樁的，所以樁功的成就也是必具的，樁功不只是運氣與運勁的必備條件，也是將來在發勁時所必須的要件，因為發勁必須配合打樁，所以樁功沒有成就，就不會打樁，不會打樁的發勁都是蠻力之屬，不是真正的發勁。

　　發勁是丹田氣的瞬間爆發，藉由丹田氣的引動，同時同步的打下暗樁，使樁深入地底，產生摺疊反彈勁道，上傳於手，一貫而出。所以，發勁不必像推牆推樹一般的蹲低身體，彎腰翹臀的探身奮力搏出的。

　　拳論所說的「漸悟懂勁」是正確無疑的，懂勁只有漸悟，沒有頓悟，因為懂勁之前，必得先成就內勁，而內勁的養成是得經過長期的修煉累積，不是短期而可致之的。內勁成就爾後，透過推手的聽勁練習，才會漸漸的悟出懂勁的內涵，所以這個悟是漸悟，沒有頓悟，除非你上輩子有練過，此世才會有頓悟的機緣。

　　悟了，老實的練了，就有了實證功夫，也就是說你已成就了功體，也知道了用法，這才叫做懂勁，懂勁了，有了實證功夫，要教人家發勁，就會按部就班的去教學，一步一腳印，沒有速成，也不會去教人家推樹、推牆壁或撞胳膊之類的斯技旁門。

　　形意暗勁慢的原理，在肢體方面，是藉由其根在腳的暗樁，去借地之力所引生的二爭力，上傳而形之於手，這種由下盤腳根的動力去牽動中上盤的腰身手臂，而產生的

阻力，這是慢的主因之一。

再來，身體內部方面，需要靠著丹田氣的運使、壓縮、鼓盪，也就是依恃丹田內轉鼓運機制，使得丹田氣在體內流行。內勁成就的人，在這種運氣的過程中，也含攝了運勁成份，是氣勁一起雙運的，在運氣及運勁當中，內裡的氣會去壓縮內勁的質量，而且體內各個筋、脈、骨、膜及肌肉、血管、穴道等等，在氣的擠壓、運使、鼓盪之下，氣的流行，是極其緩慢的，絕對不會快。

丹田氣越圓實飽滿及內勁越渾厚，所呈現的質量就越沉越重，所以在運行拖曳的過程當中就會自然的展現出慢勻的跡象。如果沒有成就氣勁等內在功夫，所表現出來的慢，只是意識形態所預計的虛慢，也就是說，這種虛構的慢，是自己的意念刻意的去構築營造的，並沒有實際的質量內涵去促成它的真慢。

這種情況，對初學者而言，雖不是真正的慢，因為尚處於模擬階段，是學拳必經的過程，也是無可厚非的；但對於練拳多年的老修行而言，如果尚未成就氣勁等功夫，那麼他的慢，只是一種表面虛假的作態罷了，並不是暗勁功夫之成就所呈現的真慢。

「慢要比人家更慢，快要比人家更快。」慢是指練法，快是指用法，這是有實證太極功夫之人的真實語。沒有實證內勁及懂勁功夫的阿師，才會教人家去練快太極以及推樹推牆等旁門斯技。

以前有一位學員，在太極拳的團練當中，總是比別人快些，他就停在那邊傻等，然後再繼續打，不一會兒，他

又快起來了，叫他慢，總是慢不下來。為什麼會這樣？因為缺乏真正的運氣、運勁及運椿的功夫。

不能慢的原因還有內心不夠寧靜，精神不夠專注。當意念紛飛散漫時，一個不留意，就會被忽略而快了起來，所以打拳練功，內心必須極度的靜定與專注，動作中的每一個剎那，都要去關注與照顧的，不可須臾離之的。

沒有內涵的慢，是呆滯的，是虛妄的，是空洞的。只有丹田氣圓實飽滿、內勁成就、椿功成就、搠勁成就，才能展現形意真正慢的內質。

第三節　形意運椿之快慢與明暗

練形意拳為什麼要特別強調與重視這個「椿」呢？因為這個「椿」是形意拳的最基本，不論是行功運氣打拳架或基本功，或練推手或發勁或實戰、格鬥，會運用到這個「椿」的。沒有這個「椿」就不是形意拳，沒有這個「椿」為基礎的拳就是空心蘿蔔，沒有這個「椿」為基礎的拳就是花拳繡腿，沒有這個「椿」為基礎的拳就是挨打的拳，沒有這個「椿」為基礎的拳都是鬼畫符。

拳經云：「其根在腳，發於腿，主宰於腰，形於手指；由腳而腿而腰，總須完整一氣。」

其根在腳，是在講什麼？，它是在講運椿與打椿發勁的，練拳架或基本功都是要運椿的，由下盤的腳來運椿。但是如果沒有成就椿功，那麼這個腳就是空空洞洞的，這個腳就是虛而不沉的，腳椿若是不能入地生根，盤踞紮實，就無法借地之力，無法力由地起，也無法借這個根軸

暗樁的磨蹭旋轉而引生螺旋勁道，以及力學上的離心力，那麼這個拳架或基本功做起來，就是一個空中樓閣，不能練出氣感，也不能成就內勁。

在發勁時，是要打樁的，沒有打樁就不能產生摺疊與反彈力道，這樣的發勁是不會脆厲與疾速的。

沒有成就樁功與打樁神技，都是不會發勁之人；靠著雙手奮力一推，即使把人推退十餘步，也都是屬於拙力的範疇，歸屬於不會發勁之流。

樁有明、暗之分。什麼是明樁？譬如打形意的明勁，蹬步打樁，步伐要大，震地有聲，脆而響亮，耳朵可聽到打地的聲響，眼睛可看到腳樁蹬地的形像，這就是明樁。

為什麼形意初練要打明勁，打樁要打明樁。因為這是「外練筋骨皮」的一種另類的練法，也就是先「勞其筋骨」的一種鍛鍊方式，以符合孟子所說的「天將降大任於斯人也，必先苦其心志，勞其筋骨」之意。

古時候的練拳，要先外練筋骨皮，先做一些挑水、砍材、負重等等的鍛鍊，使得筋骨、皮膚、肌肉等受到勞乏，一方面磨練身體，一方面磨練心志，要先透過這些淬煉之後，才會開始練拳。形意明勁之鍛鍊，就兼有這一層「勞其筋骨」的類似「外練筋骨皮」的一種另類的練法。

形意的明勁、明樁之練習，一方面練腿力，鍛鍊下盤之腿肌及筋骨的耐力與韌性，更由於步伐的明快與大方的衝刺，而刺激心臟的活動力，與增進肺活量，這就是一種「勞其筋骨」的鍛鍊方法。形意的蹬步可以磨蹭腳底，刺激腳底神經的活躍，進而促使全身血液的通暢。

形意拳在技擊格鬥時，利用腳的蹬步震地，配合喉嚨的虎嘯雷鳴之音，可令敵喪膽、驚悚、畏怯、恐慌，達到制敵的功能，這也是打明樁發聲的一種特效。

以明樁蹬步向前，可增進出拳的威力，也可使在出拳時而令手臂的筋脈同時被伸拔放長，讓筋脈充滿彈性與韌性，也可促進氣血的暢達與注入。

形意的明樁蹬步入手後，可以慢慢轉入或兼練暗樁，而做暗勁的練習，但這個時候並不代表明勁已然成就了，在暗勁的修煉當中，或在暗勁慢慢的累積了功體當中，明勁還是要常常練習的，即使在往後的修煉中，已經成就了內暗勁功體，還是要回過頭來練明勁的，因為當初所練的明勁，只是一個初胚，還未真正成型的，也就是說當初所練的明勁，都還在摸索的階段。

所以，不是說明勁初練以後，明勁的課程就算修完了學分，它只是修成學分中的百分之幾而已，因此，還是要回頭來把學分修滿。

什麼是暗樁？就是這個樁打下去，是聽不到聲響的，也看不到身體或腳有向下打樁的形景，因為表面外形看不到你在打樁，這個樁是暗藏於內的，所以稱之為「暗樁」。

那麼，暗樁是如何打的呢？用丹田氣打，心裡作意，丹田氣一盪，氣就直接竄入腳下，去震盪地層。

暗樁通常都是運用在形意的暗勁練習，因為動作很慢，所以運的也是暗樁。但是如果樁功沒有成就，當然就不會運樁，腳底是空的，使出來的慢，也是一種虛慢、假

慢，不是透過運氣、運椿所呈現出來的真慢，所以，形意階段的慢，是有真慢與假慢之別的，也只有真正的練家子才能分辨這個真慢與假慢，外行的只是看熱鬧而已。

形意暗勁階段之練習，運的椿是暗椿，這個椿是深植地底的，是很深很沉的，所以在蹬步前進時，是極慢的，你要前進，好像有人拉著你、阻著你，不讓你前進一般，阻力是非常大的。但是如果沒有成就椿功，那麼所使出來的慢，就是一種假慢，不是椿功成就，運椿入椿所呈顯出來的真慢。

形意明勁練習，要使快椿、明椿，椿步要明快豪邁，蹬地有力，划步疾速，要追風趕月，要有衝撞之勢。

形意暗勁練習，要使慢椿、暗椿，偷偷地運椿，二爭力要運出來，阻力要出來；蹬地入椿要緩緩的，慢慢的，不急不徐，悠哉閒哉的。

椿功成就了，才會有打椿發勁這一回事兒，會打椿透過練習就會發勁，自然會用丹田氣去打椿發勁。

發勁的原理，是由丹田氣的鼓盪輪運，將氣藉由打椿而入於腳底，所產生的摺疊反彈爆破力，所以會發勁的人，只是一個作意，丹田氣一盪，椿一打而已。

打椿要有節拍，節拍有一拍打一個椿，有一拍打兩個椿，要看動作而變化。有時一個椿打下去，有二股或三股丹田氣的加壓運送，聽起來是很玄的。

還有一種叫「預椿」，前腳打了一個預備暗椿，這個椿並不是發勁的主力，它只是一個借勢來輔助後腳的正式打椿發勁。

　　椿功有成之後，入地有根之時，才能稍知打椿竅門；打椿，純是意與氣之神妙運用，配合肢體勢力，謂之外形內意，形意拳練的就是這個。

　　椿功有了成就後，打起拳架就會運椿，會利用腳椿的暗勁去運椿；會運椿後透過練習就會打椿。學會打暗椿，才能達到「發勁人不知」的神明境界。

　　打椿與震腳是有別的，震腳是肌力，是拙力，打椿是意、氣、勁的結合。會打椿的人，腳是不必高舉，是不必震腳的。.

　　其根在腳，這句話是指運椿與打椿的，發勁是「其根在腳」的，是要打椿的。

　　根據研究報告，振動能量可以產生電力；發勁藉由其根在腳的打椿，所以藉由打椿所產生的振動能量，當然可以產生電能，這是合乎科學邏輯的。

　　運椿、打椿這些明名詞，是少人論說的，也少人說到發勁需要打椿，若是練拳不須運椿，若是發勁不須打椿，那麼，試問拳經所謂的「其根在腳」是在指說什麼呢？它當然是指運椿及打椿發勁而言的，這個發勁，是以丹田氣的鼓盪爆破，引氣入「其根在腳」的腳，去打椿所產生的反彈摺疊勁，由腳而腿而腰，形於手，這樣才能夠「完整一氣」的。

　　由此可知，拳經所說的其根在腳，是在闡述練「體」的「運椿」與練「用」的「打椿」而言的，唯有體用雙運，上下相隨，內外相合才是真正的「完整一氣」，才是真正的「其根在腳」。

第四節　形意暗勁修煉的真慢與假慢

慢，是行意暗勁階段練習的特色，快了就不是暗勁練習了。慢，是形意拳暗勁階段的造就，形意暗勁的練習，要比太極的慢，還要更慢，快了則成就不了形意的暗勁功夫。

然而，形意暗勁階段的慢，這個慢，絕對不是動作的故意放緩，也絕對不是時間的故意拖延。動作的故意放緩及時間的故意拖延，是一種虛幻、虛無、虛假的「假慢」，不是形意暗勁修煉的「真慢」。

真正的慢，有前提要件的。

第一、由「其根在腳」的二爭力之「運椿」，所引生連帶牽動腰胯及脊背、胛肩等之互動二爭力所產生的阻力，是第一前提要件。

若沒有這二爭力所營造出來的阻力，那麼，所盤的架子，將是虛空無物的，所操的架子，將淪為體操運動形式，無法成就掤勁與內勁。

二爭力的營造，要靠「運椿」來造就，也就是說，如果不會「運椿」，就不能有真實的二爭力可以被營造出來。

「運椿」的前提，是得先成就「椿功」，「椿功」成就了，根盤能深入地底，在「運椿」時，才能有所本，也就是說，在「運椿」時，有了「椿基」做為依靠，這個椿，運出來，才有一個實質的能量被呈現，這個能量，可以驅動體內的氣血，運行周身。若是沒有「椿功」為基

礎，沒有「樁基」為「基座」來做為槓桿的「軸」，那麼所行使的二爭力只是肌力的蠻使而已，只是運動到外皮的肌肉而已，無法成就內勁功夫。

第二、利用「摺疊」原理，使體內的氣，產生加壓作用。

行功心解云：「往復須有摺疊。」什麼是摺疊？學太極拳的幾乎九成的人不明白，練形意的更是少提到這個摺疊的。有些名師釋義這個的摺疊，更是錯得離譜，誤導了許多學拳的人。

打拳架，都是往復來回的，不斷的流轉變化，在舊式未斷，新式將承接時，練家子會嵌入一個摺疊，以資連接貫串，讓式與式之間，沒有隙縫斷層，而綿綿不絕，成為一系長拳。也可以說，這個摺疊，就是式與式之間，招與招之中，要嵌入一個互為銜接的機制，使得因為有了這個銜接的機制之嵌入，而加強內氣的輸運，與發勁威力的強度。

我常用海浪來譬喻這個摺疊，前浪去了，後浪追趕而來，當前浪的餘波折回時，與後浪產生一個對撞，並且被後浪的強勢壓擠向前，而激出強烈的浪花，這就是摺疊。還有，後浪行進時受到前浪或前面海水阻壓的阻力之阻礙，而捲起千丈浪，形成一個圓弧的迴旋渦狀，有人稱之為翻浪勁，有人則稱之為摺疊勁，這個浪捲千丈的翻捲浪，就是摺疊所產生的作用與現象，也就是浪與浪在前進與後退之間所引生的迴旋折衝力道。

在拳架之中，關節與關節之間，就像前浪與後浪的關

聯關係，在盤架子當中，各個關節之間的骨架，是節節貫串相連的，往復之中，是有先後的，所以也會如海浪一樣有所折衝的。

我們的筋，是整條的，是有伸縮的，在盤架的往復之中也是有先後的，也會有折衝的折回現象與作用。會打拳的人、會運勁的人，就會善加利用這個折衝的摺疊所產生的加壓作用，以增進內氣的輸運、鼓動，而聚斂內勁能量，使得功體更紮實渾厚；會發勁的練家子，也會善用這個摺疊所產生的折衝迴旋加壓力道，跌人於丈外之地。

摺疊，因為有了前浪的折回，而使得後浪的前進，產生壓力與阻力，所以在盤架子當中，必須加壓的去催動，而使得所有的動作自然的慢下來，這樣的慢，才是「真慢」，才是形意暗勁階段修煉的「真慢」。餘者皆是虛構的、虛偽的、虛幻的、虛無的、虛假的、虛浮的、虛空的、虛有其表、裝模作樣的「假慢」。

另有一類的摺疊，譬如彩帶或軟鞭的 S 形的行進，或如蛇類、蚯蚓等爬蟲類的蠕行或魚類脊背的擺盪，亦是一種摺疊。你抓到一條魚，如果沒有技巧，魚兒運用甩脊背的彈抖、摺疊力，就能爭脫，甚至會打傷你，這是動物自然的摺疊、彈抖勁，人類要透過學習才有這個能耐，魚兒不用學習就有這個本能，所以人不如魚。

人體中的腰，可以有這種摺疊的效用；在腰的快速摺疊中，形成一種彈抖勁。然而，這個腰的彈抖，需要有下盤腳的樁基為所本，以樁基為桿軸，腰才能有彈抖的效果。

　　還有，這個摺疊，不只是肢體各關節與筋脈的摺疊，還涵蓋了更深層而不為人知的「丹田氣的摺疊」，這是較少人論述到的。

　　丹田氣也有摺疊，因為丹田氣的運行，也有往復來回，也會有折衝、折回現象，因此，也會有摺疊的作用產生。

　　我曾說過，丹田就像一個鼓風機，可以吸納氣與吐放氣，把氣壓縮運行到全身各處。透過丹田的鼓盪、壓縮、轉折等機制，使得氣在體內來去、迂迴、旋繞，而產生摺疊加壓作用，在這種作用下，阻力就生出來了，阻力即出，所有的動作自然會緩和下來。這樣的行拳運功，才是真正的「真慢」。

　　打拳架要像打針，手用暗勁推動針筒，因為針筒內的真空有阻壓的關係，只能慢而勻的推。打拳之催氣，就像推著針筒一般，這是一種物理思維。

　　第三、盤架子，要撐筋拔骨。

　　筋，撐展了，骨，拔長了，無形中自然的就增加了行進間的阻力，動作也就會自然的慢下來。當筋骨都伸展而鬆透時，氣也就更沉了，氣更沉了，自然的，手盤起來就會感覺越重了，氣越沉、越重，被牽動拖曳之時，阻力更增，動作自然更慢。

　　撐筋拔骨，就好像吹氣球，要先把橡皮筋先拉一拉，把它的彈性拉扯開來，拉的長長的，氣一吹，就容易跑進去。我們的筋附於骨上，筋一拉長，骨關節也跟著伸長了；筋撐拔放長了，丹田這個鼓風機，一鼓盪、一壓縮，

氣就鑽到筋及骨節裡面去，讓氣充斥填滿，增加了氣機，內勁能量由此而積蓄累集，成為一種無形的爆破元素。

氣充滿於筋骨，增加了筋骨的質量，使得筋骨更沉、更重，內勁成就的練家子，手臂提起來，總比一般人沉重的多，就是這個緣故。

當筋骨的質量變的沉重時，打起拳來，阻力就更大了，所以在行拳走架之時，由於阻力的加重，無形中，動作自然的就緩慢下來，這樣的盤架子，所使出來的慢，才是「真慢」。

上舉三個前提要件，是互相關聯的，是互相牽動的，你上盤的手臂撐筋拔骨的盤著架子，如若要營造出阻力與真慢，必須依靠下盤的腳樁所引生的二爭力，才能達成中盤的腰與上盤的手的阻力，才能達到真慢的效果。

下盤的腳樁之二爭力的行使，要靠中盤的腰與丹田氣的加壓鼓盪與牽動，以及上盤的肩胛手的一條筋的撐持，才有阻力被引動出來，才能達到真慢的效果。

中盤的腰，是貫穿上、下盤的樞紐，也是一個中間軸，沒有這個中間軸的互相支配，則上下不能貫連，無法連成一氣。

上、下盤的驅動，在在皆須中軸丹田氣的貫連，內外相合，上下相連，才能完成一個整勁。

「真慢」是在內勁及所涵蓋的掤勁、沉勁等都有著一定程度的成就之後，才有「真慢」的呈現與現行，也就是已然進入到「精煉」的初階，才能展現出真正的「真慢」，餘者，都還或在「假慢」的框架之中。但這個「假

慢」是練習的必走程序，必定是要先度過這個初階，才能步入另一層次的「真慢」初階，去體驗「真慢」的所有內涵。

以前的名人曾說：「慢，要比別人更慢；快，要比別人更快。」這是說，這個「真慢」，一定要比別人更慢一些，也就是說，你的功體比別人深厚時，還要更精進的去深耕，去精煉，慢了還要更慢，因為這個慢，是表示功夫的深度，功夫越深，行起功，運起氣，就更慢了，所以，慢了還要更慢；功夫深了還要更深，更精進，而百尺竿頭。

快為什麼要比別人更快呢？因為天下武功「唯快不破」，唯有快，是沒有破着的。然而，這個快，是由慢而來的，是由慢而獲致的。因為只有「真慢」行功運氣，才能增進功體的養成，只有「真慢」的行功運氣，才能使筋骨真正的鬆淨而令真氣注入於筋骨之內，聚集成內勁能量，使筋充滿彈性與韌性，而在發勁時有彈抖的爆破能量被崩放開來，達到「真快」的境地。

我曾論述說：「**慢，是為了快。**」原因在此。也唯有「真慢」的修煉，才能達到「真快」的目標，唯有「真慢」的精煉，才有內家功體的真正成就。

第五節　形意的「勢」

勢，是打拳時的一種身形勢力，包含丹田氣的鼓盪運轉，以及腳盤的打樁、蹬步等，所營建出來的一種行動力與氣勢。

打形意拳，是要「出勢」的，是全身上、中、下盤的整體力勢的齊發、併發，不是手在那邊唱「獨角戲」，不是用局部的拙力在那邊蠻幹。

「出勢」要靠腳樁，「出樁」要靠「丹田氣」的挹注，令氣「入樁」，產生摺疊反作力，回饋到手上來，此謂之「形於手」；「入樁」則謂之「其根在腳」；丹田氣的鼓盪運轉，謂之「主宰於腰」。

勢，就像轉動的圓石從山頂滾下，這個「勢」是自然順向而行的，所以是不費吹灰之力的，也是無法可擋的。

形意的發勁，就是配合了「丹田氣」的鼓運勢力去「入樁」，去「打樁」所引生的反摺疊勢力而順勢出勁的。

我們的行動，無法如圓石從山頂滾下的這種勢力，所以就得藉助摺疊反彈的折回反作力，來營造勢力。

步法、身法、手法是一「身」的「勢」力，需要搭配得當完整，才能使「勢」的結構沒有缺憾。

勢，有力勢、氣勢、勁勢。

一、力　勢

使力之前，必須借一個「勢」，借勢使力；沒有「勢」的出「力」，是一種局部力，這個力是孤單的，是笨拙的，所以就稱之為「拙力」。若能順勢而為，順水推舟，就能達到借勢使力的省力原則。

形意拳的明勁是不用力的，形意的暗勁階段也是不用力的，所以要出拳、出身，都要借「勢」來完成。

形意的明勁打法，看起來好像很用力，事實上不是用

「力」在打，而是用「勢」在打，只有外行者才會用滿身的蠻力在那邊揮舞拳頭。

內行者打形意，是引動丹田氣去打樁，藉由摺疊的反彈力順勢蹬地，向前衝去，手才藉著樁勢、腰勢、身勢而出拳，所以，形意的明勁，出的不是拙力，不是「出力」，而是「出勢」，一般外行是看不懂的，若沒有明師的指引，往往都會步入歧途，練錯方向的。

這個「勢」要怎麼借呢？須從腳底借起，由丹田之氣借起，借著丹田氣的鼓盪，將氣運到腳底，產生摺疊反作力。

這摺疊反作力，牽涉到樁法及打樁的應用；如果樁功沒有成就，也不會打樁，只靠著卑劣的「身勢」去上下起伏蹲曲，那麼這個「身勢」所引生的勢力是有限的，因為只有「外勢」沒有「內勢」。

「內勢」涵蓋著飽滿的丹田氣的轉運挹注於腳根，以及腳樁的入地打樁等神技。

孫子兵法說，善戰者求於「勢」，把戰略放在「態勢、機勢」上。善用態勢、機勢的人，他的作戰策略，就像滾動的圓石由陡波滾下一般，其勢是不可擋的。

打拳講求「架勢」，拳架是「借勢」而導的，如果沒有「勢」作前導，那麼，這個架勢就不能呈顯出輕靈的樣態，這樣，就說這個拳沒有「架勢」。

從推手或戰鬥而言，沒有「勢」的攻擊，不過就是莽夫的蠻力，只是鬥力式的死纏濫打而已。

太極十三勢歌云：「勢勢存心揆用意，得來全不費

功夫。」這個「勢勢」涵蓋著拳架的招勢，還有戰鬥技擊中的力勢等等。

勢勢都能用心用意的去衡量、尋伺、忖度，就能得勢、得機而所向無敵，要致勝就「得來全不費功夫」。

二、氣　勢

氣勢，是一種展現於外的氣質態勢，是一種精神的顯露。

氣勢的展現，要先培養身內的浩然正氣，有了這股浩然正氣，就可「不怒而威」，令人敬畏。

形意暗勁是慢而勻的，溫文儒雅的，是婉約瀟灑的，不像硬拳系統，駑力憋氣，像怒目金剛。雖然外示婉約溫雅，卻是一種靜定，無有罣礙的內心展露，是一種自信而不驕慢，虛心而不妄自菲薄，處變而不驚慌的大度風采。

形意拳，人說一年打死人，這就是一種氣勢。形意的明勁就是有這個氣勢，打拳出步豪邁大方，雄壯威武。

形意一年打死人是騙人的，但打拳的那種氣勢，就足以嚇死人。

形意的「硬打硬進」以及「追風趕月」的拳勢，並非只是外表身形的彪悍，而是內在的浩然正氣所呈顯出來的無畏豪氣。

修煉形意可以變化氣質，這是形意前賢們所留下來的真確話語，是真實不虛的。形意很多前輩，功夫卓越，內勁飽滿，丹田氣圓實，氣宇軒昂，正氣凜然。這就是氣勢，此乃內氣自然的流露，自然的展示於外勢之中。

三、勁 勢

勁,是內氣昇化後的結晶品,勁與力是有區別的。

力是天生就賦有的,只是有大小的差異;力量小的人,可以透過短期的負重、擊打等蠻拙運動方式,而練就力量,但這種力量,會隨著年紀增長與體能的退化而減弱。

內勁則需要透過後天的特殊修煉,與長久的聚集,才能有內勁的累積生長。內勁一旦斂聚成就,即使到了老年也不容易退失。

內家拳的練家子,透過「以心行氣」、「以氣運身」等修煉方式,令氣沉著、順遂,久練終而成就不為人知、不為人信的內勁功夫。

勁勢,是神氣的展露,是功夫的表現。

勁勢,是一種類似氣爆的威勢,它不須透過距離與時間的揮毫,能在瞬間剎那產生爆破威力。

也可以說,勁勢,是一種「神力」的展現,是一種超乎常人的「神妙」力量。

第十章 形意鬆柔論

第一節 什麼是鬆？

內家拳是講求鬆的，形意拳更講求鬆，雖然在明勁階段的練習看起來勇猛兇悍，事實上，形意功體的成就是在暗勁階段的練習中獲得的，在暗勁階段的練習當中，是要求極度鬆柔的，而且要比太極更鬆更柔的。

這是一般硬拳系統所不能理解的，更是那些東、西洋武術所不能知之的。

一般武術總認為技擊是離不開「力」的，就一直偏向「力」的追求，所以都是需要借重一些外物以及擊破的練習，或者苦練皮肉筋骨，使其堅硬如鐵，比如鐵砂掌，或泰拳的敲骨打筋及藥洗等練習。

須知，這些土法煉鋼術，只能一時短暫成就，不能永久保持功夫，隨著年齡的老化及身體的衰微，將會快速的退失，而且會留下無窮的身體病痛後遺症，所以智者不取。

有智慧的人知道往鬆柔的路線追尋，向練氣的方向去探索，所以中國武術的發展，就有所謂的內家拳之蛻生，如形意拳、八卦掌、太極拳等等。尤其太極拳更強調「用意不用力」，楊家太極更是強調「鬆」。

形意拳的前輩雖沒有特別強調「鬆」字，但也主張不

著一絲「拙力」，筆者認為這是比較貼切而符於實際的。

　　楊家太極以及延伸至臺灣的鄭子太極拳，特別著重於「鬆」。所以「要鬆，要鬆，要鬆」及「不鬆就是挨打的架子」，二句口頭禪就變成他們的標籤名言。

　　內家拳講求鬆柔是正確的，但是如果刻意過度的在鬆字上著墨，或誤解了鬆的真正意涵，將會流入體操式的太極拳，只是外表拳架姿勢優美而已。形意拳與八卦掌如若也流入體操式的的話，那真可謂四不像，貽笑方家了。

　　鬆柔的目的，是讓神經舒放，使肌肉筋骨擴展而不疲勞，使氣血順暢而不滯礙。身心舒鬆靜定後，加上神意的驅動與導引，能使氣血騰然，騰然後斂入骨髓，日積月累，形成「內勁」質量，蓄而備用。

　　鬆柔是產生內勁的必要途徑，內勁才是武術的真正內涵。那些以蠻力苦練出來的功夫，只能說是武術的三腳貓。

　　然而，鬆，被大部分的人誤解了，尤其是練太極拳的，以為鬆，是不着一絲力，像洩氣的皮球，軟趴趴的。以為鬆，就像柔軟體操一樣，腳能抬得高高的，腰能彎至地，劈腿成直線，而自詡為高手。

　　這些人只能說他的柔軟度好，不得謂太極拳高手。真正的高手，真正的鬆，不僅是肢體之美而已，還涵蓋意氣的流露，內勁的盪動，下根的盤踞如山，腰、腿、腕、掌的擰、纏、扭、彈等等，說之不盡。

　　鬆，不是鬆懈、鬆散，不著一點力。鬆，只是不著「拙力」。

拙，是笨劣的意思，是頑固不冥的，是蠻橫呆滯的，是阻礙不暢的。使了「拙力」，氣則結滯，勁則不生。鬆懈、鬆散，氣亦不暢，勁亦不生。

「不著拙力」，不是完全不用力，如果不用力，手提得起來嗎？腳踏得出去嗎？腰能動轉嗎？所以還是得用力，然而「用力」只是讓身體手腳發生動轉的機制而已，它不是練「勁」的「法」。力，只是讓肢體啟動；氣，才能令內勁潛沉。

鬆，只是外表看來似鬆，而內裡則是摧筋拉骨的，是涵蓋二爭力的抗衡的，是氣的驅動，意的導航，神的凝思，是無限密集的內在滾盪，所以鬆柔其實是生機勃勃的，是氣機盎然的，非死氣沉沉，要死不活的。

如果不會運氣，只是身體鬆軟，那是成就不了功夫的。讀者宜認真思維、體悟，如果悟錯了方法，在矛盾中找不著結頭，更會陷入迷霧之中，永遠到不了目標。

第二節　專氣致柔才能達到真正的鬆

老子說：「專氣致柔，能嬰兒乎。」嬰兒剛出生，筋骨柔軟，氣旺血足，是一個純陽之體，但是隨著年齡的增長，以及對世間六塵的貪著，使精氣神逐漸枯竭，到老則百病叢生，而至命終。所以，想延年益壽，保命安康，只有從「專氣致柔」著手；學練形意拳或內家拳，更是要從「專氣致柔」起修。

歐美、東西洋人，以為鍛鍊身體，就是要去練肌肉的健美，肌力、耐力的強度，所以他們常去的地方就是健

身房，常做的運動都是屬於比較激烈的，譬如，跑步、舉重，重力練習。

他們練武術也是一樣，著重於打沙包、擊破，以及極限耐力與速度訓練。殊不知，這些運動訓練，都是增加心肺及肌骨之負擔與加速老化而已。

炎黃子孫有智慧，知道「練炁」，知道「氣」在人體的功能與重要性，更知道「專氣致柔，能嬰兒乎。」的返老還童健身保命的道理。

形意拳、八卦掌、太極拳等，都是以練氣為主軸的武術，不只能達到健康的目的，還兼具武術大乘功夫的成就。

但是目前的炎黃子孫，有智慧者少，崇洋者多，所以說起武術，無非都是比力氣比速度，他們永遠無法體會太極拳論所說的：「斯技旁門甚多，雖勢有區別，概不外乎壯欺弱，慢讓快耳。有力打無力，手慢讓手快，是皆先天自然之能，非關學力而有為也。四兩撥千斤，顯非力勝；耄耋能禦眾之形，快何能焉！」的深奧精湛道理。

所謂「專氣」就是將體內之「氣」專一、集中起來，專集統攝起來。氣的「專集統一」，靠的是神的內斂，眼神、精神、元神，都須往內心收攝，往內心深處斂聚，向內審查、觀看，專心的用自己的神意，將氣統一、沉守，不要讓氣散漫、失離，將氣專集守住，守在丹田，沉斂匯聚於丹田，即拳經所謂之「氣守丹田」、「氣沉丹田」。

為什麼要「氣守丹田」呢？因為「氣」這個東西，如果沒有把它看顧好，守著它，善待它，它就會散亂、漫

失，而且我們活在這個欲界的凡夫，都是貪欲的，都是貪愛六塵的，五欲六塵，財色名食睡，色聲香味觸法，無一不貪；有貪就有瞋與癡，「貪、瞋、癡」三毒，使人為非作歹，也使人身中寶貝的「氣」，日愈耗損；有心機的人，攻於心計的人，整天想害人，嫉妒人，見不得人家好的人，體內的氣都是散亂不平的，所以這些人都不會長命，也會疾病叢生。

如何「氣守丹田」、「氣沉丹田」？「丹田」是貯藏「氣」的地方，所以又稱為「氣海」，如大海一般，能容納百川之水而不溢滿；丹田之氣充實飽滿，不會有「啤酒肚」，不會因為氣的實滿而挺出大腹。

丹田像一個「氣囊」，如果氣不沉聚於丹田，那麼，這個囊就癟扁而不開拓；丹田之氣愈飽滿充實，這個氣囊就愈碩壯而堅厚，是可以抗打擊的，所以，也不必刻意去練那些諸如「金鐘罩」、「鐵衫布」的「斯技旁門」功夫。

「專氣」就是將寶貝的氣，與自己的心相守於丹田，心息相依，不即不離，好像照顧一個小孩，時時刻刻，眼不相離，只怕一剎那沒有顧及，小孩就會跑失、丟掉一般。又像母雞孵蛋，寸步不離，使蛋的溫度不失，才能孵出小雞一般。

「專氣」為何能「致柔」呢？因為氣能驅血而運而動，血是熱的，所以才會有「熱血沸騰」之語；氣當然也是熱的，不熱就是失溫，人有體溫，因為有氣血的關係。

太極十三式歌云：「腹內鬆淨氣騰然。」這邊所稱的腹內，雖是概指丹田，而實涵蓋了全身內外的「鬆淨」，

只是以「腹內丹田」為代表而已。腹內鬆淨了，丹田之氣自然會「騰然」，會熱騰起來；氣，熱騰了，就會滲入骨髓筋膜之內，使骨髓充實，筋膜富有彈性，也能使筋骨達到柔韌的效果，這就是道家老子所謂的「專氣致柔」的道理，能專氣致柔，就能返老還童，像嬰兒一般。

　　精氣騰然後，滲入沉斂匯聚於骨骼之中，使骨骼充實，骨密度充實，不會有骨質疏鬆症，不會跌倒就骨折。而且，氣斂入筋骨，日積月累，累積成內家拳之「內勁」，在技擊運用上，才有真正的「爆發力」之實質內涵。西洋拳把「爆發力」解釋為肌力與速度的聯結，這與內家拳之內勁所引生的「爆發力」，是截然不同的東西，是不可同日而語的，是天差地別的。

　　練內家拳，大家都知道要「鬆」，但鬆的真義為何？知之者甚渺，以為鬆就是頑空不用力而已，以為鬆就是軟趴趴的不著力而已，如果真那麼簡單，那麼，成就太極拳功夫的一定如過江之鯽，多如牛毛了，但是事實並非如此，真能成就太極功夫的，實在是鳳毛麟角，少到可憐。

　　因為他們都誤會了「鬆」，無法體會鬆的真義，他們都疏忽了「專氣」兩個字，沒有「專氣」是不能「致柔」的；沒有「專氣」的鬆，是空中閣樓，是懈漫無物的。沒有「專氣」的鬆，是一種「頑鬆」，是不切實際的懈怠，不是真正的鬆。

　　「頑鬆」的太極拳，只是體操運動而已，不能「致柔」，無法練出內家內勁，不能成就內家拳的功體，只是白忙一場，到老一場空而已，更遑論發勁等上乘功夫了。

真正致柔了，這個「柔」涵蓋了「Q」與「韌」，以及彈性與機動性等靈魂生命力。柔，像水，能載舟也能覆舟，水的柔，像溫雅含羞的少女，水的剛猛，如海嘯，能毀天滅地。

不用力式的「頑鬆」，是軟趴懈怠的，是空洞沒有生機的，因為缺乏「專氣」的內涵。「頑鬆」，不是真鬆，「頑鬆」，不是內家拳，只是膚淺的體操運動，稱不上拳術的。「頑鬆」，不能成就內勁功夫，只是凡夫俗子的花拳繡腿。

「專氣」才能「致柔」，才能至柔至順至鬆，才能「氣騰然」，才能「收斂入骨」，才有內勁的匯聚成就。

「頑鬆」，就是耽擱於空洞虛無的海市蜃樓之中，玩味沉溺於輕鬆飄忽的感覺。所以練內家拳如果只知鬆，而不知鬆中還要「專氣」去「致柔」，就會落入「頑鬆」之中，永遠無法成就內家拳的功體，永遠無法練就「內勁」，打拳也將變成無意義的鬼畫符，比手畫腳，裝模作樣而已。

第三節　腹之鬆與實

拳經一直強調「腹鬆」，意思是腹內要鬆淨，這個「腹內」當然是指丹田而言的。那麼，這個「腹」到底是要鬆還是要實呢？事實上，腹鬆與腹實，它們不僅不互相衝突，而且是相輔相成的。

腹鬆是指丹田氣的鬆淨、舒坦。拳經云：「腹內鬆淨氣騰然。」又云：「腹鬆，氣斂入骨。」從這邊可以看

出，「腹鬆」是氣騰然的重要前提，「腹鬆」是氣斂入骨的必要過程，如果腹不鬆，如果丹田氣沒有鬆淨，想要得到「氣騰然」及「氣斂入骨」的效果，是不可能的。

修煉形意拳與內家拳的人皆知「氣騰然」與「氣斂入骨」是成就內勁的必要途徑，沒有透過這個途徑，想成就這個功體，是絕對不可能的。

「腹鬆」是指行功走架時的舒展恬靜，避免腹部丹田周圍包括肌肉神經的緊張與內部丹田氣的結閉與呆滯，也就是說無論外部的肌肉神經及內部氣息的運為鼓盪等等，都得保持順暢、舒適。

如果腹不鬆，如果丹田氣結滯不順暢，就會造成腹部周圍肌肉的緊繃，更會使得全身的神經跟著緊張起來，呼吸也會急促不寧，這樣，練拳就得不到效果，而且也是妨礙健康的。

所以，只有保持腹鬆的狀態，才能使丹田氣得到安舒，才能使腹內的臟腑能透過丹田氣的內轉、鼓盪而達到按摩的作用，達成健康的效果。

腹鬆以後，內氣會漸漸的沉聚於丹田，越集越充滿紮實，終而達到實腹的效果。丹田就像一個氣囊，實腹之後，這個氣囊變實了、變厚了，變得更有彈性，久練而有功夫的人，透過運氣可以達成化勁及抗打擊的作用。所以，腹鬆是氣沉丹田而成就實腹的前提要件。

實腹成就以後，才是真正修煉形意拳另一個新的領域的開始，在沒有達成實腹的境地，可說都只在預練、預習的階段，因為在還沒有成就丹田氣的圓實飽滿之前，所修

學的都僅止於肢體的活動而已，都還未曾涉及到形意拳的內涵。

形意拳的內涵是甚麼？概括而言，氣與勁而已。拳經的核心離不開氣與勁的，因為形意拳的內涵絕對離不開這個範疇的，若離開這個範圍，就與形意是無涉的，是不相干的，離開氣與勁的核心，就靠近了硬拳系統，無法成就內家功夫。

所以，實腹功成之後，也就是說丹田氣已經培養到圓實飽滿，充滿了彈力，接著就要做運氣與運勁的功夫。反向而言，在未成就圓實飽滿的丹田氣之前，是無氣可運的，也是無勁可使的、無勁可發的。

腹鬆是實腹的基礎，實腹是運氣的前提要件，透過運氣，才有氣斂入骨的成就，也唯有氣斂入骨，才能成就內勁能量，進而成就形意的發勁功夫，這是一種實際必經的過程，任何人均不可能跳越這個過程，而成就形意的發勁功夫；如果跳越這個過程，而說他會發勁，都是戲論言說，智者當可透過自我思維，而得到正確的見解。

第四節　肢體的鬆與丹田氣的鬆

肢體的鬆，是指身體各部分，包括手腳及身軀等等；丹田氣的鬆，指的是丹田氣的鬆淨，是指丹田氣的不結滯、閉塞；丹田氣的鬆不是指腹部肌肉的鬆弛，丹田氣的鬆是在走架時、行功運氣時，丹田之氣的行運流通順暢，因為不是用拙力去使氣，不是用硬梆梆的腹肌去鼓氣、去運功，使腹部中的丹田氣，得到輕鬆的舒放，使氣得以沉

落而集聚於丹田。

　　丹田是聚氣藏氣的處所，修煉形意拳，必須先修積飽滿圓實的丹田氣，而為日後的行功運氣所使用。丹田的聚集儲藏內氣，它的先決條件是氣沉丹田，而氣沉丹田的先決條件就是「腹部的鬆」。

　　丹田氣鬆得乾乾淨淨了，鬆到透徹了，丹田氣就會騰然起來，也就是說在行功走架時，如果能保持腹內丹田氣的鬆淨，就能使氣熱騰起來，這就是練精化氣。

　　氣騰然後就凝固而聚斂於筋骨之內，使筋骨充滿了富有彈性的質量，這個質量就是內勁的來源。

　　腹鬆了，才能氣斂入骨，也就是說腹內的丹田氣鬆淨了，這個氣才能斂入於筋骨之內。氣斂入骨就是成就了內勁的能量，也是形意拳所追求的終極目標。

　　如果沒有內勁能量的養成，就沒有所謂的「發勁」，所以，內勁沒有成就的人，是談不上「發勁」的，也與「發勁」是沾不上邊的，即使他能將人推得老遠，但都還類屬拙力的範疇，不能說他是會發勁之人。

　　丹田氣的鬆，是成就形意拳功體的重要條件，也是成就內勁的最初條件，沒有丹田氣的腹鬆，則無氣斂入骨可言，也無內勁可說，更無發勁這碼事。

　　腹不鬆，就會使上拙力，造成「在氣則滯」的現象。行功心解云：「全身意在精神，不在氣，在氣則滯；有氣則無力，無氣則純剛。」行功心解說，在行功走架之時，全身的精神只在意念之上，不在氣上，這邊所說的「不在氣」是指拙氣而言，是因為錯誤的使上了拙力的關係，導

致腹內的氣產生滯礙而不順暢，這就是「在氣則滯」，也因為「在氣則滯」的關係，因為使上了拙力、拙氣的關係，而無法成就內勁，所以在應用時就會呈現「無力」的現象，發不出力量來。也就是說，練拳如果氣不鬆，產生了拙滯之氣，就無法成就內勁，那麼在發勁時，就會感到「有氣無力」，因為有拙氣的關係而致內勁不生，無法使勁。

「無氣則純剛」是說，因為腹鬆，沒有拙氣的關係，終能因為「腹鬆，而氣斂入骨」，而成就內勁，所以才說「無氣則純剛」，沒有拙氣，那麼所成就的內勁就是「純剛」的，裡面沒有一絲一毫的拙力，是一種純粹的內勁。

腹鬆中的丹田氣，是在內裡的，是無形無相的，肉眼是看不到的，是難以捉摸的，只能憑意念去感覺，這是形意拳難練、難體會的地方，所以只有悟力好的人比較容易成就形意功夫。

體鬆，包涵肢體、肌肉等等有形質體，比較重要的是雙臂的鬆沉，雙臂的鬆沉是成就掤勁的要件，雙臂的鬆淨才有沉肩墜肘的體現。

再來就是胯的鬆沉，胯的鬆沉是維繫著上、下盤的靈活周轉，胯若不落沉，內氣亦無法留駐安守於丹田，所以胯的鬆淨也是蠻重要的。

還有腳踝的鬆淨，這是比較少人提到的，也是常被一般人所忽視的，但腳踝的鬆，佔了極其重要的地位的，也唯有踝部鬆淨時，氣才能聚集於腳底的湧泉，使湧泉有根，而成就樁底的穩固功夫。

　　經云：「湧泉無根，腰無主，力學垂死終無補。」湧泉如果無根，腰沒有主宰，那麼無論如何去努力學習，到老將死之時，終是無法獲得益處的。所以，如果踝部滯怠而不鬆沉，不只是站立不穩當而已，連帶的，蹲也蹲不下去，在做下勢或仆步動作就會顯得僵硬、閉塞、結滯，窘態百出。

　　踝部的鬆，於形意拳的蹬勁佔有極重要的地位，因為腳踝鬆透了，才有壓勢及保持彈簧之力，於摺疊勁的回彈，有極大的連鎖關係。

　　形意的蹬步成就了，才會有撞勁的發揮，在搶進攻擊時，才能瞬間疾速進身至敵前，給予致命的撞擊。也唯有踝部的鬆淨而成就了摺疊性的彈簧勁，才有「硬打硬進無遮攔」的效果，才有「追風趕月不放鬆」的神技。

　　胯及踝不鬆，無法雙盤靜坐，上坐不到半分鐘，跨及腳踝就酸痛難忍，心情也跟著浮躁起來，心不得安靈，只得下坐。雙盤有安氣裹勁的作用，兩腳一盤，彷彿一條方巾的雙頭包裹起來，氣勁就束集包覆起來，不會散漫與浮濫。

　　胯及踝的筋若鬆開了，在兩腳雙盤後可以平躺於床上，使大腿及膝蓋平整安舒的與床面貼合，這才達到胯與踝真正的鬆淨。

　　也唯有胯踝的鬆透及雙臂真正的達到完成一體的鬆淨，才能謂之掤勁已然成就。掤勁並不是侷限於兩手雙臂，它是涵蓋全身各個關節的伸縮、彈性與承載等等的，也可以說，掤勁如同一部車子的避震器，在彈性伸縮當中

富有承載力，可以在顛簸震盪當中保持車身的中定平衡，使車子在活動當中遇到外來的力勢衝擊，而能保持穩當與安定。

鬆是成就內勁的重要因素之一，但是各家所強調的鬆，所重視的鬆，都偏向於肢體的鬆，尤其是手臂的鬆，連被人所崇拜的大師之夜夢斷臂的典故，至今仍被津津樂談，也就往牛角尖鑽進去了，臂鬆反賓為主，成為太極拳的主菜，主人家的腹鬆，氣鬆，反而被忽略、被漠視了，所以能真正成就內勁的人，也就少之又少了。

手臂的鬆，是可以成就手的掤勁及手的沉勁，但是練拳如果只偏頗於手的鬆沉，而忽視、忽略了腹部丹田氣的鬆沉，將成為捨近求遠，而落得「差之毫釐，謬之千里」的窘境，無法成就甚深功夫。

行功心解云：「發勁須沉著鬆淨，專主一方。」發勁必須鬆淨而且要沉著，這是直指丹田氣而言的，因為勁是氣的養成功夫，氣的養成是因，勁的成就是果，因果是不會倒置錯亂的，也唯有氣的沉澱內斂，才有勁的成就產生，才有發勁這檔事可以言說。

所以發勁須沉著鬆淨是純指內裡的丹田氣而言，不是指手臂的鬆淨，沉著二字不是指身法，而是無形象的意念之法。專主一方，是指氣爆時的處所集中於一處，火力全開，集中爆炸於一處，這些都必須透過意念的指引，使丹田氣瞬間爆發。

一般的拳師，修改拳架，都是著重於外表的形架，喬喬手，撥弄撥弄腰腿等等，擺出一副拳師架子，洋洋自

得，其實他們懂得的也僅止於此，至於內裡的法寶，丹田氣的游走、腹鬆、氣沉丹田、丹田內轉等等上乘的功夫內涵，他們是說不出口的，因為他們根本沒有實證功夫，能說能講的也只是人云亦云的虛幻知識而已。

腹鬆，是指丹田氣的鬆沉，鬆淨，丹田氣潛藏在腹內，看不到，摸不著，只能憑感覺，那麼，在這個情況下，為師的要如何去修改、調整這個拳呢？

從學生的眼神、情感、動作及某些氛圍，行家可以察覺到學生哪裡不對頭，他的氣順不順暢，他的氣結不結滯等等，都可以在這些動作氛圍中，察探到消息，而給予適當、適時的指正，這些已經牽涉到心法的傳授範圍，不是一般阿師所能及的。

智者，讀經看論，即知腹鬆比體鬆重要，瞭解無形的氣的鬆，比有形的臂鬆更重要，更知道唯有內外相合，氣與體並練，才能成就大好功夫。

一般人，把鬆侷限於手及肢體有形體的鬆，而忽視了腹鬆的重要性，忽略了無形的丹田氣的鬆，本末倒置，捨棄根本而求枝節，值得仔細思量。

第五節　手臂之鬆與丹田之鬆

某師在他的著作裏說：「一夕忽夢覺兩臂已斷，醒驚試之，恍然悟得鬆境。其兩臂所繫之筋絡，正猶如玩具之洋娃娃，手臂關節賴一鬆緊帶之維繫，得以轉捩如意；然其兩臂若不覺已斷，惡得知其鬆也。次日與優於余者較，相顧大為驚異，再三詢問，始知已鬆，其進境不啻有一日

千里之感。」

大師在某一個夜晚，忽然做夢感覺自己的兩隻手臂已經斷掉，醒驚之後試了一試，恍然大悟，就這樣悟得了鬆的境地。隔天，和比他功夫好的人較技，大家都非常驚奇，再三的追問，才知道已經真正的鬆了，從此功夫的進步神速，有一日千里之感。

這是大師自己對太極拳的鬆的悟境，他覺得，兩臂所維繫的筋絡，就像洋娃娃的手臂關節，依賴一條鬆緊帶的維繫，才可以轉折自如。如果沒有感覺兩臂已經斷掉，就無法得知這個鬆是什麼樣的情況。

每個人對鬆的感覺及悟境，或許都不會相同，大師的斷臂之說，獨具一格。

兩臂是由骨骼、肌肉、皮膚，及筋絡等等構成的，如果兩臂已斷，就是骨骼、肌肉、皮膚，及筋絡等等都與身體脫離而不起作用了，所以，兩臂已斷只是一種自我的感覺，只是一種夢幻境界。有人因此而悟到鬆的境界，純屬個人的思維模擬修煉方式。

學練內家拳，各家都是講求鬆的，尤其是太極拳。行功心解裡講：「發勁須沉著鬆淨。」十三勢歌云：「腹內鬆淨氣騰然。」都有說到鬆字。發勁的時候，須沉著鬆淨，是指丹田氣而言，丹田氣不只要鬆淨，還要沉著，所以，鬆淨的目的，是要令丹田氣沉著的，不是為了使兩臂斷掉，或某一部分斷掉。

也唯有腹內丹田的氣能鬆淨了，氣才能起到騰然的作用。由是綜觀，鬆的最終目的，在於令氣沉著，在於令

氣騰然，而成就內勁，而使在發勁時起到最大化的爆破能量。

兩臂的轉折，靠著關節筋絡的維繫而活動。練拳時，兩臂的筋骨須是伸展開拓的，是須要伸筋拔骨的，使氣貫注於筋膜骨骼之內，所以，筋由於富有彈性轉捩的功能，它是要拔提骨肉而行的，也就是說筋要帶動著骨肉而行的，當氣因鬆而沉的時候，肌肉雖由筋提捧著，但受地心引力的影響而呈現下墜的感覺，由此而感覺沉的氛圍。

鬆是沉的因，沉是鬆的果。真正的鬆，不是懈怠，不是放任，不是斷離、不是脫落、不是逃逸，不是虛幻空無；鬆只是放棄蠻力，捨棄拙氣，所以在行拳走架的時候，不可為了表現鬆，而使手臂垂下，彷彿一個渾沌昏厥之人，了無意識生機。

無論練站椿或走拳架，手臂須是提捧的，筋要把手臂提捧著，並且儘量的伸拔筋骨，令氣挹注於內，儲備能量而成就手的掤勁及沉勁，所以我們練站椿或走架，手臂都必須提捧的，不宜為了鬆而令手臂垂斷頹靡下來。

但是不可為了伸筋拔骨，使手臂僵硬筆直著，好像殭屍走路一般，要似直非直，似鬆非鬆，聽起來似乎有些矛盾，然而這就是中道原則，有虛有實，有陰有陽，有柔有剛，要如何拿捏得恰到好處，除了自己努力認真實踐，還有明師的口傳心授，加上智慧的領悟。

筋的提捧，要像一條無形的看不到的絲線，吊著你的手臂，使你的手臂不會因為鬆的原故而垂下斷落。這條絲線是富有彈性的，就如洋娃娃手臂關節的鬆緊帶，維繫著

手臂的婉轉伸縮而不斷離。

佛家禪宗的開悟明心，禪師會使出各種機鋒，讓徒弟們去悟，每個徒弟悟入的方法各異，有的被棒喝就開悟了，有的被竹杖推落水中也開悟了，每個人的悟緣各有不同。

大師的夢斷手臂，而悟到鬆的道理，這是他的悟緣，學者不宜因大師這樣的悟，而誤認「斷臂」是鬆的條件，把斷臂拿來做為鬆的追求的目標，有樣學樣，也想來個夢斷手臂，直往斷臂的窠臼鑽入去，跳脫不出，這樣就會陷入死胡同之中，永遠悟不到鬆的真正境界。

也不要誤以為「夢斷手臂」後，功夫即可一日千里，人家大師在未「夢斷手臂」之前，已經下過甚多的時間去修煉了，此間的進步神速，係往昔已經累積了甚多的功力，今日忽因「夢斷手臂」之緣而悟到鬆的道理，並不是平白而得的。

第六節　打形意拳到底要不要用力

練形意拳之暗勁，到底要不要用力，這是值得探討的問題。

形意拳暗勁階段的不用力之中，事實上是含力的，但這個力，不是拙力，這力，涵蓋著氣與內暗勁。

我們在舉手投足間，事實上是用了一些微力的，只是大家都沒有察覺而已。不用力，手是舉不起來的，腳也無法邁步出去。

練暗勁，用拙力是不對的，但是如果盲目而沉醉於舉

手投足間的不自覺的不用力，是練不出內勁功夫的，也就是說，你在練功、盤架子之中，自覺不用力，就以為符合鬆柔的原則，但這種空心的不用力，是無濟於功夫的養成的，只是體操罷了。

所以還是要用力，而我所主張的用力，不是笨拙之力，而是一種暗勁。這種暗勁，自己要用心去感覺，體會錯了，就走入拙力方向的胡同去了，無法救拔，永遠不能練就內家功夫。

如何去感覺這種暗勁？譬如將兩手臂輕輕緩緩慢慢的提起，到胸間，手指微微下垂，指派另一人握住你的手指，往下輕輕的拉，然後停住，你去感覺，手臂如同握著釣竿，有魚上鉤似的沉重感，再去感覺手臂上緣的整條筋的捧提，這個捧提是掤勁的養成要素。

你也可以用自己的手，輕壓另一隻手，去感受下壓的壓力，去感受在這種壓力下，你那一隻被壓迫的手臂的筋、骨，有沒有承受到一股微微的沉重之感，筋骨有沒有因此而有被拉扯伸開的感覺，有這種感覺就練對了；如果沒有感覺，就是你用上了硬拙力去頂抗。

你必須要練到沒有人壓你的手，卻似乎有人壓著你的手的沉澱感覺，這樣的感覺都必須靠自己去營造，去思維，去模擬想像，去默識揣摩的，透過不斷的實踐，終會有所體悟的。

盤架子，自始至終，都要有這種捧提的有感壓力（應該說是暗勁比較恰當），行進過程皆要保持這個微小而微妙的有感沉壓，感覺手臂的筋是有被拉扯開來的，雖然事

實上並無人拉扯著你，但這種拉扯、捧提，以及行進間的阻力，必須靠自己去營造。

內行的師傅可以應用各種方法、動作或譬喻，讓你去感覺這種阻力，以及伸筋拔骨的爭力，只是這樣的師傅並不多見，有些則是秘而不傳。

第七節　著力與不著力

練形意，到底要著力？還是不著力？真是一個矛盾的大問題。著力不對，不著力也不對；著力對，不著力也對，這好像是胡言亂語。

形意大師郭雲深先生說：「所謂化勁乃周身四肢動轉，起落進退皆不著力，專以神意運用之；雖然周身動轉不著力，亦不能全不著力，總在神意之貫通耳。」

此語乍看，似乎前後互相矛盾，而事實上並不矛盾。

前句說：「化勁乃周身四肢動轉，起落進退皆不著力，專以神意運用之。」這是指功夫已經到達「懂勁」的境地，已經到達「階及神明」的境地，到了這個「化勁（化境）」的境地，起落進退等等招法、勢法、走法、化法，都是以「神意運之」的，這個神意是因為功夫已達於「出神入化」的境地，已臻於爐火純青的極高神妙境界，所以只要神意一到，即能氣到、勁到，不需著力而運矣。

後句說：「雖然周身動轉不著力，亦不能全不著力，總在神意之貫通耳。」這邊所說的「雖然周身動轉不著力」，是只不著一絲的拙力而言。

「亦不能全不著力」，這裡所言之「著力」是指運勁而言，不是指「拙力」而說的，也就是說在發勁或化勁時，是需要運勁的，所以才再會說「總在神意之貫通耳」。如果著到「拙力」，則非屬「神意貫通」之範疇。

著力與不著力，打垮了許多形意人，誤會了打拳要著力，就使盡全身吃奶的拙力，去揮動拳頭，變成硬拳系統的打法，這是屢見不鮮的。

另外的人誤會了打拳不要著力，所以就全身癱軟，沒有一絲氣韻拳味，變成了一種形意體操，只能算是一種柔軟運動，不能成就功夫。

形意的著力，是捧提著筋打拳，捧提著筋當然需要一點點的力，但這個是自然之力，沒有額外的拙力成份。

形意的不著力，是指在捧提之中，保持著肌肉神經的鬆弛，以及內氣的舒緩流暢，使得丹田氣透過正確的運使，而滲入筋骨之內，成就內勁質量。

第八節　形意腰胯的鬆與緊

腰胯要在不鬆不緊之間，半鬆半緊的矛盾狀態，才是對的。

鬆，是指不用一絲拙力、死力，也就是蠻橫、剛拙之硬力，但鬆不是懈漫、怠忽，也就是我常說的「頑鬆」。

緊，是指彈活的緊緻，像彈簧般的緊，但卻充滿機動的活力。

腰胯，如果頑鬆，將成為沒有活力的死腰。腰胯，一旦步上蠻拙方向，將成為呆滯的桶腰。

　　太鬆（頑鬆）或太緊（蠻拙），腰胯就死定了，救不活了。太鬆懈或太緊縛，都不能使腰產生彈簧之勁，也就是說沒有彈簧的張力，簡單的說，就是腰沒有掤彈之勁。

　　因為事實上，腰是有掤勁的，這樣才能靈活而且富有承載力。腰胯不靈活，沒有承載力，就不能「接勁」，無法承接對手強大的來勢、來力，變成挨打的窘境。

　　頑鬆是一種空心蘿蔔，內裡空無一物，外形懈怠散漫，好像骨頭沒接好。緊緻是筋有拉拔，骨有相催，氣有驅策，有彈簧的活潑機動與縮放自如；緊緻不是鎖緊，不是固執一方。

　　一般人練內家拳，九成都是頑鬆，都是體操把式，而自卻自以為鬆，所以練到驢年，功夫還是沒上身，而抱怨內家拳不能用。

　　緊緻仿如鬆緊帶，有緊有鬆。該緊有緊，應鬆才鬆，是為真鬆。緊緻，有二爭力，有陸地行舟的阻力，有摺疊，有螺旋。

　　丹田氣的凝聚打樁，引生的摺疊反彈，是緊緻的效果，是真正發勁的體現。

　　軟趴的頑鬆，不能產生反彈摺疊勁道，唯有含帶掤勁的緊緻，始能盡其功。

　　腰胯的張力、彈簧勁、摺疊勁，來至「其根在腳」的二爭力、抓地吸附力，這些都是腳樁的暗勁入地之功，所以說樁功是非常重要的。

　　從腳根而腿而腰而手所連結的一條根（同「一條筋」），都必須一貫地完整串聯，不可分崩離析，這一條

根（一條筋）如果分離散掉，則成斷勁。

不鬆不緊，是一種矛盾現象，需要老師親自解說、示範，以及善用「特殊感覺教學法」讓學生去感覺而易於悟入，這是教學上非常重要的課題，也只有老師自己成就了這個功夫，才能說的上來，才能教的出來。

第九節　論形意的鬆腰

腰，在形意拳的修煉中，佔著極為重要的地位，其他拳術的練習也都是重視腰的。

拳經云：「主宰於腰。」腰，在形意的體與用當中，都是一個主宰；腰的擰裹及圓弧摺疊的牽動往來，是氣貼背的樞紐，氣貼於背，才能斂入脊骨，發勁才能「力由脊發」。

鬆腰，廣義而言，涵蓋腰圍四周的肌膚與筋脈，以及腰部內的丹田氣的鬆淨。

在走架行功運氣之時，丹田氣要鬆，不能努勁鼓氣，而助於氣運行的通順流暢。

腰鬆了，腹鬆了，氣就通透、凝聚、沉著了，久而氣斂入骨，成就內勁質量。

行功心解云：「腰如車軸。」腰是一身的主宰，腰動而身動，就像車子的軸桿，主宰著身體的動向。

練任何拳都必須以腰為主宰帶動身體，才能做到一動無有不動。為什麼要以腰帶動身軀？因為腰是身體的中間點，牽動全身的動能最大。

十三勢歌云：「命意源頭在腰際。」生命意趣的源頭

在腰這個地方，腰際指的就是丹田，丹田氣凝聚飽滿，生命的契機就會如山頭之水，源源不絕的流注，生命才可以延綿長久。

十三勢歌又說：「刻刻留心在腰間。」因為腰間的丹田是集聚儲藏氣的所在，只要留心守著丹田氣，身內的氣就不會散漫、萎靡、流失，生命就能綿長。

體用歌云：「湧泉無根腰無主，力學垂死終無補。」「腰無主」，是說腰沒有主宰。腰以什麼為主宰呢？以氣為主宰，如果丹田氣不能凝聚充足飽滿，這個腰就無法作主，不能以意念去主宰腰的運行，則無法行氣與發勁的。

拳論云：「立如平準，活似車輪。」這個「活似車輪」，是指肢體上的腰圍，是指腰部而言的。腰部要如車輪一般麼靈活輕巧，這當然也是要依靠在內的丹田之氣的靈活鼓盪作用，才能使外在形體上的腰部，跟著連動靈活起來。

好，現在要回到主題。腰可分內外而論說，內是指丹田氣，丹田氣飽滿圓實了，不只是達到了健康的目的，以練拳的角度而言，丹田氣是內家拳修煉的基本要素，若沒有這個基本質量，就無法去行功運氣，那麼所有拳架的演練，將落入體操運動模式，不是武功的修煉。

所以從內質而言，丹田氣是不能空空如也的，也就是說不能「空腰」的，這是依內而說。

依外而說呢，腰也是全身運動的主宰樞紐，可以牽動四肢，一動而全身隨動。腰的擰扭也可以帶動丹田氣的鼓盪，相輔相成。

　　腰的往復摺疊及彈抖，是出拳攻擊的「唯快」要因，是格鬥藝術中的重要武器。束腰裹勁，是防守走化的要略，在走化或接勁之時，腰扮演了重要的角色。走化時是鬆腰、虛腰，但不能空腰，空腰就要挨打了。

　　腰是成就手的掤勁的工具，練拳架或基本功，透過腳椿的暗勁二爭力之運使，連帶而上，腰胯也有二爭力，由於二爭力暗勁的互爭，使得腰有左右互撐的阻力產生，延伸而上的肩胛、手臂所貫串的一條筋，在往復來回的運行牽動中，就會把這一條筋拉拔開、伸展開、牽扯開，而達到鬆筋的效果，筋鬆開了，氣就會滲入，就會氣斂入於筋骨，成就內勁能量。

　　所以，鬆腰之說，是指腰圍的腹內丹田氣而言的，行功心解說：「腹鬆，氣斂入骨。」是直指這個的。

　　在運筋時，為了要把腰胯周邊的筋脈拉開，必須要有二爭力的互爭牽扯的，所以是要以暗勁使腰略呈緊緻狀態，不能懈漫無力，這樣才能成就腰胯的彈抖勁。

　　腰可鬆，不可空。空，是虛幻、虛假；空，是斷滅、幻無。內家拳所有的經論，只說「鬆」，不說「空」。說空者，只是想標新立異，只是一種自心意識的發想，是一種空幻無義的思緒。

第十一章　形意推手論

第一節　略說推手

推手或稱揉手、黐手、黏手，各家名稱不一。

形意的練習，在樁法與拳套有了相當的基礎，內勁也逐漸累積，接下來就要練習推手。

透過沾、連、黏、隨的訓練，使皮膚神經的觸感反應日漸靈敏，從搭手中，感覺對手勁力的大小，來跡去向，透過肌膚的接觸去感知對手的力向，出力的大小，使神經觸覺產生靈敏作用，進而知己知彼，人不知我，我獨知人，終至能隨心所欲，所向無敵。

第二節　形意的推手

說到推手，一般人總會把它當成是太極的專利，而事實上，包括形意與八卦等等內家武學，都是有推手的訓練的。

推手的練習有：

一、自我練習

沒有對手可以互練或沒有老師在旁指導時，自己可以用下列方法自我練習。

1、轉 腕

兩隻手腕十字交疊，輕輕黏著，然後向外旋轉，幾十圈後反向內轉，以不丟不失，輕輕沾黏為原則，兩手腕必須纏黏著，不可分離斷續。用心思，去想像手腕互相摩擦的感覺。

2、旋 臂

以本門「纏手」的單練方式，將右手輕輕插於左掖窩，左掌同時轉掌，右手慢慢移貼，摩至左小臂、腕、掌。左手慢慢抽回，作交換手動作，擰腰反轉臂，換成將左手輕輕插於右掖窩，右掌同時轉掌，其餘動作與前同。這個練法與八卦掌的「青龍出水」略同。

3、摩 腹

左右兩大臂內側輕貼於左右腹側，往後摩，至小臂內側，至手掌掌面。沿掌背滑向至小臂外側，至大臂內側，回旋到原起點，反覆練習。

4、擊 腹

在練習至相當的水準時，丹田凝聚了內氣，已經不怕擊打，可以以兩掌心，掌側輕輕拍打腹部，力道可以慢慢加重，以自己能夠承受為度。

擊腹可練習丹田腰圍腹部之間的聽勁反應，及接勁與抗打擊的前方便功夫之練習。

二、同門師兄弟及拳友之互推練習

兩人搭手後，先練定步單推、雙推，運用掤、捋、擠、按、採、挒、肘、靠等手法，一來一往互推，再以活

步無定法方式互推,其要領須以纏黏貼隨,不丟不頂,不用蠻力,純以鍛鍊神經的反應,以鬆柔、輕巧為原則。

在心理上,應摒除好勝心,不可爭強鬥勝,如果怕輸愛面子,虛榮心作祟,就會使出蠻力,造成肌肉神經之緊張,內勁反而縮收,功力不能進展,永遠無法練好推手;以平常心練習推手,勝負不計,輸了再來,敗了再起,敗是勝的階梯,沒有失敗作階梯,將達不到勝利的目的地;往鬆柔的目標緩緩勵行,成功的終點會提前來到。

第三節　推手常見的通病

一、根未入地

湧泉無根,下盤不穩,發勁時沒有借到地力。現在學拳的人,大部分急功近利,夢想速成,不肯好好下工夫。拳架猶無基礎,下盤根基未立,看人家練推手,也參一腳,亂推一通。

因為沒有經過明師的正確指導,最後練成滿身蠻力,然後也去參加推手比賽,有時運氣好僥倖得了名次,就擺出一副不可一世的傲慢相,當然也會風光一時。但是隨著年齡的老化,體力漸減,動作失靈,逐漸暗淡下去,最後終於在拳場消失無蹤。這種情況是屢見不鮮的,至今亦然,以後也會有的,因為這是一種通病。

二、手無掤勁

掤勁,是經過長期的以心行氣,以氣運身,以意導

氣，令氣騰然，而後斂入骨髓筋脈之內，聚集成一股無形的量能，這也是必須經過練習站樁、拳架、基本功等累積而成，非是三兩天，三兩月，三兩年的時間可以致之的。

如果沒有練就這個掤勁，與人推手，都只是空殼子而已，使出的也只是蠻力，局部力，沒有辦法發出整勁，因為手無掤勁，則無彈簧勁，無支撐勁，在走化時無法將對方來力透過掤勁，化入腳底；在發勁時，也無法透過腳根接地之力，直傳至雙手而將對手瞬間打出，這樣，只能靠雙手胡纏濫打，成為一隻鬥雞、鬥牛犬。

三、體外架設牆壁

有人推手，總是把雙手擋在胸前，自己堵設一道銅牆鐵壁，怕敵人深入城內，不敢讓人的兩手觸摸到身體，因為怕被打出；或者兩手硬抓著對方的手臂，以為這樣可以使對手無法發勁，但問題是，你抓住對手的雙手，當要向對手發勁時，你的雙手能不放開嗎？在放開的剎那，不是等同告訴對手說，我要發勁了，這就等於自己造就一個機會讓給對手打。

所以，推手時盡量把身體讓出來給對方，這樣，你的身體才能聽勁，練出靈敏的反應覺受，在實際對打搏擊，才能因身體的聽勁而化解對手瞬間的打擊，在搏擊時，如果是以雙手去攔架攔擋，都將已是慢了半拍，雖然有了招架，依然還是要被打百下。

四、腰胯沒有落沉沒有彈簧勁

胸部被按時，一般的通病就是上身往後仰，腰胯不能落。腰胯不落則氣不沉，氣不沉，則根虛浮，那麼任你如何用力敵擋，還是要被打出。

腰胯要落沉，先決條件就是雙腳要有根，它們是相對的，而且是相輔相成的。能鬆腰落胯，才能氣沉丹田，才能氣貫湧泉，入地生根，才能走化對方洶湧的來力。所以說湧泉無根，腰就無主，腰沒有主宰，就是沒有丹田氣，就是空殼子，就是繡花枕頭，沒有內裡，沒有實際，在真正搏擊時，也不能發揮如蒼龍抖甲般的腰的彈抖勁，也無法發出如迅雷不及掩耳般的疾速爆發力。故說，腳根、腰的抖勁、手的掤勁及丹田之氣是四合一，缺一不可，不可分，不可離，分了、離了，就非整勁矣！

五、好勝爭面子是推手之大病

好勝爭面子是一般人之通病，也是推手之大病。一般人，誰不爭勝，誰不愛面子，誰無虛榮心；勝了，就產生優越感，我比別人好，我比別人強，慢心就生起了。在推手陣中，常人只有一個勝字，要勝過對方，要打敗對方，但是須知，鬥贏了，無非是鬥勝的公雞，鬥敗了，也無非是鬥敗的公雞，勝敗都是一副狼狽相，真正無所謂的優越感與虛榮感，更無面子可說。

在推手陣中為了爭勝，當然就會使上蠻力，忘記鬆柔為何物，那麼，即使你贏得一時，風光一時，但不能長久

維持，因為人會老，體力會衰，不是恆久的，終將隱沒。

　　所以，在推手時，要建立一個觀念，做一個常敗將軍，當你一直敗，一直敗，敗到後來，你的柔性出來了，你的韌性出來了，你的聽勁也出來了，因為你不爭勝，就不會使蠻力，才能走鬆柔的路線，才能邁向推手的成功之路。

第四節　推手不是摔跤頂牛

　　推手為何會變成摔跤頂牛？死纏爛打？成為武術界人士所垢病、批評、訕笑的對象？原因如下：

一、老師的水準低落，不會餵勁

　　真正會太極推手的老師及教練，寥寥無幾，大部分的老師及教練是去參加推手比賽僥倖得了名次，回來之後就開始當起老師或教練來，其實對於推手的內涵還是半知半解的，要如何替學生餵勁，他們根本是一無所知的。

　　餵勁是非常高深的功夫，為師者必得知道餵勁作勢的要領，會餵勁作勢，才能讓學生拿到分寸，讓學生能理解拿捏應當在何時走化？該走化多少？讓學生能知道何時應該順勢反彈發勁，及中途的變化虛實，這全在老師雙手之間的暗示，雙手發揮的肢體語言，是學生與老師之間的橋樑，與靈犀的默契。

　　在餵勁當中，在走化與發勁之間，都是不用拙力、蠻力的，都是輕巧的，都是順勢而為的，沒有一點牽強，沒有一絲頂抗，也不會用到局部的手力，在化打之中全是要

求完整一氣的。如此練來，彼此都是輕鬆而不疲累的，在練習當中是趣味叢生的，會讓人一頭栽進去，流連忘返，功夫漸漸成熟入底。此時，耍玩推手絕不會再有頂抗、摔抱、纏鬥等情況發生。

二、學生不想用功，欲求速成

現代的學生太聰明，因為聰明的關係，就會投機取巧，不肯老實認真的下工夫。很多學生連拳架都不會打，基礎尚未成就，急於想出名，就跟著人家亂推一通。靠著本身擁有的蠻力，練成死頂蠻抗，及一股衝勁，想打出一片天來。

有的人反應好，耐力夠，蠻力大，在比賽場中，也有致勝的機會，因為一般選手都在水準以下的關係，他就有僥倖出頭的時候，拿了幾次冠軍以後，他可就不得了了，不可一世的嘴臉擺出來，只能讓方家竊笑罷了。然後就當起老師來了，如此惡性循環下去，推手就被這些人搞成今天的局面，徒呼奈何。

三、裁判水準超低

只要接受裁判講習數小時，繳了講習費用，就可輕易拿到裁判證書，當起裁判來。

很多裁判根本不認識推手，遑論會推手，外行指導內行，令人啼笑皆非，仰天長嘆。不會推手卻可裁判推手，這真是笑話中的笑話。

這是如今推手的實況，是無可奈何的事，也是無法挽

救的事，嘆息也是徒嘆息，要跳脫這個框框，您只有走出
這個圈圈，不去與他們混濫，也無須去參與此類的推手比
賽，特立獨行，超然的邁向自己理想的目標；否則您得個
冠軍什麼的，對自己的功夫又有何助益，只是浪得虛名而
已。

第五節　推手要把身體讓給人

太極推手常見的毛病，就是體外架設一道城牆，雙手
護著身體，不肯讓人近身，認為這樣就是最好的防禦，殊
不知如此作為，乃是一種頂抗的劣習，表面上看起來好像
能使對手不易攻進，自己似乎是站在有利的位勢，但是長
期以往，練成了滿身的蠻力，兩臂僵滯，對身體的聽勁敏
覺能力，反而不能成就，可謂貪求眼前之暫勝，卻使自己
的功夫停滯不前，失之多矣。

筆者與我的師伯黃景星先生練習推手，師伯常告誡
我，推手時要把身體讓給對方，身體要故意唱出空城計，
故意引對方進入，那時不解當中涵意。

某次推手時，只見師伯胸前大空，我乘機雙掌用力
按去，師伯並沒有用雙手來格擋，只覺得師伯的氣微一落
沉，已將我的強勢輕鬆化解，我反而身體前傾欲跌。師伯
總是攤開身體，讓我當靶子打。

當我後來體會到推手的深層內涵，才瞭解推手中「把
身體讓給人」的重要，如今，我教學生推手，也是如此告
誡學生。

與人推手，如果一心只求自己立於不敗之地，兩手死

緊的護在胸前或者死心塌地的纏繞著對方，或甚至兩手緊緊抓握著對方的雙手，死纏濫鬥，結果終將只能在推手門外徘徊，無法進入門內，功夫永遠不得增上，這都是愛面子的關係，由於愛面子，終將失去底子，無法成就推手功夫。

如果兩手死心塌地的纏繞著對方，相對的自己也是被對方所纏縛，兩人的重點變成在那邊尋找解縛點，伺機撥開對方雙手得機而入，如此二人變成互頂互抗，到後來，兩臂僵硬呆滯，墮成蠻拙之鬥力，推手功夫永遠不能有所進步。

若是兩手緊緊抓握著對方的雙手，那麼，要發勁時必得先放開自己的雙手，此時已被對方察覺，被搶得先機，是最為不智的方法。

為何要將胸口攤開讓人來打？因為身體每一方寸，皆有神經，皆能做一些適當的反應；身體攤開讓人來打，你才有機會去練習反應，去感覺聽勁，去感覺對手來力的大小，來力的方向，一切的來龍去脈，也漸漸的能掌控熟稔，越練越靈敏，越練越不怕人打。

當身體的聽勁成就了，在實戰當中，才能化解對手強勁快速的攻擊，瞬間化解來力。若是只靠雙手去防衛格擋，是難以每拳都能招架得住的。所以只能靠身體去接，只能靠身體去走化，以身體的自然反應，去化解快速而強勢的洶湧來力。

若能如此，才可以體會拳諺所謂「全身皆手手非手」的真正意涵，才能真正成就推手的高深技法。

若是只會摔跤鬥牛，死纏濫打，終究還是推手的門外漢。

若是沒有提升推手的水準，「推手」一詞，將永遠被譏諷為頂牛的把式，將永遠無法走上檯面，與其他武術有所評比。

第六節　何時開始練推手？

什麼時候才可以開始練推手？這是一個極大的問題，是見仁見智的問題，也是頗有爭議性的問題。

傳統練內家拳，光是拳架就得學個三、五年，甚或更久，才能開始練推手，有時要看各人的資質或勤學的程度，老師才會放手教推手。

以前，有位師兄弟離開老師，跟另外某位老師學練，七、八年過去了，有一天相遇，大家互談練拳情形，他說老師還在改拳，沒有教別的東西，包括推手，我一聽真的傻愣，何時才能更上一層樓？

是自己懈怠，沒認真練習？還是老師另有他的意圖，不得而知。但是，我私自想，如果七、八年還在改拳，那要改到何時才算拳架完善，有沒有一個次第時間表？就像求學，總不能一直呆在小學程度，不能升進到國中、高中、大學吧？

如果一直讓人在原地踏步，算不算誤人子弟呢？學生如果不堪受教，只得令其另尋高明，若一直把學生留在身邊，而功夫卻無所長進，老師是有過失的，是值得自我檢討的，否則誤人誤己，罪過大矣！

　　有的老師教拳，只是一直在教拳架，或止於刀劍棍等兵器的練習，筆者曾跟一位老師修學多年，就是如此。我一直懇求老師教我一些散手實戰的技法，老師卻說：「拳架熟稔了自然會用。」我只得離開老師。

　　在我多年的摸索，及與拳友的相互練習對打中，我深刻的體會一件事，拳架怎麼熟稔，在實戰對打中是不能靈活應用的，你得在功體內勁成就後，特別撥出時間來實際練習推手及對打，你才能實戰的。

　　在我教學多年後，深深體會，誤人子弟，罪過真的很大的，浪費了人家的寶貴時間及金錢與生命。所以我在教學當中，絕不會藏技，故意留一手，學生稍微有基礎，就會開始教推手及簡易的實戰防衛技巧。

　　有些學生練半年，或比較認真資質又好的，三、四個月我就開始教他們推手。學推手，沒有固定的時間表，它與拳架不會相衝突，而且有相輔相成的作用。

　　在推手中，可以體驗拳架是否鬆柔？有無其根在腳？有沒有主宰於腰？有無完整一氣？有否上下相連？內外相合？有無虛實分清？變化得宜？有沒有身立中正安舒？等等，從推手中，可以體會拳架該如何打，如何用。一方面練體，一方面練用，謂之體用兼備，是可行而且正確的。

　　我以此方法教學生，他們的進步是神速的，一年多已練出少分的內勁，也懂得發勁及走化與接勁，與那些練五、六年或更久的人，一搭手，即知功力差別所在。這些學生短期而有所成就，他們當然是歡喜的，如果能夠持之以恆，將來的成果是可以預期的。

　　不必再執迷某些老師的深度，也不必以為推手是難學的，只要遇上好的老師，他是不會藏技，故示神秘的。

　　得幸遇好老師，應當珍惜，如果還遲疑不決，就會曠廢時日，浪置光陰。

第七節　推手的頂抗與接勁

　　頂抗與接勁是兩碼事，內質、意涵是天差地別的，如果以為用力去頂住對方，讓對方推不動，就是推手功夫的成就，就是意味著下盤的根夠沉穩，這是值得質疑的；如果以為能頂得住對方的推力，就表示接勁和掤勁已然成形，這也是值得檢驗的。

　　頂抗，就是對方來力著到己身時，以拙力去頂住、抗拒，讓對方推不動，使自己立於不退、不敗的地位。這種頂抗形勢，是不分以手去頂抗，或以腰胯去頂抗，或以腳根去頂抗，都是屬於頂抗的範圍。這如果沒有認真仔細的加以辨別的話，是容易被混淆與誤會的。

　　現在再來談接勁，如果能明白接勁的意涵，相對的就能瞭解頂抗的錯處，而不會被人家所誤導。接勁，就好像棒球捕手的接球，當投手的快速球投過來，球速是極快的，捕手在接球時，必須向下或向後坐勁，來緩衝球速的衝擊力，這樣，手腕才不會受傷；如果沒有這個坐勁的緩衝，而去硬頂接球，手是容易挫傷的。

　　接勁的道理是同樣的，當對方的強勢來力著到己身時，不可用手去頂，不可用腰胯去頂，不可用腳根去頂。如果誤認能頂得住，讓人推不動，就以為功夫了得，是值

得置喙的。

在推手陣中，寧可退，寧可敗，寧可輸，不必求勝，不必顧面子，但是不要讓身體受到傷害，所以，「讓人推不動」是值得思考的。

練到讓人推不動，並不能說是太極拳功夫有了一定的程度；練到讓人推不動，對接勁與發勁並無正面的意義，為何如是說呢？因為，即使你的「讓人推不動」是有練出下盤腳根的功力，但這離接勁與發勁還是有一段很長的距離的，在讓人推不動的情勢下，必然含著或多或少的頂抗力的。

接勁必須透過坐勁來緩衝正面的強大勢力，它是像彈簧一樣的涵蓋著彈力，去消解對方的來力，因為消解而化去來力，或因消解而輕鬆的接住對方的來力，這就是接勁。也因透過彈簧性的接勁，在反彈摺疊之時，借著回彈的勢力，借著地力，而借力打力，打下暗椿，完成發勁動作。

如果是以拙力去頂住，而讓人推不動，在頂住時就會形成一個死力抗在那邊，於對方的來力是難以消解的，也無法產生回彈的反作力，那麼，在發勁時，它是一股新的力道，它不會產生摺疊勁，無法借力，無法達到省力原則，也可以說，它完全是一種拙力，不是真正的發勁。

再來，說到掤勁。掤勁就像海水，它有張力，有承載力，可載萬噸舟船而不沉。所以，掤勁並不是像一塊硬體物，把人家的來勢來力頂在那邊，也不是奮力用手去抗住對方，讓對方的力量進不來，不是這樣的。

　　掤勁是接勁的運用，它是載浮載沉的，它可以接勁，也可以發勁，它的勁是Q柔的，是柔中帶剛的，它是有彈性的，不是一隻鋼硬的鐵手，不是以硬力去頂住人家，讓人推不動。

　　接勁就像車子的避震器，裡面有彈簧，可以緩衝車子在行駛中顛簸的力道衝擊，車子如果沒有這個避震器，在顛簸的路面行駛，就會被震的頭昏腦脹。接勁如果沒有如車子般的避震器，缺少那個彈簧性，那就是頂，在這種情況下，即使你的手堅硬如鐵，即使你的下盤穩固如山，都還是悖離了推手的本質。

　　所以接勁是利用巧妙的技法，將對手強大的來勢、來力，承接到腳底，使自己立於不敗之地，順勢予以還擊。接勁不是用雙手或身體去做頂抗，來平衡自己的失勢、敗勢，去力挽狂瀾。

　　所謂頂抗就是身體上某一部位被對手推壓、控制或逼迫，在無法走化的情況下，以自己的雙手或在被推壓、控制、逼迫的部位，使用頑拙抗拒之局部勢力，藉此企圖得到逃脫、化解，閃躲危機。

　　接勁是一種高層次、高水準的走化，它不必透過閃躲、避正的方式去化解對手的強大勢力，而是將對手的強大勢力承接到腳底，對手的勢力並未因為這樣的承接而消除，這股勢力被我所承接後，是被我所控制著，我是伺機而做適時、適當的回擊，或讓對手有一個台階可下，主動的關閉或遲緩攻勢。所以接勁實為一種高階的走化。

　　接勁的條件有：

一、手的掤勁。

二、腳底樁功的穩固。

三、靈敏的聽勁。

手的掤勁與腳底樁功的穩固，可透過站樁而成就，或經由拳架與基本功而練就。掤勁是一種張力，有彈簧般的承載力，可承接、化解強大的壓迫力。然而手的掤勁必須有腰胯及腳樁的底基之配合承受，才能做出完美的接勁。

腳樁的暗勁深入地底，所產生的摺疊反彈勁，不僅可以卸掉對手的來勢，更能將這股勢力，因我借勢打樁所引生的反彈勁，轉化而增進成為我的勢力，使我在接勁後所產生的反擊力道更為強勁。

腰胯是接勁這一條線、這一條根的一個中間點，透過這個中間點，順勢將對手的來力引至腳底，卸去對手的強大勢力而加以承接。腰際、腰間是丹田氣集聚的範圍，暗樁的深入地底，必須藉由丹田氣的挹注。

本門形意劈拳拆練，撤步拔，運用前腳往後撐的勁道，使身體往後撤，同時雙手做下拔動作，在後腳達到定位時，打樁，踩煞車，此時因打樁的關係而產生一股反作力，兩手在拔後會摺疊向前衝出。這些動作，定位、打樁、踩煞車等所產生的反彈摺疊，有著接勁的效果，可以拿來做為接勁的單練。

拳論說：「本是捨己從人，多誤捨近求遠，所謂差之毫釐，謬以千里，學者不可不詳辨焉。」推手本是捨己從人，本是借力打力的，是以柔克剛的，是四兩撥千斤的，所以，讓人推不動，是要像「不倒翁」一樣，要有走化、

消解的功能，如果是力頂、力抗，而讓人推不動，是不值得推崇標榜的。

若是以讓人推不動，做為學習的指標，那麼，毫釐之差，變成天地懸隔，「不可不詳辨」呀！

拳論又說：「斯技旁門甚多，雖勢有區別，概不外壯欺弱，慢讓快耳；有力打無力，手慢讓手快，此皆先天自然之能，非關學力而有為也。察四兩撥千斤之句，顯非力勝。」推手本是以無力打有力，以小搏大，以弱勝強的，若是練錯方向，想以頑力去力抗強敵，除非塊頭比人大，力量比人粗，如果不是這樣，是難抵強敵的。四兩撥千斤，顯非力勝。

這四兩撥千斤，不是純技巧而已，四兩撥千斤是有條件的，包含內勁、沉勁、掤勁、聽勁、樁法等等的成就，只有這些條件具備成就，才能產生四兩撥千斤效果。

如果搞錯方向，用土法煉鋼的方式去練下盤的腳力，練成了滿身的蠻力，練成了「讓人推不動」的抗頂頑力，就落入了拳論所說的「斯技旁門」，已經不是推手了。

推手不是功夫的全部，在武術的實戰中，讓人推不動，不是致勝的因素，在推手的領域中，必須具備了聽勁、接勁、發勁等等的基礎，在實戰中才有致勝的契機。

第八節 推手中的餵勁

人一出生，需要母親的餵食，才能日漸茁壯長大成人；練拳者需要依靠師父來餵勁，才能體悟勁的用法，才能「聽勁」而至「懂勁」。

　　現在一般習武者均偏重於盤架子，尤其一些所謂的「拳頭師」，打拳很好看，實戰對打，往往不堪一擊。由於老師不懂得如何餵勁，因此練拳的人，真正學到技擊功夫的少之又少，餵勁的功夫幾瀕於失傳。

　　拳術練到了一個相當的水準，為師者應當對徒弟善加餵勁，透過化勁及發勁的練習，使其內勁慢慢爆發出來。

　　練習發勁之前，要先懂的如何接勁；接勁含有化勁的成份在內。接勁之練習，先由老師向學生作勢發勁，讓學生練習如何接；勁由小而大，由慢而快，經長期訓練之後，神經感應會慢慢產生靈敏作用，也就是所謂的「聽勁」。聽勁練出後，慢慢進入「懂勁」的階段，此時對方來勁之大小及快慢動向均能感知，接勁及化勁的功夫已經成就。

　　只知走化，不知反擊，永遠是挨打的架子。反擊的時機為何，需要為師者高度的技巧，才能使學生在餵勁的過程中，慢慢去感覺，去體會，其中包含兩者之間高度的默契，起先為師者做勢發勁，學生應勢而接，在來勁將盡之際，要抓住時機，反擊而出。

　　這其中的比喻，就如我們用力去按一塊彈力很大的彈簧，在下壓的力量將盡時，會被反彈而出，讓學生體會出那彈簧反彈之勁。

　　拳理所云「四兩撥千斤」，乃是借力使力，假使對方未使出力量，要將其發出，勢必付出與對方體重相等之力，對方體重如果超過於您，如何推動的出，只有借力使力，來力愈大，反彈之力愈大。

餵勁作勢被發，需要高度的技巧，要讓學生練至發勁時又輕又巧，完全是一種反彈力，不是硬力。反彈發勁的時機，快了變成相頂撞，慢了又得不著機勢，要不快不慢，恰到好處，得機得勢。

在訓練當中，為師者偶而作勢被發，偶而作個引勁將學生發出，速度時慢時快，勁道時大時小，使學生的觸感知覺慢慢產生靈敏作用。

餵勁練習的道理，彷彿我們小時候玩打板球，球是海棉體連接一條可以伸縮的小橡皮絲線，當球打出去時要順勢拉回，再打出去，連續不斷。如果擊出與拉回的時機拿捏不準，就無法連續拍打；技術純熟了，閉著眼睛照樣十拿九穩，玩球於手掌中；打板球的技巧，完全在於聽勁，當我們練會了聽勁，到達懂勁階段，閉著眼睛也可以將敵人打擊出去。

老師不能時常在身邊為我們餵勁，在懂得餵勁的道理後，可以與師兄弟或識性的拳友互相餵勁，切記不可爭強好勝，使用蠻力，忘記鬆柔，如此有恆的練下去，兩、三年就能打好推手的基礎。

第九節　推手只是功夫的一部分

推手是一種格鬥技巧，但是推手只是功夫的一小部分，不是包涵了所有的功夫，也不是全方位的功夫，它只是進入實戰的一個練習階程，躍過這個階程，再去深入搏擊的實際對練，實戰的功夫才能算是成熟的。此時去與人實戰才能應付裕如，才不會被打的抱頭鼠竄，無力還手。

　　現在的推手比賽，大部分是以蠻力及耐力取勝，只要有一股蠻力衝勁，加上體力耐力好，還有靠一點運氣，致勝就有機會。

　　但是，這樣的推手冠軍，值得炫耀嗎？推手冠軍就是武功高手嗎？

　　推手並非不好，推手其實是一種非常深妙的感應技法，只是被外行人們所誤導，以為推手就是這樣那樣，只要能把對手推出、摔倒，只要能取勝，不管是鬥牛、糾纏、摟抱，無所不用其極，所以就演變成現在的推手。

　　真正的推手需透過正統的老師親自餵勁，作勢引導，讓學生在鬆柔之中，真正學會輕巧的走化，而不是力頂、頑抗。從餵勁當中所訓練出來的發勁，也是富有彈勁的，不是死力蠻力的推打。

　　推手主要的目的是練出靈敏的聽勁，以及自然反應，更要練出沾黏的好技巧，能讓對手一碰觸到我的身體，即能輕鬆黏住對手，讓其不丟失，在沾黏當中去掌控對手的動向，發揮攻擊的契機。沾黏的功夫一旦練就，於實戰搏擊時即能取得先機，發揮攻防的效益。

　　全方位的武術搏擊，所應涵蓋成就的功夫，包括根盤的穩固，內勁的培養，腰的彈抖，氣的完整，以及步法的輕巧，反應的靈敏，聽勁、化勁與發勁的究竟，更重要的是要有實戰的臨場經驗。

　　具備了以上的條件，才可以上戰場，與人較高下。不如是，自以為推手冠軍，輕易大膽上了戰場，當然只有抱頭鼠竄，滿場被人追打，自落笑柄而已。

第十節　推手中「推不動」的謬說

　　「推不動」一向被無明的太極拳學習者所極度的推崇，認為被推不動就是太極拳中的好功夫。所以被推不動就有許多傳聞及謬說。

　　有人說，當兩個實力相等的人互推，如果腳趾中的大拇指用力往地下扣住，那個人就可以立於不敗之地，可以讓對手推不動？有人說，站立時，兩胯張開，兩膝往內包裹，就可以站得很穩，讓人推不動？有人說，立身時，意守頭頂的百會穴，就可以穩固重心，讓人推不動？還有許多千奇百怪的讓人推不動的謬說，真是述之不盡，令人啼笑皆非。

　　自稱為某派太極拳十九世傳人陳某某「大師」，與亞洲首席大力士龍武進行了一場極度典型的「推不動」世紀表演，大力士龍武體重 180 餘公斤，陳某某「大師」體重看起來約為 90 公斤左右，體型重量相差一半。龍武力量之大，可以徒手搬動一輛小轎車，而為飯店前來泊車的服務生看傻了眼；龍武甚至可以用繩索拉動一輛大貨車，他的神力真是令人不可思議。

　　比賽開始，陳大師重心往前移，上半身向前傾斜 45度，右手插進龍武左腋下，左手扶住龍武右肘，這種場景，這種態勢，我想大家可以在腦中擬想一個影像，一片巨大的牆壁即將倒下傾斜，你在傾斜度 15 度至 45 度之間，用一根不須很大的木頭頂著牆壁，牆壁就沒有再傾倒的力量去壓垮木頭，這是物理力學槓桿原理，所以任憑大

力士龍武使盡吃奶之力，也無法推動陳大師一步。

　　還有這裡面牽涉到太極推手聽勁的卸力走化與虛實的掌握變化，這是所有學過太極推手盡人皆知的，龍武據說學過柔道，但是沒有涉獵到推手中的聽勁的變化，所以龍武的施力的時間點及發力的方向，都被陳大師所掌控，龍武越用力推，他的腳根就越虛浮起來，手的力量進不到陳大師身上，所以不能推動分毫。

　　這種情況，表相看起來，不明就理的人都會認為陳大師功夫了得，但是行家看在眼裡，這不過是雕蟲小技，因為他的對手是一個太極推手的門外漢。

　　在網路的影音傳播中，有一個畫面，兩個人一前一後，用力推陳大師，陳大師也是同一個態勢頂住前頭那個人，兩個人也是無法推動陳大師半步，陳大師接著令旁人拿一杯水，輕鬆的喝著，接下來提起一隻腳，以單腳頂住兩個人，臉上露出得意的微笑，這個畫面，陳大師心裡想的是會得到觀眾的掌聲，事實上應該也有掌聲響起，但是深觀者卻看到大師傲慢的人性面。

　　另外一則影音，有二十餘人前後排成一個長龍，一起推向陳大師，陳大師也是同一個態勢頂住前頭那個人，二十幾個人僵持數分鐘，也是無法推動陳大師半步，觀眾響起掌聲。

　　這些林林總總，都是表演性質，行家知道，這是表演，不是功夫。二十幾人排成一個長龍，力量還是一個，是前頭那個人，你有百人或千人，是無法同時集中成一個完結的力量，所以這些都是唬弄外行罷了。

　　這是推不動，那麼，隔空打虎呢？二十幾人排成一個長龍，你打前面那個人，最後面那個人會飛出去嗎？二十幾個人接連起來，可以同時集中成一個完結的整體力量嗎？智者應該可以舉一反三，了解這些也是表演的戲局。

　　2002 年陳大師來台推銷他的太極拳，廖白一時技癢，邀大師做了一場活步推手切磋，廖白強攻，雙按而去，大師扶住廖白雙臂往外一撥，廖白退了兩步，此後雙方都謹慎起來，磨蹭了幾分鐘，都無得分，後來廖白又發了一記雙按，大師沒有完全化開，微退了一下。綜觀整場的活步推手，大師是略勝一籌的，但是大師體重稍微重了一些，打成這個場景，其實是不算勝利的。

　　由此可知，前面說過的大師的那些被推不動，是不能算為功夫的，在動步中有了力量的大小及方向的虛實變化之下，大師對體重比他輕的廖白還是被推得動的，不能像表演那樣文風不動的。

　　有某師謂：「被推不動是太極拳掤勁的根基，被推不動是訓練接勁的方法，當下盤能吃到對方的施力，由腳的反作用力去頂住對方，就表示你夠鬆，上下半身已能連結貫串。……不用手就能頂得住對方的推力，也就表示接勁和掤勁已然成形。……對方直線向前推來，能夠盡量以腳接力頂住，就代表下盤有了一定的功力，也具備了一定的掤勁。……只要能練到讓人推不動，最起碼意謂著太極拳的功夫有了一定的程度。……倘若你還練不到推不動，肯定你就無法自在的接勁與發勁。」

　　什麼是掤勁？掤勁像海水，有彈力，有張力，有浮

勢，也有沉勢，可讓萬噸船隻浮在上面，也可以讓它沉入海底。掤勁是活動的，是活潑的，是多元性變化的，不是一成不變的頂在那邊，死在那邊。

掤勁，是內氣斂入深化後的活機，掤勁不是拙力，不是蠻力，所以，被推不動並能代表是掤勁的根基。掤勁的根基是內氣沉斂匯集後的活機運用。

接勁，是一種摺疊勁的反彈作用，所以，接勁之後，會有自然接續的反彈，也就是反打，它是一種慣性的反應。被推不動是一種拙力的死頂，只頂在那邊，只死在那邊，所以，被推不動，不能稱之為接勁。

所以，不用手而能頂得住對方，不能表示接勁和掤勁已然成形，因為之中已經涵攝了拙頂成分。如果說，只要能練到讓人推不動，就意謂著太極拳的功夫有了一定的程度，這樣的論說，是值得置喙的。練到被人推不動，事實上與接勁及發勁是無關的。

太極拳一向主張「一羽不能加，蠅蟲不能落」，讓對手感覺「仰之則彌高，俯之則彌深，進之則愈長，退之則愈促」的，在推手或實戰中也是強調「捨己從人」的，要保持「不丟不頂」的原則，而不是用拙力去頂住對方，形成僵滯的鬥力、鬥牛方式。

今時的太極拳被一般武術系統譏為老人拳、女人拳、豆腐拳，不無原因，因為一般極多數的太極拳練習者，都滿足於推手階段，都自滿於「被推不動」的虛幻的虛榮當中，不思升進，誤以為「被推不動」或「把人推動」就是太極功夫的全部，等到有一天遇到實戰實鬥場面，被人打

得鼻青臉腫，落荒而逃，才會知道自己所學「被推不動」及「把人推動」的太極拳是不堪一擊的，不是實際的武功。

　　自稱為太極拳某派十九世傳人，表演了一場「被推不動」的戲局，戲弄了亞洲首席大力士，自傲自詡為一代太極高人，但是他有打過實戰嗎？未曾看到他在實戰中有任何戰績，這樣的「被推不動」的「武術」值得自我標榜、炫耀嗎？

　　大力士因為擁有大力的關係，因為擁力自重的關係，所以比較不會去涉獵主張不用力的太極拳，即使有少部分的人有所涉獵，也是少有能成就太極功夫，因為他們天生就擁有這些蠻力，他們不想放棄這些蠻力，所以就無法成就太極功夫，因為太極的修煉，就是要捨棄拙力，卸去蠻力，這樣才能斂氣入骨，成就內勁，成就聽勁進而成就懂勁功夫。

　　大力士由於不肯捨棄蠻拙之力，所以甚難成就斂氣入骨的內勁，及聽勁與懂勁功夫，所以不明究理，只有被這些稍懂太極拳者耍玩於「被推不動」的遊戲之中，誠可憐憫也。

　　太極者，無極而生，既稱無極，就是沒有一個自我的設限，它是一個無限的自由空間，是一個變化無窮的揮灑空間，要隨著陰陽的變化而有虛實的轉換。

　　某師自稱○無極，似乎不明白無極之理，為文推崇「被推不動」是太極某層次功夫的謬說，誤導學者走向悖離太極之理的道路上面去。

　　「被推不動」牽涉到力學原理，前面說過，一片牆壁

即將倒下，用一根小木棍就可以撐住牆壁，小木棍靠著牆壁的下壓之力，與地面形成一種互相撐持之力道，這時你要去推這根小木棍是很費力而且困難的，它是靠著牆壁的下壓之力而自穩固的。

反過來說，這根小木棍如果沒有牆壁壓著，是自己獨立的立著，你就可以輕而易舉的推倒它。

所以，被推不動的武師，前面有一個憨直的大力士像牆壁似的壓著他，他就可以藉著槓桿原理，把對手的力量卸到地底，也可以說憨直大力士的力量是推在地面上的。

如果這位大師是空手站著，要推動他反而是比較容易的，就像他被體重比他略輕的廖白所推動一樣。這樣的說明形容，讀者就比較容易明白「被推不動」只是雕蟲小技，不是太極中的真功夫。如果一隻腳獨立站著，能被推不動，我就輸你一塊錢。

跟人玩推手，如果對方一上來就插你的腋窩，或扶住你的手肘，或抓住你的雙手，如此之輩，都是鬥力者，都是鬥牛者，都是已經預設了想讓人推不動的錯誤作略思想，這些人縱使有一天，真的練就了被人推不動的自以為是的功夫，那麼想成就真正的太極內勁功夫、聽勁功夫及懂勁功夫，是難如登天的，是永遠不可能的。

真正的立於不敗之地，是保持中定平衡，雖然被推動，仍可保持中定平衡，在平衡中定中保持鎮靜，就可以有變化的機制，就可以應付瞬息萬變的詭譎戰鬥，這才是拳中的智者。智者不以力取，不以蠻力取勝，不以「被推不動」為榮，也不以被推動為恥，被推動是家常便飯，是

兵家常事。在擂台上，到最後還能站立沒有倒下的人，才是勝利者。

「被推不動」中的謬說，譬如前面說過的兩個實力相等的人互推，如果腳趾中的大拇指用力扣住地面，那個人就可以立於不敗之地，可以讓對手推不動？

又譬如站立時，兩胯張開，兩膝往內包裹，就可以站得很穩，讓人推不動？

又譬如立身時，意守頭頂的百會穴，就可以穩固重心，讓人推不動？

這些林林總總都是說故事，都是天方夜譚，都是不正確的謬說，學習太極拳應當要有智慧去辨識正謬，否則這些邪見一旦侵入你的腦中，就會走上太極的岔路，離太極越來越遠。

第十二章　形意格鬥論

第一節　格鬥略說

　　格鬥就是對打搏擊，是近身肉搏。

　　一般說來，格鬥是推手的進程。推手是格鬥的前階，不是功夫的最終目標；有人在推手比賽中得了名次，就自以為功夫已經了得，但在搏擊時，卻被打的落花流水。須知，推手只是功夫的一小部分，真正的功夫是在搏擊時，能隨心所欲，自然反應，立於不敗之地。

　　格鬥散打的練習，要從練習過的招式、拳法，一招一式拆開，先以固定一個招式，兩人一組，一攻一守互練，至純熟後再換招式練習。進而以不定招式互練，變化不同的攻守方法；也可事先在心裏模擬各種用法，實際應用到散打裡。總之，必須練至能自由應變，得心應手，在臨敵時，心不驚，肉不跳，有膽識，有氣勢，神閒氣定，如入無人之境，才可謂有成。

第二節　形意五行拳的格鬥拆練

　　前面說過，形意五行拳每一形都可以拆開來單練，因此，在格鬥對打的訓練當中，也是可以一招一招拆開來練習對打的。

　　譬如以劈拳為例：

一、對方以右手擊我頭部，我右手往上沾黏，隨即往下採，同時以左掌劈其面。

二、對方以右直拳擊我面部，我微向左側身，以右手沾黏後，向下採拔，交給左手沾黏，右拳抽出，向上鑽攻擊對方面部，對方若以手來格擋，我則右手向下採左手劈其面。

三、對方以右拳直擊我腹部，我有右手沾黏之，交換給左手沾黏控制，再以右掌劈其面。

其餘的四形均可自行設計模擬，變化演練模式。等待所有的拆練對打都熟稔之後再練習自由對打。

自由對打是無招無式，完全依自己的意念及當時的情勢而變化虛實。

第三節　形意五行拳生剋對練

五行拳生剋對練是依據五行中的金、木、水、火、土的相生與相剋原理而設計的一種對打訓練方法。

其式如下：

【01】

甲：進步右崩拳：（左進右跟）右手打出右崩拳（打腹部）（攻）

乙：退步左蓋掌：（右退左撤）左掌順時劃弧壓蓋（守）

【02】

乙：進步右崩拳：（左進右跟）右手打出右崩拳（打腹部）（攻）

甲：退步左蓋掌：（右退左撤）左掌順時劃弧壓蓋（守）

【03】

甲：進步右崩拳：（左進右跟）右手打出右崩拳（打腹部）（攻）

乙：退步左蓋掌：（右退左撤）左掌順時劃弧壓蓋（守）

【04】

甲：進步左崩拳：（左進右跟）左手打出左崩拳（打胸部）（攻）

乙：退步左鑽拳：（右退左併）左手鑽出格擋，重心移至左腳（守）

【05】

乙：進步右劈拳：（右進左跟）右手打出右劈拳（打面部）（攻）

甲：退步左鑽拳：（右退左撤）左手鑽出格擋（守）

【06】

甲：進步右砲拳：（左進右跟）右手打出右砲拳（打胸部）（攻）

乙：退步左捋手：（左退右撤）左手向右捋蓋（守）

【07】

乙：進步右鑽拳：（右進左跟）右手打出右鑽拳（打面部）（攻）

甲：退步左捋手：（右退左撤）左手向右捋（守）

【08】

甲：進步右橫拳：（左進右跟）右手打出右橫拳（打頭側部）（攻）

乙：搬攔右崩拳：（左退右併）重心移至右腳（左進右跟）搬攔打出右崩拳

（乙打出右崩拳後即變成【01】之甲，甲變成乙，反覆不斷）

第四節　形意格鬥戰略

一、探　路

探路，就是探察、探勘路徑之意。

在三國演義裏面，我們常常會看到「探子回報」的字眼。探子，就是斥侯。斥，度也，侯即侯望，斥侯就是勘察觀望測度，表示偵察敵情之意。

不管古時或現代，在作戰策略中，都有探子、斥侯做為前哨，先到前方探察敵情，譬如敵軍人數的多寡，以及領兵者是誰，還有路況、地形、地勢、風向、氣候等等，以為戰略之參考。三國演義是一部作戰及兵法的詮釋，在裡面，兩軍作戰時，一定先派遣探子去探察敵情，所以「探子回報」這個字眼，是常常會看到的。

在武術的格鬥當中，「探路」是必要的戰略，而且攸關勝負。

形意拳大師尚雲祥，之前學的是功力拳，大概類屬硬拳系統，他去拜會李存義。

　　李存義說：「你的功力拳打的如何呢？」尚雲祥就打了一趟功力拳，虎虎生風的，但是腳下無根，李存義說：「你練的是挨打的拳。」尚雲祥不信，拳頭直擊過來，李存義沒有出拳，也沒有格擋，一個跨步就把尚雲祥跨倒了，尚雲祥心服，拜李存義為師。

　　從這個典故裡面，我們得到一個啟發，李存義功夫固然了得，然而，他也應用了格鬥中「探路」的策略，先探一下尚雲祥的功底，尚雲祥演示之後，李存義顯然已察覺他下盤無根，中盤丹田無氣，上盤手臂揮的是局部拙力，這拳是沒有威力的，所以李存義才會說，你練的是挨打的拳，也由此而探知尚雲祥的底路，所以尚雲祥一拳打過來，他也不躲，也不擋，一個跨步就把尚雲祥跨倒了。

　　李存義不只功夫好，他更應用了格鬥戰略中的「探路」決策兵法。

　　我之前的一個學生楊君，他是篤信一貫道的，他有一個道親，很年輕，二十出頭，這道親練的是硬鶴拳。有一天，楊君說這道親想到舍拜訪我。

　　我請這道親表演了一趟硬鶴拳，確實是虎虎生風，真的會嚇死外行人的。但是他出拳發勁，沒有用到丹田氣，也沒有打樁，也就是說他的腳是沒有樁基的，出拳純是手的蠻拙局部力。我們也試了一下推手，摸清了他的底，偶而也讓他推一把，讓他沒有輸的感覺。

　　隔沒多久，楊君到練習場練拳時突然對我說，這道親等一下會到場來請老師指導一下，切磋一下。上課中，這道親就來了，我讓他在那邊等，等到下課時間，做了一場

切磋。

　　這道親一拳打過來，我一個蹬步截上去，連續打中他腹部兩拳，因為是切磋性質，所以都是點到為止。

　　我大部分都是讓他先出拳，一沾黏，他就沒輒了，力量一點也使不出來。之後他心服口服的說：「老師，我出拳總是慢半拍。」

　　不只出拳慢半拍，在近身時，他的力道是被封鎖的，手一沾黏，即知他的力向，是有跡可尋的，是可預知的，這叫知己知彼。虎虎生風的拳，如果沒有下盤為根，一點也不可怕的。這場切磋，似也歸功於之前在寒舍的「探路」，從他的拳架之中，已經探察到他的底路。

　　2016 年 9 月 29 日，之前跟我學拳數月的鐘君傳了一個簡訊給我，表示要來拜訪我，順便要帶一位朋友來向我請益，他是今年高雄市港都盃八極拳武術冠軍，每天練拳 4 至 6 小時，但一直無法體悟出，「勁」為何物，想來請益。

　　鐘君曾跟我學過拳，後來因故就去學八極拳。隔日，鐘君帶了他的冠軍朋友來到，他比賽得冠軍，我讚嘆了他一番，然後請他表演比賽的拳架，他演示了一套小八極。打完也是氣喘吁吁的，喘了約十分鐘才平息下來。我看他打拳雖擲地有聲，蠻彪悍的，但是膝蓋塌陷，絲毫無撐持力，腳無樁根，也是挨打的拳。從他的演練當中，他的底，我已了然，他的拳實際上是沒勁的，而且腳根不實，沒有根盤的拳，是沒什麼威力的。

　　他很客氣的說，我練八極猶不知內勁是什麼，內勁

要怎麼打。我就請他朝我身上打一拳看看，他不會發勁，握著拳頭用推的打過來，我輕輕地一盪，他的根盤就浮起來，他重複試了幾次，越用力根盤浮得越高，他承認自己沒有練到根樁。

練拳切磋，靠的是智慧，靠的是戰略，不是蠻幹。所以作戰切磋之前，「探路」作略是必要的。

可是在對方如果不想被你「探路」時，他會掩藏功架等等，那要怎麼辦？也就是說，他也不想表演拳路讓你看，也不想展露他的拳風及特色讓你瞧見，那該怎麼辦？

從談話中，從氣勢儀容中，可以看出一些端倪，他的表情是否內斂？談吐是否鎮定？氣焰是否傲慢、囂張等等，要從這一方面去「探路」。

在實際戰鬥中，要有虛實變化，不必拳拳到位，有時虛晃一招，試探他的反應，有時實拳打一招，觀察他的接化如何，這也是「探路」的舉作。

在短兵相接時，也就是身體或手腳有互相接觸時，不必急著搶攻，運用觸感先探探他的手有無掤勁，觀察他的下盤腳根有無基樁，他發勁時，會不會打樁等等，這些都可以透過沾黏的聽勁功夫而感知。

一般硬拳系統，比較沒有聽勁的練習，兩手被沾黏後，往往就不會出拳，也可以說，他出拳的力向被控制，被牽制，造成有力出不得的狀況。而且，他們比較不重視樁功，無形中，在腳步的移換，是比較不敏捷的，縱使步法移動可以使快，也是缺乏蹬勁的，所以在進步攻擊時，因為根盤的不實，致令根浮。根浮則影響出拳力道；根浮

則容易被拔根，落入敗勢。

在短兵相接時，推手的聽勁派上了用場，可從兩手的觸覺而察探到對方的根盤，他的根是沉是浮，一觸可知；還有他發勁會不會打樁，也可探知。沒有樁功基礎，就不會打樁，不會打樁，則出拳力道是不會驚人的，從這些林林總總的「探路」過程，而掌握勝機。

「探路」可以探知對手的心，他的出拳是善意或惡意，他的一拳一掌或一摟一摔，是否要置你於死地，是不可不防的。

在上列的拜訪請益中，鐘君與我的學員莊同學有過些微的切磋，鐘君雙腳在那邊跳呀跳，表現了他雙腳的靈活，但有些輕浮，鐘君近身摟抱，盡了全力欲將莊同學摔倒，但沒摔成，莊同學反摔一下，沒盡全力，都是點到為止。

學員莊君，心地善良，他是有練出內勁的，但怕出拳傷害到對方，所以有時會遲疑不決，而讓對手有機可趁來摟抱欲摔。

所以「探路」除了探察對手的外在形勢、功體等等之外，你要能探察到對手內在的心機，他的心機是善是惡？他是來挑釁踢館或是誠意的討教請益？自己要知所「探路」，而能在格鬥藝術當中，展現武術的智慧與高尚的格調，不至淪落於武夫鬥毆式的低劣戰鬥框架。

二、搭　橋

高雄大樹區的張○景老師，他的長棍，據我所見過

的，能出其右者，甚少。他常說一句棍訣：「有橋順過橋，嘸橋添作橋。」意思是說，有橋可過的時候，你就順著橋走過去；那沒橋的時候，怎麼辦呢？這時就要想辦法去搭一個便橋，才好通過。

這是長棍用法歌訣之一，有橋，就是兩軍對峙時，有了互相的沾黏，以棍法來說，就是兩方的棍，有互靠、互貼、互黏、互纏等等的碰觸，也因為互相碰觸的關係，而連帶產生了可被運用的聽覺（聽勁），由棍身所引生的觸感傳遞到觸覺神經，而有聽勁的變化運用，這是指雙方的棍有互觸的情況而言的。

那麼，雙方的棍沒有互觸的情況下，也就是說沒橋可過，沒有觸感的傳遞，沒有聽勁可資運用時，唯一的方法，就是「搭橋」。

「有橋順過橋，嘸橋添作橋」，這棍法的歌訣，是適用於拳法的，也適用於推手及格鬥藝術的。這「搭橋」就是「引」的意思，「引進落空合即出」的「引」。

在格鬥中，對手的中門，防守堅固，看起來好像無機可乘，無縫可攻，這時就得利用「搭橋」技巧來「引」他，這個「引」有兩種方式。

第一種，使用虛招引他，譬如，虛晃一招打他頭部，或下盤，此時他就會有防守動作出來，不是閃躲，就是跳開，在他閃躲或跳開時，我就硬打硬進，讓他兵敗如山倒。他若不閃、不跳，必然會用手來格擋，這樣，他就會露出空門，讓我有機可乘。還有他用手來格擋時，正中我計，讓我有沾黏聽打的機會產生，我就利用沾連黏隨的推

手聽勁打法來因應之。

第二種，我中門故意放空，來個「引君入甕」。對方看我中門落空，認為有機可乘，有可能會貿然搶進，正好中了我計，我就來個「甕中捉鱉」，逮他正着。

對方在搶進之時，我要有「後發先到」的能耐，截他的勁源，搶先闖入他的空門，才有致勝的機會。這個「後發先到」的能耐，我必須有相當的自信及膽識，才敢去做這個動作。

如果不做「後發先到」的攻略，那就等對方的拳將到未到時，或已到時亦無妨，就用我的手去沾黏他，或用身體去做化、接的技法。化，就是先走化之後再打，再攻擊；接，是指接勁，用身體去接他的勁，這必得有相當的功力，才敢去接勁的。

「搭橋」就似「鋪橋造路」，利用一個「引」字，用各種引法，讓他來幫我「鋪橋造路」，好讓我有橋可過，有路可走，這就是「搭橋」。

「引」是格鬥中一個極佳的策略。打手歌云：「引進落空合即出，沾連黏隨不丟頂；任他巨力來打我，牽動四兩撥千斤。」沾，是貼附著而不分離，是輕沾之意；連，是連續不斷；黏，是較深重的吸附，拔不開之意；隨，追隨、跟隨、隨機而動之意。

在推手或實戰時，雙手隨著時機、動向而輕輕的沾黏對方，或深黏吸附著，以及連綿接續的跟隨對方，伺機而動，能這樣的不丟開也不頂抗對方，這樣就能取得勝利的契機，有了這個「沾連黏隨不丟頂」的聽勁功夫，就能有

「引進落空合即出」的效果。

引進，就是引誘敵人進來，引進來不是讓他來打我，而是讓他的勢力、能量落空，讓他的根盤虛浮而起，好讓我來打他。引進落空有兩個層面，第一，我早已胸有成竹，以逸待勞在那邊等你送肉上來。第二，利用盤手、揉手功夫來牽制引誘，使你不知不覺的上鉤。

「合」，也有兩層意義：

第一，是迎合，在敵方勢力落空時，我伺機迎合上去，控制他，使他不能脫逃；

第二，這個合是含有覆蓋、包圍包抄之意，也就是趁敵勢力削減時，以我的強大氣勢去掩蓋他，透過這樣的掩覆、壓蓋、包抄而把敵人順勢打出。

能夠「沾連黏隨不丟頂」就能夠「引進落空合即出」，也就是說，你先得具備「沾連黏隨不丟頂」的聽勁功夫，才能夠有「引進落空合即出」的戰略效果。這打手歌的辭句，是一種倒裝句，中國的古文都喜用倒裝句，這是要特別注意去分辨的。就像太極拳論的那句「非關學力而有為也」，這「學力」就是倒裝句，應是「力學」努力學習之意，若把它成誤會為「學習力量」，那意思就天差地別了，完全相反了，但是很多阿師都把它解成「學習力量」，誤會大矣。

能夠「沾連黏隨不丟頂，引進落空合即出」，那麼，任他有天大的力量來攻擊我，都發生不了作用，因為我只要應用四兩之力，即可化打千斤之力，可以以小搏大，以弱勝強，以柔克剛，百戰不殆。

引，有引進，也有引退。引進，就是前面講的「引進落空合即出」，大家都已耳熟能詳，不必再贅言。

引退，就是引誘逼退對方，也就是我虛張聲勢，大聲一吼，一個箭步，一個蹬步，向前衝撞，直逼對方的中門，不管你中門守的多麼嚴謹，我就是要破你的門。這個進，是我自己進去，不是把對方引進我身，而是我驅進他身，所以這個「進」是有前提要件的，不是盲進瞎撞的送肉去給人家吃的。這個撞進，就是形意拳的「硬打硬進無遮攔」的硬進，它的前提要件，是你必須先具備了樁功的基礎，以及打樁、蹬步的實力，你才會有那個膽識與氣勢去闖關，否則就是自己送上門去挨打。所以，我「硬打硬進無遮攔」的硬進，實質上就是一種「引退」，引其退後的虛實變化戰略。

對方若是硬撐而不退，必然要拿手來格擋，我就搭上了橋，我就有「沾連黏隨不丟頂」的聽勁打法可資應用，進而發揮「引進落空合即出」的戰略，以及「牽動四兩撥千斤」的技法，不再怕他的巨力來打我了。

「搭橋」是太極拳的重要戰略之一，也是所有的內家拳都熟諳的戰略技法，懂得如何去「破門」，如何去「搭橋」，是格鬥藝術中較為玄妙的秘法。

三、破 門

格鬥中最重要的戰略，就是打空門。空門，就像古時候的城門，城門如果大開，敵人就很容易攻進城內，所以，守城門就變成很重要的戰略。

在格鬥的實戰中，兩軍相對，互相找對方的空門，做為攻擊的目標。在防守中，也是要做到不露空門，不讓對方有下手攻擊的機會，因此，守中門及破中門，已然成為格鬥時，不可忽視的策略。

中門，泛指人體的正面，由頭至腳。一般的技擊，守中門大約都是防守頭臉到胸腹之間，因為這些部位，是較為脆弱的地方，一旦受到打擊，很容易受到傷害而失去戰鬥能力，所以在格鬥時，要盡量保護中門部位，以防受到狙擊，落為敗勢。

人們常說，攻擊是最好的防守，意思是說攻擊是勝於防守的，因為你主動攻擊時，對方必定要做出防守的配套，變成被動態勢，主動權操之在人，自己成為挨打的標靶。

但是在主動發動攻擊，自己也會不由然的會露出空門，因為手一旦伸出，自然要露出空門的。所以有些高手在格鬥時，不會輕易出手，自己先露出空門，而是靜觀其變，等待對方出手後，再做應變措施。行功心解說：「彼不動，我不動。」即此意也。

行功心解又說：「彼微動，我先動。」在對方的初動、微動中，己方要有預警的感知，也就是說，你要預知對方的意向，他將會有怎麼樣的攻擊動作，而做出適當的應變。

對方近身朝我出手打來，自己不但不可畏怯，反而要勇疾的驅進，去攔截他的勁路，使他的力道在中途受到攔截，而削減他的攻擊行進勢力。

　　在中途攔進中，以手的聽勁去沾黏對方的雙手或身體，控制他的動向。在這種情形之下，我方已然進入他的中門，也可以說，我已入了他的門，入了門之後，就可更進一步的登堂入室，攻入他的內門，也就是說，他的城門已經將臨被破開，處於失守的局面。

　　在彼不動，我不動的情況下，雙方總不能一直僵在那邊，那麼在這個情況下，要如何去破門，如何去破開對方的中門呢？

　　驅身前進，出手虛晃一招，對方必定會做出因應，譬如說用手來擋格或退後或閃避等等，當他用手來擋格時，我就以手去沾黏他，又因為己身已貼近對方，可以用身體的若干部位去沾黏他，發揮聽勁機制，達成破門及入門效果。他如果後退，我則乘勝追擊，奪門而入，直取先機。

　　高手可以故意露出空門，引君入甕。也就是說，我讓出中門，使中門空曠著，引對手攻進來，因為我是以靜待動，以逸待勞，心中早已做好準備，只等你來入甕。對方看到有空門可入、可攻，往往芳心暗喜而不顧大局，先搶入門，攻入中門，殊不知自己也因此而露出空門，反被逮得，這是屬於心理作戰的範疇，拳法不離兵法，用兵不厭詐，而在於勝算。

　　故露空門，必須是自己有相當的自信，你一拳打來，我自信是能化解的，不管是迎身去沾黏，或去攔截，或化中帶打等等，對於你的來擊勢力，是胸有成竹的，是桌上取柑的，因為我可以預計所有的配套措施，從容應付的。

　　形意拳的「硬打硬進無遮攔」，我搶進中門，破門

而入，不管虛招、實招，你擋格也好，你沾黏也罷，我一個蹐步搶進，就是硬進硬打，讓你無法遮攔，要遮攔也遮攔不住，因為形意的這個硬打硬進，並非胡打亂進，它在打、進之間，猶容有連隨聽勁機制的發揮，透過這個連隨聽勁的發揮，才有「硬打硬進無遮攔」的神效之展露，絕不是那些胡纏爛打的街頭式的幹架方式所可相提並論的。

八卦是避正打斜，不必去破你的中門，入你的正門；然而避開你的正門或中門，入到你的偏門，或說斜門，如果取到了主控權，依然可說是已經打入了你的正門或中門，這是依用法、戰術而說，已經不必依外勢形式而論矣。

太極的聽勁打法，就是貼身近打，不管你中門守得多好，我就是要貼身而入你的門，透過沾黏連隨的聽勁、摸勁，探知你的來龍去脈，而入你的門，去打你。

破門，有形式上的破門，運用各種招式或方法，譬如撥開或撞擊或引誘等法，使你的防守架勢，露出空門，也就是說先讓你的防禦，露出空曠的無防守狀態，而入你的門。

形意的硬打硬進，八卦的避正打斜，太極的聽勁貼身，等等打法，有著另類的破門方式，不必刻意去做形式上破門，而已然完成破門的效果。

第十三章　我的象形拳理論

第一節　簡述象形拳

象形拳是一種模仿各類動物形態與特徵的拳術，常見的有猴拳、鶴拳、鷹拳、蛇拳、螳螂拳等等。這些模仿動物的象形拳法，如今還被津津樂道與學習。

相傳形意拳大師薛顛在五台山上，得到虛無長老靈源上人的和尚指導，學會象形拳，創立了象形拳法真詮，共有八象合卦，如下：震卦龍象、兌卦虎象、坎卦馬象、離卦牛象、乾卦象象、艮卦獅象、巽卦熊象、坤卦猿象。

形意拳十二形除了吸取動物之形外，還有取意。取意的拳法有太極、醉拳、意拳等等。事實上，意拳還是從形意拳演變而來。

取意，通常是以動物的蟄伏、靜觀、凝視、撲擊獵食等特性，融入人類特有的思維、意識、情緒，而加以揣度、模擬。

不論象形或取意，都是要求外形、內意合一，神形兼備，動作、意趣相似。拳術可以學習模仿動物的形象及意象，但無法學得動物天生所各自賦有的特性。

天生萬物，各有其長，猴子有攀登之能，虎豹有撲躍之力，老鷹有沖霄之翅，馬的蹄踹之勇猛，雞的啼聲勢磅礡，牠的啄米、抖翎短脆有勁，白鶴的震翅抖水，螳螂捕

蟬之勢，這些都是人類所不能及的。

練拳不能一味的去模仿動物，而欠缺思維。練拳不只是肢體的武動而已，拳法裡面，有外形招法、有勢法、有用法，有手法、身法、步法，以及蹬躍、翻滾、撲跌與閃避、阻撓、格擋、沾黏、卸力等攻防技巧所共同組合而成。

所以，不管我們對動物的模仿是多麼的唯妙唯肖，但對於拳術的追求與造就，終究還是得要更進一步的去思維與參悟的。

模仿動物，貴在牠的特性，不是在於外形動作；若不能獲得牠的特性，效果是有限的。

我的象形拳理論，簡述如下：

第二節　鷹的盤旋

老鷹的展翅盤旋，與拳中的提臂盤枝，有著等同的意趣與道理，由此而悟，對於掤勁的修成，容有幫助。

鷹之盤旋，有著空氣的阻力；拳的盤枝，要自己去與空氣對話，營造阻力。

形意的掤勁，要從盤枝起練。打拳不外盤枝，每一種拳術都要盤枝的；盤枝的作用是伸展手臂的筋骨，筋骨伸開展拔之後，才有內氣的注入，才有未來掤勁的成就。

形意暗勁階段的練習，是慢而不用力的，是鬆軟到底的，越鬆軟，內氣就越沉斂，盤起枝來有一種沉重的感覺；當筋骨被伸拔扯開，在加上周遭空氣阻力的阻礙，筋脈會有痠痠的感覺。

　　盤枝的「盤」字，有盤旋、旋繞、打轉、留連、迂迴、周旋之意。譬如，老鷹在空中飛翔，就稱之為「盤旋」，我們「打拳架」，就稱之為「盤拳」，把手臂伸展出去，就稱之為「盤枝」。

　　練內家功夫，「盤枝」是非常重要的。這個「枝」盤久了，氣就斂入於筋脈之內，積久掤勁功夫就出來了。

　　「盤枝」為什麼可以成就掤勁呢？因為「盤枝」時，要把我們的雙枝（兩隻手臂），盤旋在空中，就像老鷹的雙翅在空中盤旋一般，往復來回的旋轉、纏繞、迂迴。

　　所以，不論是站樁盤枝，或動式的拳架，都得要讓我們的雙枝筋脈骨膜伸展拉拔開來，使我們的丹田氣透過運轉、鼓盪、擠壓、驅使等運氣機制，而滲入於筋脈骨膜中，斂氣成勁，終而成就「掤勁」。

　　老鷹的翅膀又稱雙翼；人的手臂張開時就像雙翼展翅一般，雙翼展翅的力點在肩胛，肩胛台話稱之為「翅膁」或「食膁」，肩胛骨在整隻手臂當中，施力效果是最大的。肩胛骨關節的筋拉長，可增長手臂的力量。

　　我們盤拳，手臂提舉起來，要像老鷹的展翅盤旋，利用肩胛周圍的筋去牽動整隻手臂，在往復來回當中，手臂在空中盤旋，要與空氣互相對話，要與空氣互動營造連接不斷的重重阻力；如果沒有阻力被引生出來，這樣的盤拳是空洞的。

　　鷹在空中盤旋，若是沒有空氣的阻力，在重力與地心引力的作用下，就會直線的往下墜落。盤拳若沒能營造出阻力，打的就是空拳，不能伸筋拔骨，不能注入內氣，不

能產生內勁。

第三節　鷹　抓

形意的劈拳，第一個動作向下向後採拔，練的就是鷹抓，或稱鷹爪。鷹的爪如鉤，勁而有力。詩云：「鷹爪利如錐。」鷹的爪非常銳利，動物被抓，皮綻肉開，非死即傷。

我們的手指，無法像鷹爪那麼銳利，但可以練出抓勁，在推手或技擊採拔的運用當中，佔著極為重要的地位。

我教學生練形意劈拳，把劈拳拆開來練，第一個要先練鷹抓，也就是採拔的動作。這個練法有退步採拔、進步採拔及左右交換步的採拔。

採拔主要的目的，就是練鷹爪功，向下向後採拔時，意在指爪，十爪如鉤，鬆中含有暗勁。採久了，拔久了，內暗之勁生成了，要採拔對手，只要三指即可扣抓，將對方採動或拔放。

形意的十二形，把鷹形與熊形合併為一式，左手拔鑽右手劈掌，換式則右手拔鑽左手劈掌。這個鷹熊合形，與母形劈拳類似，並無特別之處，而且鷹與熊屬性各異，前輩們不知為何把牠們合在一起，需要再思維。

第四節　虎撲與馬踢

十二形中的虎形，有兩種打法，一種是兩手掌向前劈撲，另一種是掌指朝下往前托，通常打的都是第一種，形

體比較像老虎之撲食場面。

虎撲的特色有二，一個是靠後腳的蹬撲之力，一個是手臂的向前劈抓之勁。

後腳的蹬撲，依據的是椿功，椿功有成才能氣貫入地，氣勁入地才能產生反作用力及摺疊勁，借地之力而蹬撲。

另一個手臂的向前劈抓，牽涉到鷹抓，鷹爪功練出來了，身勢向前一撲，力貫掌指，身勢可以撲到敵人，虎爪可以撕裂對手，手腳並用，其厲無比。

虎撲的前衝之勢，牽連著胯與肩胛，腳底一蹬，要蹬到胯連到肩，也就是說腳根與胯及肩是互相撐持、互相貫串的，是不能分割的，這樣才能發出整勁。

馬踢與虎撲的打法與用法，是相類似的，唯一的不同，虎撲用指掌，馬踢的蹄，用的是拳頭。

形意十二形中的燕形，有一式回身雙撲掌，不過兩手手指是相對的，不是立掌，左腳向後踹踢，這個踹踢，就像馬的後踹踢。

事實上，馬最厲害的是後踹踢，馬的向前奔騰，靠的就是後腳的大力向。

馬的踹踢，力量由胯部生出，所以練拳要重視胯部的氣的沉墜，胯沉了，氣自然會落沉到腳底去，這就叫「落馬」，很有意思吧，許多拳術的名相、名稱原來都是與動物的性向是息息相關的。

練拳能「落馬」，蹬步就有力，一個打椿就能把力量上傳到腰胯來，腰馬有力，要踹要踢，就能隨心所欲。若

能結合虎撲與馬踢，應該就可以所向披靡吧。

　　一般打馬形都是左右兩拳平舉平行，但我另創一種打法，就叫「單行馬」，一手前打，一手暗藏於前手的肘部，所以我又把它稱作「暗藏馬」或「變形馬」，我這「暗藏馬」有兩個打法，不是一般雙撥的打法；第一種是結合了八卦的纏手然後打出「單行馬」，第二種是結合了太極的內雲手後打出「單行馬」。

　　「單行馬」或說「暗藏馬」有一個特色，就是「單行馬」打著對手或沒打著對手，另外的一隻「暗藏馬」都可以打出第二隻馬腳，或做連續的攻擊。

第五節　龍　形

　　形意的龍形，在於龍形步的衝天跳躍，其餘的如跳起落下的鑽劈，與母形劈拳是相同的，還有一個踮腳鑽劈，與母形崩拳回身勢的「貍貓倒上樹」是相同的。

　　龍形的龍形步又稱剪子步，兩腿交叉好像剪刀，主要的目的是在練腿腳的相絞、相纏之勁，這個腿勁練出來，相對的腰胯與龍骨（脊柱）的纏絞勁才能生出來。

　　形意拳的發勁，靠的是根勁、腰胯勁、肩胛勁、腕掌勁，以及龍骨（脊柱）勁，這五處勁屬於大勁，連結起來就是一個整勁。

　　龍的特徵，就是龍身的滾盪翻絞，所以要把我們類似龍身的脊背，以及脊背周圍的筋膜，練得筋拔膜騰，這才有崩彈之勁得以發揮。若能加上虎撲的蹬胯，則龍虎相交，哪裡還有敵手可言呢！

　　龍形的高層次功夫是「蒼龍抖甲」，是一種利用全身的震盪彈抖所發出來的整勁，配合著下盤的樁勁、中盤的腰胯勁、龍骨勁，與上盤的肩胛勁、腕掌勁等所搖晃而富有的震撼力。「蒼龍抖甲」之龍勁在本書第四章第十節已有論述，不再贅言。

第六節　鷂　形

　　鷂形的特點是「雙提手」，這也是比較難練的一種勁法。鷂形的打法，第一式右腳上提下蹬，右手握拳十字下擊，有一點像四十二式太極拳的「歇步擒打」，第二式，兩臂以腰腿勁上提成鷂形，也就是所謂「雙提手」。

　　這個「雙提手」是真的不好練，必須有腳的根勁、有腰的抖勁。及有手臂的掤勁互相整體的配合，才能打好這一式「雙提手」。

　　其中最重要的莫如「打樁」，會打樁，練就了摺疊勁，這個樁打下去，能引生一股強大的反作力，回饋到腰胯，上傳到手上來。

　　在氣勁上傳到手臂時，手臂連結到肩胛的整條筋，必須像彈簧般，在鬆中另有緊緻的伸張彈簧勁，不能頑鬆懈怠遲滯的，這一點是要特別注意的。

第七節　雞　形

　　雞形的特性是「金雞啄米」，在「四把」的套路中「四把刺」就是這個啄米式；啄米式的打法，要配合擺腳，在外擺腳時加上擰腰，力由腰脊出，接合肩胛的筋，

　　把筋放長拋射出去，這個拋射很重要，這筋如彈簧鋼銜接著一把鋼頭刺，要用拋射的方式彈射出去。

　　雞的啄米，會發出「叩叩」的脆聲，牠是利用頸部的筋的彈力去啄米，那個力道是疾而脆的，我用拳語中的「虛領頂勁」來形容這個「金雞啄米」。

　　人的頸脖，再怎麼「虛領頂勁」都不如雞之有力，所以武術家改指頭為雞嘴，將手指的搠勁練出來，也能有雞嘴的鋼彈之勁。

　　雞形「四把刺」是用來刺眼、刺喉的，也可用來刺肋骨的縫隙。

第十四章　形意勵志篇

第一節　認清學拳目標

為什麼要學形意拳？目的何在？只是為了健身嗎？還是想成就高深的武學。方向弄清楚了，方向掌握住了，知道目標在哪裡，才不會盲修瞎練，白費力氣，偏離了方向就會與目標愈行愈遠。

若只想健健身，學學鬆柔的氣功，學會運氣就可達到健康。想學武術防身實戰技擊功夫，得要有恆心、耐心、及吃苦的心。

第二節　形意沒有速成

練形意拳，三、五年才會看到一點小成果，這是指你有認真持續的練，如果練練停停的，莫說五年，到驢年依舊一無所成。若是覺得功夫沒進步，有些寞落失望，先不要抱怨誰，自問有無認真練習。

我常鼓勵學生，每天練拳，需早晚各一小時，這是最低標準，有學生聽的入，依教奉行，進步就看得出來。若沒那個心，躐等以求，則不知何年何月功夫始成？

第三節　信受老師

老師說什麼，你聽入了，心中相信接受了，依老的話

去做去行，功夫指日可待。若心中疑師，或半信半疑，你心理有了猶疑，有了躊躇，就不會積極精進，功夫難得成就。

一位學生拳架打的還可以，外形還可以，但沒練出根力及內勁，他想走教練的路，我一直鼓勵他，多學紮根的基礎功夫，莫求外表枝節，他沒有聽進去，還是以拳架外形為重，參加套路比賽得了金牌就自滿了。後來自己思維，沒功夫底子，將來開館當教練，如有人來切磋踢館，怎麼辦？於是又來跟學。學推手教他不要力頂頑抗，總是聽不入，然後學一天停三天，最後只好輟學。這是他的瓶頸，不信受老師，永遠無法突破超進。

第四節　心存恭敬

青出於藍是正常的事，也是常有的事，有一天，功夫超越了老師，不得生起慢心，對老師須更加恭敬，心存感恩，而且要知道反哺。

現今，倫理道德沒落，逆師叛徒屢見不鮮，令為師者心有戚戚焉！功夫還得留一手。

能真誠相待，為師者定會傾囊相授，無所保留。心存恭敬，心地仁厚，定能功夫有成。

心存恭敬，不是外表唯唯諾諾，虛與委蛇，而是發至內心。譬如，老實認真練拳，上課不曠課，不遲到。有些學生，學拳老是曠課，上課總是姍姍來遲。一個道場，需要學生來莊嚴。

我們以前學拳，總是提前一小時到達，等老師來時，

已是滿身大汗。如果心中作如是念：「我有繳學費，愛練不練，可以自由。」老師雖然不好意思說你，但是，損失的還是你自己。

古昔，習武者都很重視武德，對老師非常尊重與禮遇，師徒之間的情感，有時更勝於父子，所以有「一日為師，終生為父」的諺語。如今，此種情況不復可見，武術老師也都見怪不怪，習以為常，因為眾生本來如此，夫復何言。

但是，一個武術修練者，對起碼的應有禮數，還是不可疏忽的，宜予謹守分寸，否則，即使能學得一手功夫，而做人起碼的道理卻沒學到，也是枉費一場。

在學習態度上，不可存有金錢交易的錯誤觀念。束脩，是對老師的禮貌供養，是學習任何學問技藝應有的酬金，裡面，有酬謝及感恩的涵意，它不是一種交易的代價。如果把它當成是去補習班繳學費，當成一種對價的交易，就變成錯誤的觀念，這個錯誤的觀念建立以後，對老師就會失去應有的尊重，你會認為，我繳了錢，我就是老闆，今天有空就去練練，今天心情好就去練練；這樣，有一搭，沒一搭的，以為愛練不練，是我的事，是我的自由，你說這樣能成就功夫嗎？

一個不尊敬老師的學生，永遠無法得到上乘的功夫，因為心態有問題，學習就不會謹慎認真。正確的態度，如果連續缺課二次，就要跟老師請假，這是一種尊重。

如果有一天，你不想再跟老師隨學，也要與老師辭別一下，不宜悶聲不響就不告而別，這樣，以後再見面，

大家才不會感到尷尬與發窘。這也是做人應有的禮數，相辭、告別，本來就是為人應有的禮貌。

有些學生，在老師面前，唯唯諾諾的，表現的恭卑有禮，可是，有一天，他倦了，他退墮了，不想再學，他也不跟老師說「拜拜」，連一聲再見都懶得說，以後就變成陌路了，你說老師會做何感想，除了嘆息之外，也只能讓它習慣。

還有，送上束脩，應該以紙袋裝好，不可拿起現鈔就遞上去，因為這不是買賣，不是交易。

上課不可常常缺席，一個道場需要學生來莊嚴，老是缺課，是對老師的失禮。常缺課的學生，要成就功夫是比較困難的，因為學習的頻率少，老師講的法，不能如數獲得；所有的老師，都不喜歡不勤的學生。

老師上課中所傳授的法，要謹記在心，回家要反覆思惟，加上認真去練。如果只是上課時間練一練，回家後沒有複習，沒有勤練，想要成就功夫，等於緣木求魚，煮沙成飯，不可能也。不勤練，其實也是對老師的一種忽視，一種不尊重。

上課要比老師早到，遲到是失禮的行為。遙想以前練拳時，老師六點到，我都是五點就到場，早已練的滿地是汗，再怎麼忙，再怎麼身體不濟，從來不會缺課；怎麼熬夜，也不會睡過頭，因為，心中練拳的念，一直存在著，那股衝勁，那一份對拳的癡迷，尤勝於熱戀中的情侶，心中總是念念不忘於拳，連睡覺中也會思維著拳。如果有這股衝勁，誰還會缺課，缺一堂課，都會覺得是一種極大的

損失。練拳如果缺乏這個衝勁，這個毅力，想成就功夫，將是很遙遠的事。

尊重老師，才能得到老師的傾囊相授；失去做人應有的禮節，焉能成就上好的功夫？

第五節　親近老師

學生有的很矛盾，想跟老師學武術，又不敢親近老師。我的師伯黃老師，以前教過兩個學生，來練拳時，總是離老師遠遠的，不敢親近老師，也不知是何原因。

而我心中總覺得師伯的笑容非常可親，好像彌勒菩薩一般，總是笑口常開，很親和，所以我反而比兩位師兄弟更親近師伯，我也從師伯身上獲得更多的東西。我們之間的情感，是亦師亦友的，如兄弟一般。現在師伯已經往生多年，我真的非常懷念他。

第六節　學貴專精

俗云：「貪多嚼不爛。」學武貴在專精，一門深入，功夫始得有成。我學的門派是終南派內家拳，雖有形意、八卦、太極三門，但我獨愛形意。形意，招法簡單，用法簡潔明快。將近四十年了，我還是練形意五形母拳，愈練體悟愈深，愈練愈覺形意之易學難精，才知形意招式雖簡，內涵卻博大精深，愈學只有愈深，沒有滿足點。

很多人學武術，喜歡多，像菜市場，像超市，什麼東西都有，以為如此就是武學豐富，其實不然，學了百樣，而無一樣精通，等於沒學。只學到外表，沒學到內涵，算

是白學，學了不能致用，也是枉費「工夫」，白忙一場，只贏得自我虛榮罷了。

第七節　形意拳與毅力

各種運動，很多人都是隨興而為的，身體及精神狀況良好時，就多運動一些；精神不濟懶散時，就懈怠一些。有些人是因為有病，勉強出來運動。所以運動對他們來說，好像可有可無，在生活中，不是挺重要的事，沒有佔到很重要的地位。

練拳的人，幾乎也是如此，不同的是，繳了學費，沒去練，感覺有些吃虧。

有些練拳的人，觀念中，認為缺幾趟課，無關緊要，缺一、兩趟課，不算啥，下次去補回來就好。

凡夫幾乎都有惰性，以為缺一次，沒有關係，豈知有一就有二，有二就有三，缺課就變成稀鬆平常的事，老師除了鼓勵性的話之外，也不便說什麼。一個道場的凝聚力就結集不起來，最後，吃虧的還是學生自己。

上課時間，老師會講一些實際理論的東西，你缺一趟課，就會少聽到一些，一次少一些，累積下來就會少很多；有時剛好講到非常重要的部分，你沒聽到，損失是很大的，這與學費的損失是不能相比擬的。

形意拳的成就非易，千百人之中，難得一人有成就，沒有堅忍不拔的毅力，意志力，以及卓絕的鬥志，無法得到形意的真髓。為何如此說呢？因為：

第一：形意拳必須長期的累積功體，每日積蓄功力，

所以每天都要練拳，而且最少要練兩個小時以上。一個學生，如果常常缺課，那麼，他在自己的時間裡，自我練習的機率也不會很大，也將會變成隨興而練之類型，所以，功夫絕對無法成就。

第二：老師要傳授功夫給學生，當然也要看學生學習的態度，一個不認真老實練拳的學生，即使老師有心想要栽培，只怕也將因學生的懶散而力不從心，這並非老師想教不想教的問題，而是學生想學不想學的問題。

想起我們當初練拳，每天總是提早一個鐘頭到達，老師來時，我們已經練的滿地都是汗水。知道師伯輩們的功夫了得，總是找時間纏著他們請教的，挖寶哪裡嫌多，就這樣這個師伯這邊得一點，那個師伯那邊得一點，是這樣來累積功夫的。哪像現在的學生，上課總是姍姍來遲，都是老師先到場等學生，真是天地倒顛。

一位美國籃球健將，來臺灣訪問，記者問：「你成功的因素？」答曰：「堅持。」

堅持，確是成功的要素，做任何事情，都必堅持到底，堅持到成功的那一刻；練形意功夫，則是要永遠的堅持，功夫成就以後，還要一直堅持下去，因為功夫是無止境的，如果停滯了，就無法在百尺竿頭，更進一步。

第八節　形意修煉的是意志力

形意拳真正要練的是超拔堅忍的意志力，而不在於外部的形體動作；因為形意拳每個招式都是非常的簡潔，一學就會的，可是能持續練下去就難了，這些話是李存義對

尚雲祥說的。李存義只傳了劈、崩二拳給尚雲祥，尚雲祥練了十一、二年，這就是堅忍超拔的意志力。

有很多人學形意，幾個月就把五行拳、十二形以及套路全部都學完，認為已經功課完畢，以為練來練去還是那幾下，一會兒就興趣索然了，不想再練下去，中途就退墮了。他又去學其他的拳，學了新的，忘了舊的，一眨眼，光陰飛逝，年華已老，什麼功夫也沒學到。

形意的招式確實是很簡單的，五行拳動作再多也不會超出三個，所以一學馬上就會，然而，形意要學的不是外表的招式，而是內涵。

形意的內涵，包括丹田氣的養成及丹田氣的鼓運，樁功裡面有運樁、打樁、明樁與暗樁，還有二爭力與阻力的營造運用，在盤架當中，如何伸筋拔骨，令氣注入而斂聚，如何成就明勁，如何修煉暗勁，如何斂氣成勁，等等，種種，這些功夫絕非三、五年而可速成的。

所以，如果沒有超拔堅忍的意志力，是無法成就形意功夫的。形意的五行拳，夠你練一輩子也不會覺得厭倦的，只要你練對了方法，不求急成，慢工出細活，火候到了，功夫自然成。

練打形意，就像在挖寶，要挖得久、挖得深，寶貝才能浮現出來，如果只是三、兩下隨意揮毫，是覓不著寶的。

形意功夫全在三體式與五行拳裡面，練功夫，不在多，不在雜，在精、在熟，要煉之再煉，才能生鐵煉成鋼。

形意五行拳雖然至簡，但裡面有挖掘不完的寶貝，挖到深處，泉水湧出，才能識得什麼是形意，才能懂得為什麼形意能「硬打硬進無遮攔」，才能明白什麼是「不招不架，就是一下」，才能知道什麼是「英雄所向無敵」……等等這些道理。

形意，練形也練意，更練這個意志力，只有男兒好漢才能擁有這個雄心壯志，才能持續堅忍的去修煉這個功夫，成就萬中之一的平凡而微妙的高深武功。

第九節　形意拳不可隨興而練

很多練形意拳的人都是隨興而練，今天精神好就練練，今天時間比較充裕就練練，明天有事就休息，後天要去爬山，暫停。練拳總是練練停停，斷斷續續，能夠堅持，持續不斷者，寥寥無幾。所以，能真正成就形意功夫的人是非常稀少的。

這是工業時代練武者的常情，也是通病。人們時間有限，應酬太多，還有無窮的慾望牽絆著，功利的追求，使功夫不能成就。

很多人對武術充滿興趣與遐想，但興趣歸興趣，能夠意志超拔，堅忍不退者甚少，甚少。心裡對武術充滿遐想，於事也是無補的，武術的鍛鍊貴在持之以恆，老實修煉，不是胡思亂想而能致之的。

有學生常常抱怨說他的功夫總是沒有進步，我問他：「你一天練多少時間？」他有些不好意思的說：「有時有練，有時沒練。」一日打漁，三日曬網，就不要抱怨功夫

沒有進展，因為自己努力不夠。

功夫的進步，如日進一紙，不覺其多，幾年後就有厚厚一疊，此時才能感覺功夫有沒有進步，功夫是靠累積而成的，功夫沒有速成，也沒有不勞而獲；功夫不是靠遐想，而是靠實練，你得老老實實的練才有收穫。

功夫的成就也不是依靠知識的豐富，與拳經理論的閱讀，知識歸知識，理論也須依附於實練當中，如果整天與人空談經論，辯論自解的認知，而不務實的去練拳，不老實的去修煉，到老來，也是一場空，徒耗精神罷了！

功夫的可貴在於實練實證，你練過以後，有實際的體驗與悟解，才能言之有物，空洞的理論令人一聞便知，自露內餡於方家而不自知，真是可憐憫者。

佛教五百羅漢結集經典，多聞第一的阿難尊者卻不能參與，因為還沒有實證的功夫。所以多聞與實證是有相當大的距離，知識豐富與實證無關，理論再多，若無實際體驗，對於修煉終是沒有補益的。

鄭曼青大師生前，早上若不練拳則不能吃早餐，晚上若不練拳則不睡覺，一代宗師就是如是成就功夫的，我輩凡夫應當效法前輩的作略與精神，功夫始克有成。

形意拳的修煉，內勁與氣的養成，更需精進的，持之以恆的培養鍛鍊，要靠長期的儲蓄累積，這樣，形意拳的功體，才能成就，若是貪著五慾，神氣放逸，神不守舍，氣不守丹田，沒有深刻的去領悟，沒有老實的練拳，功夫是難得成就的。

隨興練拳，將唐捐其功，浪費寶貴的時間與生命。

第十節　形意之大成要老實修煉

很多人練拳，練了幾十年，甚至練了一輩子，最終的結果，只落得「到老一場空」，沒有練出「真功夫」，真是令人引以為憾。其癥結在於自己沒有「老實練拳」。

在各個練拳的道場，尤其是公園、學校運動場、文化中心廣場等地，來參與練拳的人，是把練拳的道場，當成一個聯誼的地方，他們來練拳只是為了交朋友，連絡感情，打發時間，見了面就是嘻嘻哈哈，打打鬧鬧，言不及義，講話開玩笑的時間，佔了大部份，真正用心在拳上的時間少之又少，就如此一天過一天。

時間如過隙之駒，一眨眼，髮已斑白，年已半百，才警覺到時不我予，才發現自己荒廢了大好時光，沒有認真在拳上用工夫。

某些練拳的人，沒有認真的「老實練拳」，只愛談論拳理，只是愛現，口沫橫飛的與人辯論拳理，自以為是，而實際上所發表的言論，都是從拳經、拳論或從他人口中所得之的一些「一知半解」的膚淺知識，並非自己的實踐、實證功夫，卻能臉紅脖子粗的與人爭論不休，滔滔不絕，從不認輸。

等有一天被「行家」跳出來拈提辨正時，卻只能嘴掛壁上，啞口無言；或等有一天，被人試驗功夫時，卻一點也使不出來，漏出馬腳，滿臉豆花。

在資訊發達的現在，在網路的武術版，常可看見那些「半桶師」為人解答武術問題，令人啼笑皆非，如果把那

些時間挪來練拳的話，或許可以累積一些功夫。

有些人，練拳是為了給人家看的，表面上好像很認真，也常常提出一些問題請教人家，看起來煞有其事，而實際上，他的心，並沒有在拳上用功夫。

以前有一位師弟，就是這樣，他的練拳出席率是蠻高的，但在一起練的時間裡，講話、談論問題的時間多於練拳時間，常常會冒出一些無厘頭的問題，令人有想避開他的感覺。

他後來離開老師，跳到別的道場去練，去學蠻力的推手，一兩年過去了，有一天遇到我，躍躍欲試，要跟我推手，一再婉拒沒結果，只得跟他玩玩，一搭手即知他的下盤無根，他卻蠻力硬攻，有一種要把我打倒的態勢，我順勢一攔一採，他就跌個四腳朝天。

練拳，需是老老實實，恭恭敬敬，對老師老實，對老師恭敬，對自己老實，對自己恭敬。老實，就是正心誠意，沒有虛偽，沒有虛假；練拳不是練給老師看，不是練給別人看，而是要對得起自己，不要欺騙自己，有沒有老實練拳，騙得了別人，但是騙不了老師，更騙不了自己，功夫有沒有長進，老師看在眼裡，但在這個時代，老師不能罵你，不能責備你，只能鼓勵性的提點一下而已。

功夫有沒有進步，自己最清楚，因為練功夫就像銀行存款一樣，你存了多少就是多少，存款簿拿出來一看，即便分曉；你都沒有去存錢，而對人說你已是大富翁，豈非自欺欺人。

老實練拳，你必須自己立一個功課表，每天固定要練

幾小時，要持續不斷，要堅定不移，要堅苦卓絕，這才是大丈夫的行事風格。形意拳每天不得低於二小時的鍛鍊，若是練練停停，若是隨興而練，到了驢年，到了老年，都只能圖個「一場空」；若是躐等以求，都是凡夫，都是俗子，不能成就武功。

古人練形意是「十年形意不出門」，形意功夫，都是得苦心造詣才能成就，今人每天不能持續練上一小時，而想成就形意功夫，豈非作夢，豈非打妄想。

恭敬心，是練拳必備的心態。不老實練拳，就是對老師不恭敬，對自己不恭敬；對老師不恭敬，是說老師苦口婆心的惇惇教導，只差個沒有把心掏出來，而學生卻聽者藐藐，沒把老師說的，聽到心裡面去，這就是「聽者藐藐」，因為聽了，沒有去做，沒有去認真的實踐，沒有去老實練拳。

沒有正心誠意的在拳上用功，就是不恭敬自己。或許有人會認為，自己哪需恭敬自己？君豈不聞「先敬己，而後人敬之」，如果自己行事沒有正心誠意，耍詐虛偽，怎麼能得到別人的尊敬呢？

所以，做人做事必得先敬己而後別人才會敬之，練拳也是一樣，要以恭敬心而練，就像祖師爺，就像老師就在跟前那般，要克己復禮，必恭必敬。

恭敬自己，恭敬老師，恭敬祖師爺，恭敬拳經拳論，有了這個反求諸己的恭敬心，你才能老實練拳，才能在老實練拳當中，領悟祖師爺在拳經拳論中所說的真實義。

在經論裡，很多地方會說到「氣」與「勁」，我在

自己的論述當中也常引用到經論中的要語，然而很多人練拳，卻不讀經論，不相信「氣」與「勁」這些功夫，而且有貶抑經論的言語，這都是因為自己沒有實證功夫，所以也不相信別人，不相信經論之言，不相信祖師爺所遺留下來的寶貝經典。這種行徑，就是沒有恭敬心，也因為沒有恭敬心而不能老實練拳，因為不能老實練拳，而無法成就甚深微妙的形意拳功夫。

做一個學生如果常常缺課，有一搭沒一搭的，這是不恭敬老師，也是不恭敬自己，愧對老師，也愧對自己，屬於不老實練拳的一種，如果自言：「我都在家自己練。」這可能不是真實語，上課時間都可以不來，其他時間要說有多認真，都要被打個問號。

練拳的時候，如果心不專注，心有旁騖，想東想西，一面打拳，一面偷瞄一下周圍有沒有人在看，很多人是愛現的，打拳是想給人家看的，若是旁邊沒人觀看欣賞，他就興趣缺缺，提不起勁，隨便把玩幾下就收功，這也是不老實練拳。

學拳練功夫，是為自己而學、而練，自己有那個興趣，有對武術的憧憬、期待，立定理想目標，自己要立一個時間表、課程表，要一路堅持的走下去，別人一點也沒辦法勉強你，自己要有大丈夫的胸懷，要有男兒當自強的氣概，這樣才能有所成就。

練拳不只是手腳在練，而是用心思在練，念茲在茲，一心想著拳該如何練，氣該如何走，如何運，如何吞吐，如何蓄蘊，如何鼓盪，如何摺疊，如何轉換，如何纏絲

營造阻力，如何運用身體各部位的二爭力去激盪內藏的「炁」，如何束身縮骨，如何裹鑽擰纏等等，在在都須用心去思維，在靜心、用心、真心的老實練拳當中，透過真實真意的實踐體驗練習，這樣才會有所領悟。

練拳不是憑空想像，不是心存幻想而能致之的，而是必須苦心造詣，用心用功，才能「學力而有為」的。東、西洋拳術及外家拳，比較不必用心思，大都在練肌力、耐力及速度之類，如打沙包、擊破，或是土法煉鋼的借藥物、藥洗去練就肌骨的堅硬如鐵，如此而抗打擊；形意拳，是智慧之拳，若是土練、傻練，沒有用心去思維經論中前輩所遺留下來的智慧結晶，加上沒有認真老實練拳，那麼，終其一生，還是在門外。

若想成就形意拳甚深功夫，必須老實練拳。

第十五章　結　語

形意拳，為內家三拳之一。

形意拳給人的印象，大致上都是彪悍勇猛的，那是初階明勁的練法。

事實上，形意的功夫是出在暗勁階段。

形意暗勁階段的練習，是溫柔婉約，是慢勻瀟灑的；是轉明為暗，是轉快為慢，是轉剛為柔，是轉粗為細的。

慢工才能出細活；柔練才能達到「純剛」。

老子道德經說：「載營魄抱一，能無離乎。專氣致柔，能如嬰兒乎。滌除玄覽，能如疵乎。」

載營魄抱一，就是固意守神，將魂魄神意護守著。

專氣致柔，就是運氣調息，把丹田氣專集統匯起來，透過行功運氣，令氣騰然，滲入筋脈骨膜之中，成就百煉成鋼的內勁。

這個「極堅剛」的內勁，潛藏在筋脈裡，使得筋脈的質地，有了柔中帶剛，剛中帶柔的性能，終而成就了「極柔軟，然後極堅剛」的神妙武功。

滌除玄覽，能透過內觀思維，使得污濁之性，能夠被洗滌而沉澱、濾淨，有洞察遠見、調養心性之意。

形意拳的修煉，除了養氣、運氣、聚氣而達到內功的成就，最終是要走上修心養性的修行之路的。

形意的功夫，成就不易，須有大丈夫的氣魄，能堅持

不息的鍛鍊。至於修行方面的功夫，更是考驗著形意武功人的堅強而不退墮的意志力。

在本書的結尾之際，聊表數語，願與所有的形意人共勉之。

導引養生功

全系列為彩色圖解附教學光碟

張廣德養生著作　每冊定價 350 元

 疏筋壯骨功
 導引保健功
 頤身九段錦
 九九還童功
 舒心平血功

 益氣養肺功
 養生太極扇
 養生太極棒
 導引養生形體詩韻
 四十九式經絡動功

輕鬆學武術

 二十四式太極拳
 四十二式太極拳
 八十六式太極拳
 三十二式太極劍
 四十二式太極劍
 一二八式木蘭拳

 三十八式木蘭扇
 四十八式木蘭劍
 簡化太極拳
 楊式太極拳
 四十二式太極拳
 陳式太極拳

 太極劍
 太極劍

太極跤

 太極防身術
 擒拿術
 中國式摔角
 太極角

歡迎至本公司購買書籍

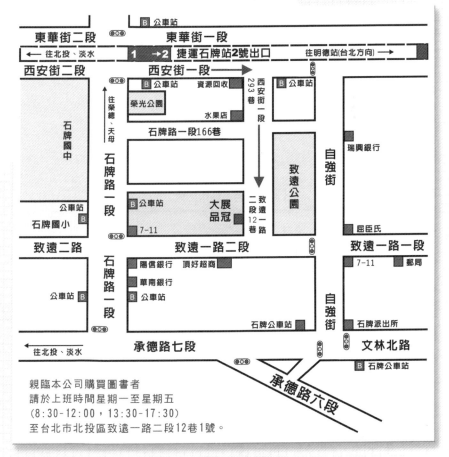

親臨本公司購買圖書者
請於上班時間星期一至星期五
(8:30-12:00，13:30-17:30)
至台北市北投區致遠一路二段12巷1號。

建議路線

1. 搭乘捷運

　　淡水信義線石牌站下車，由月台上二號出口出站，二號出口出站後靠右邊，沿著捷運高架往台北方向走(往明德站方向)，其街名為西安街，約80公尺後至西安街一段293巷進入(巷口有一公車站牌，站名為自強街口，勿超過紅綠燈)，再步行約200公尺可達本公司，本公司面對致遠公園。

2. 自行開車或騎車

　　由承德路接石牌路，看到陽信銀行右轉，此條即為致遠一路二段，在遇到自強街(紅綠燈)前的巷子左轉，即可看到本公司招牌。

國家圖書館出版品預行編目資料

形意烙紀／蘇峰珍 著
－初版－臺北市，大展，2020 [民109.01]
面；21公分－（武學釋典；36）
ISBN 978-986-346-278-1（平裝）
1. 拳術　2. 中國
528.972　　　　　　　　　　108019103

形 意 烙 紀

著　　者／蘇　峰　珍
責任編輯／艾　力　克
發 行 人／蔡　森　明
出 版 者／大展出版社有限公司
社　　址／台北市北投區（石牌）致遠一路2段12巷1號
電　　話／(02) 28236031・28236033・28233123
傳　　真／(02) 28272069
郵政劃撥／01669551
網　　址／www.dah-jaan.com.tw
E-mail／service@dah-jaan.com.tw
登 記 證／局版臺業字第2171號
承 印 者／傳興印刷有限公司
裝　　訂／佳昇興業有限公司
排 版 者／千兵企業有限公司
初版1刷／2020年（民109）1 月
初版2刷／2021年（民110）8 月　　　　　定　價／400元

大展好書　好書大展
品嘗好書　冠群可期

大展好書　好書大展

品嘗好書　冠群可期